KARL MITTERMAIER

MUSSOLINIS ENDE

*KARL
MITTERMAIER*

MUSSOLINIS ENDE

*DIE REPUBLIK
VON SALÒ
1943 - 1945*

Mit 40 Abbildungen

LANGEN MÜLLER

Bildnachweis

Alle Abbildungen aus den Archiven
der Buchverlage Ullstein/Langen Müller, außer:
10, 11, 15, 20, 21, 26, 31, 34 (W. Fischer)
2, 5, 6, 7, 8, 9, 25, 27, 28, 29, 39
(Sammlung C. Weber)

Die Abbildung auf dem Schutzumschlag
vorne zeigt Mussolinis Amtssitz in Maderno
bei Salò am Gardasee.

© 1995 by Langen Müller
in der F.A. Herbig Verlagsbuchhandlung GmbH, München
Alle Rechte vorbehalten
Schutzumschlag: Marianne Hartkopf, München
Herstellung und Satz: VerlagsService Dr. Helmut Neuberger
& Karl Schaumann GmbH, Heimstetten
Gesetzt aus der 11/13,5 Punkt Times
Druck und Binden: Wiener Verlag, Himberg
Printed in Austria
ISBN 3-7844-2550-X

Inhalt

Vorwort *7*

Einleitung *11*

I.
Kapitulation und kein Ende *15*

II.
Vom Gran Sasso zur La Rocca delle Caminate *33*

III.
Kongreß und die Ohnmacht einer Partei *49*

IV.
Der Prozeß und der innere Schmerz des Duce *69*

V.
Ohnmacht und Kalkül *85*

VI.
Kein Staat ohne Streitmacht *105*

VII.
Zurück zum Sozialismus? *127*

VIII.
Ohne Geld und Post kein Staat *141*

IX.
Das Blut des Widerstands *161*

X.
Der Duce und der Führer *179*

XI.
Die Front rückt näher *193*

XII.
Der Tod in Dongo *207*

XIII.
Kein Platz in der Geschichte *223*

Anhang

Anmerkungen *227*

Zeittafel *235*

Verzeichnis der benützten Quellen
und Literatur *241*

Benützte Zeitschriften und Zeitungen *247*

Abkürzungsverzeichnis *248*

Personenregister *254*

Vorwort

»I tedeschi perdono sempre un'ora, una battaglia, un'idea« – »die Deutschen verlieren immer die Stunde, die Schlacht, die Idee«[1] –, so lautete das kompromißlose Urteil Benito Mussolinis über die Deutschen, als er Anfang April 1945 nicht die geringste Chance mehr sah, den von den Deutschen gewollten und von ihm ins Leben gerufenen Staat von Salò, der offiziell »Repubblica Sociale Italiana« (Soziale Italienische Republik) hieß, am Leben zu erhalten.
Als ich im Frühherbst 1993 in der Wochenzeitschrift *Die Zeit* unter der Rubrik »Zeitläufte« einen Aufsatz über Mussolini und dessen Staat von Salò veröffentlichte, erfuhr ich von seiten vieler Interessierter großen Zuspruch. Einmal mehr wurde ich in meiner Meinung bestätigt, daß dieses Kapitel der italienischen und deutschen Geschichte kaum einem größeren Kreis bekannt ist, sieht man von der kleinen Zunft der Experten ab.
In den letzten Jahren sind die Repubblica Sociale Italiana (RSI) Mussolinis, seine letzten 600 Tage als Oberhaupt eines Staates, dessen politische Strukturen und Bedeutung für die Geschichte – nicht zuletzt im Zusammenhang mit dem italienischen Faschismus und deutschen Nationalsozialismus, mit dem Zweiten Weltkrieg und dem italienischen Neuanfang nach 1945 – verstärkt in den Mittelpunkt der historischen Forschung, der journalistischen Darstellung und Interpretation sowie des breiteren Interesses des italienischen Laien gerückt.
Dank der Aufarbeitung dieses eigenwilligen geschichtlichen Kapitels der italienischen Vergangenheit vor dem Hintergrund der deutschen Patronanz und Omnipotenz läßt sich jetzt ein größerer und deutlicherer Einblick in die komplexen Zusammenhänge während dieser Zeit zwischen Herbst 1943 und Frühjahr 1945 gewinnen.
Mussolini hat neben Hitler und Stalin die Geschichte des 20.

Jahrhunderts wesentlich geprägt. Die Nachwirkungen ihrer Politik sind bis heute weithin spürbar, die dadurch entstandenen Kontroversen werden auch gegenwärtig heftig diskutiert. Mir geht es in diesem Buch weniger um die Aufdeckung neuer Erkenntnisse – sie mögen für deutsche Geschichtsinteressierte zuweilen noch so neu erscheinen, in der Fülle der italienischen Untersuchungen läßt das Thema Salò und Mussolini insgesamt nicht mehr sehr viele Lücken offen –, sondern vielmehr um eine abgerundete Darstellung und Interpretation dieser für den Faschismus fatalen 600 Tage. So ist dieses Buch, wie ich meine, eine, soweit es mir möglich war, objektive Abhandlung und Analyse, eine historisch-politische Auseinandersetzung mit einer kurzen zeitgeschichtlichen Epoche, die mit dem letzten furchtbaren Überlebenskampf und dem unaufhaltsamen Untergang des Hitler-Regimes in einem direkten Zusammenhang steht.

Ich habe an diesem Buch lange gearbeitet, gleichzeitig haben mir Freunde und Kollegen geholfen; das Buch wäre ohne die Mithilfe mehrerer Personen nicht zustande gekommen. In erster Linie danke ich meiner Frau, Dr. Carla Wild, ohne deren aufopferungsvolle Hilfe und Fürsorge bei Recherchen und Niederschrift ich dieses Buch nicht hätte schreiben können; einen Dank auch für die vielen Stunden der Diskussion über ein Thema, das, wie tragisch es auch war, von seiner Faszination nichts eingebüßt hat. Außerdem danke ich Herrn Dr. Erhard Mailänder, einem hervorragenden Kenner der Geld-, Post- und Eisenbahngeschichte Italiens, für die kompetente Einführung in die Problematik der italienischen Währung und Marken von Salò in dieser behandelten Zeit. Ich war überrascht, wie Geldgeschichte und Briefmarkenkunde in Kombination mit politischer Geschichte neue Ein- und Ausblicke eröffnen können. Er arbeitete einen Großteil dieser Thematik für mich aus, so daß ich seine Forschungsergebnisse nur mehr in den Kontext einzubauen und kaum mehr zu ergänzen brauchte. Gedankt sei zudem Dr. Ernst Gmachl, der vor Jahren das Buch *Mussolini si confessa* des Leibarztes von Mussolini, Georg Zachariae, ins

Deutsche übersetzt hat. Dieser deutsche Arzt hat mit anderen in der Zeit der Republik von Salò Mussolini medizinisch betreut, begleitet und zahlreiche Gespräche mit ihm geführt. Dr. Gmachl stellte mir seine nichtveröffentlichte Arbeit zur Verfügung. Weiters danke ich Frau Dr. Manuela Perbellini für die ausführliche Darlegung der Interpretationsmöglichkeiten von »socializzazione«. Wertvolle Unterlagen stellte mir Reinhold Nössing zur Verfügung. Michl Kastlunger belieferte mich eifrig mit den neuesten Salò-Beiträgen in den einschlägigen Zeitungen und Zeitschriften, so daß ich stets auf dem aktuellen Stand blieb. Auch ihm sei gedankt.

Nicht zuletzt danke ich Herrn Dr. Karl-Heinz Janßen von der *Zeit*. Durch die Aufnahme meiner Arbeit über Salò in diese renommierte Wochenzeitung erwachte erst so richtig das Interesse an diesem Thema. Gedankt sei schließlich den zahlreichen Archiven, Bibliotheken und Fernleihstellen, bei denen ich um die Bereitstellung von Quellen und Literatur ansuchen durfte: Universitätsbibliothek Innsbruck; Dr. Friedrich-Tessmann-Landesbibliothek Bozen; Biblioteca civica Bozen; Militärgeschichtliches Forschungsamt Freiburg/Br.; Politisches Archiv des Auswärtigen Amtes, Bonn (Büro des Staatssekretärs); Archivio centrale di Stato (ACS).

Brixen, im August 1995   Karl Mittermaier

Einleitung

*Der Faschismus, auch der später von Mussolini
mit dem Wort republikanisch geschmückte
und ergänzte Faschismus, ähnelte in seiner
umgesetzten Praxis einer Fata Morgana:
Je mehr sich die Protagonisten um den Duce herum
ihm näherten, desto mehr verflüchtigte er sich.*
K.M.

Als Herrschaftssystem entstand der Faschismus in seiner komplexen Breitenwirkung nach dem Ersten Weltkrieg erstmals in Italien. Hier kennzeichnete nach 1918 eine Pattsituation das politische Geschehen. Die Bourgeoisie war zwar gestärkt, konnte aber den politischen und sozioökonomischen Anforderungen nicht mehr gerecht werden. Ihr oligarchischer Liberalismus war weder konsistent mit einem Parlamentarismus noch mit demokratischer Machtteilung. In Opposition dazu standen Katholiken und Sozialisten, beide wiederum intern zerstritten.
Erstere waren ohnehin dem moralischen Druck der Kirche ausgesetzt, die im Zuge der Einigung Italiens ihr unabhängiges territoriales Staatsgefüge um jeden Preis behalten wollte und die Gläubigen geradezu durch moralische wie psychisch-physische Androhungen von jeglicher politischer Aktivität, auch einer passiven Partizipation, fernzuhalten versuchte. Daneben entstanden mehrere Sammelbewegungen, Alternativgruppen, darunter Faschisten und Nationalisten – beide hatten vom Ersten Weltkrieg profitiert.
Den Krieg als Mittel zur Modernisierung Italiens zu deklarieren, wodurch die krassen gesellschaftlichen Widersprüche überwunden werden sollten, befanden nationalistische Rädelsführer als sinnvoll; darüber hinaus versprachen sie, die anhaltende Diskrepanz des Nord-Süd-Gefälles in den Griff zu be-

kommen. Was lag da näher, als an den Nationalismus zu appellieren, imperialistische Slogans zu verbreiten, mit Kriegsparolen Menschen zu begeistern. Der Faschismus mußte zu einem System des Krieges werden, auch wenn es wenig kriegsbegeisterte Italiener gab. Dafür sprechen die Kriege gegen Äthiopien (1935), in Spanien (1936), gegen Albanien (1939) und dann der unglückliche Eintritt in den Zweiten Weltkrieg. Die Siege in diesen Kriegen sollten das System rechtfertigen und die faschistische Herrschaft als einzige wahre und richtige Doktrin, gemäß der Ideologie Mussolinis, legitimieren. Der Krieg erfaßte nun zwar alle Teilbereiche der italienischen Gesellschaft, verlangte aber von den Italienern ein nicht zu erreichendes Engagement.
Denn was taten die jetzt parteilich geordneten ehemaligen vom Krieg gezeichneten Frontkämpfer, die schon früh als Kampfbünde, als »fasci di combattimento« aufgetreten waren, anderes, als die Volksmeinung für nationale und nationalistische Ziele anzuheizen und das Land militärisch zu mobilisieren! Was entstand war ein Staat der Massen, vor denen sich der Mann auf der Straße fürchten mußte – ein militärisches Ordnungssystem nach dem Prinzip Führer und Gefolgschaft. Aus so viel Nationalismus heraus, unterstützt von einer neuen Klasse der Kleinbauern und ideologisch überzeugter Großgrundbesitzer, verstärkt durch die beißende Not, erwachsen aus Inflation, Teuerung, Arbeitslosigkeit, Unruhen, Terror und Mord, entstand 1921 die Faschistische Partei, die sich 1923 mit den Nationalisten zum »Partito Nationale Fascista« (PNF) zusammenschloß.
Der nunmehr faschistische Staat Italien stieg zur rechtsförmigen Institution auf – zu einem autoritären Rechtsstaat, in dem die faschistische Sondergesetzgebung dafür sorgte, daß alle nichtfaschistischen Parteien verboten, Versammlungs-, Presse- und Meinungsfreiheit unterbunden und abgeschafft wurden. Italien war Polizeistaat. Die Bewegung mit und um den Duce herum, wie sich Benito Mussolini als Führer der faschistischen Partei nannte, avancierte rasch zu einem ambivalenten

Gesamtphänomen, akzeptiert und repräsentiert von der Masse aus den verschiedenen Bevölkerungsschichten. Die Identifikation mit dem System, die Bewunderung für den Duce war, zumindest bis zum Eintritt in den Zweiten Weltkrieg, enorm. Danach, und vielmehr noch nach dem Frühherbst 1943 – nach dem Mißtrauensvotum gegen Mussolini – nahm die Begeisterung rapide ab. Das ehedem faschistische Herrschaftssystem zerbröckelte wie die alten Trockenmauern an der Via Appia. Jetzt zeigte sich mit einem Male, wieviel Widerspruch, Unzulänglichkeiten, Brüche, faule Kompromisse, wieviel Heuchelei und Betrug das System seit 1922 begleitet hatten. War es zuerst die Krise des liberalen Systems gewesen, die Begeisterung für die Versprechungen der faschistischen Protagonisten, allen voran der nimmermüde Mussolini, die Sympathie für Patriotismus, Ordnung und Sicherheit im Land, die das neue System konsolidiert hatten, so erschien nun der letzte verzweifelte Anlauf zur Gründung der Republik von Salò wie das unausweichliche Ende des Duce und seiner zukunftspolitischen Illusionen, während das Volk sich längst von ihm losgesagt hatte.

Das Ende des Faschismus zeigte schon 1943 zu deutlich, daß das System auf keinem festen Fundament erbaut worden war: Industrie, Kirche, Krone, Armee und Bürokratie einerseits, nationalistische, untereinander auch rivalisierende faschistische Strömungen andererseits. Dem Duce und seiner Partei gelang es nicht, das gesamte Machtpotential homogen zu sammeln. Das Regime und seine Politik blieben widerspruchsvoll.

I.
Kapitulation und kein Ende

Je länger der Krieg dauerte, desto einsamer saß der Duce im Zentrum der Macht. Es war, wie bereits angedeutet, der Kriegseintritt 1940, der die Wende in seiner Politik einleitete. Von diesem Zeitpunkt an verlor er täglich mehr an Prestige; der von ihm, den Faschisten und auch von vielen Italienern so oft heraufbeschworene Krieg wurde ihm zum Verhängnis. Dabei hatte der Duce bis zum letzten Augenblick am Kriegseintritt gezweifelt, mit sich selbst gehadert. Er glaubte aber an Hitler und an dessen unzweifelhaften Erfolg. Und wenn die Beute aufgeteilt würde, wollte er mit dem Sieger an einem Tisch sitzen.

Mussolini hatte sich, was den Krieg betraf, völlig verschätzt. Nach seiner festen Überzeugung hätte er nicht länger als maximal zwei Monate dauern dürfen.

Ein Jahr zuvor, 1939, hatte er Hitler schriftlich wissen lassen, falls er England den Krieg erkläre, jenen Krieg, den sich Mussolini wünschte, werde er, sollte Hitler den Zeitpunkt für gekommen sehen, hundertprozentig an seiner Seite stehen. Dieses Schreiben des Duce kann sogar dahingehend interpretiert werden, daß Italien zu jenen Tropfen zählte, die den Krug vollmachten: Hitler fühlte sich auf jeden Fall gestärkt durch das Versprechen des Duce. Und er war lange genug in Mussolini geradezu vernarrt gewesen, nicht nur mit ihm befreundet, so daß er im Grunde bis wenige Tage vor seinem Ende von ihm nicht loskam – auch dann noch nicht, als seine Freundschaft längst in Haß, Verbitterung und tiefste Enttäuschung umgeschlagen war[1].

Italien war insofern ein Sonderfall, als es konservativen und anderen Kräften nach 1940 gelang, sich von der bevorstehenden militärischen Niederlage und der faschistischen Diktatur allmählich zu distanzieren. Der erste Säuberungsprozeß ging vom Königshaus aus. Während dieser Bewegung des Abrückens vom Faschismus seit Sommer 1943 wurde die Notwendigkeit immer deutlicher, die Faschistische Partei aufzulösen, den Faschistischen Großrat zu beseitigen, führende Faschisten zu verhaften, Säuberungskommissionen zu bilden und den Duce zu stürzen. Diese Säuberungsaktionen – nach der Entmachtung Mussolinis erfaßte eine große Entlassungswelle das Land – fanden beim Volk wenig Anklang, weshalb König Vittorio Emanuele III. es im August für ratsam hielt, die Italiener dazu aufzurufen, nicht zu radikalen Banden überzulaufen[2].

Für Mussolini war es später eindeutig, daß der König der Hauptverantwortliche für seine Suspendierung, Verhaftung und Inhaftierung sowie Internierung gewesen sei. Das Haus Savoyen sei der Urheber all seines Übels. Es trage die Schuld am Chaos in Italien, an der beschämenden Kriegssituation, an der gesamten Misere der Bevölkerung. Nicht das Regime habe die Monarchie, sondern die Monarchie habe das Regime verraten.

Bereits nach dem Treffen Hitler-Mussolini am 19. Juli 1943 in Feltre war sich Hitler sicher, daß die faschistische Partei baldigst gesäubert und mehr Druck auf Italien ausgeübt werden müsse, um diesen Staat militärisch noch halten zu können. Die Alliierten hatten inzwischen Tunis und Bizerta erobert, Mitte Juli hatten sie eine zweite Front auf Sizilien eröffnet. Angesichts dieser Ereignisse wollte Mussolini von den Deutschen erreichen, daß man die Italiener aus dem Bündnis entließe und daß sich die Wehrmacht auf die Verteidigung der Alpenlinie konzentriere. Mussolini wirkte bei diesem Zusammentreffen unkonzentriert; er war blaß, besorgt wegen des gerade stattgefundenen Luftangriffs auf Rom. Hitlers Antwort war unmißverständlich: »Wenn mir jemand sagt, wir könnten unsere Aufgabe späteren Generationen überlassen, dann antworte ich: das ist nicht der Fall. Niemand kann sagen, ob die kommende Generation eine Generation von Giganten sein wird. Deutschland brauchte dreißig Jahre, um sich zu erholen;

Rom hat sich niemals wieder erhoben. Das ist die Sprache der Geschichte.«[3]
An diesem Tag verwies Heinrich Himmler in aller Deutlichkeit darauf, daß in Rom möglicherweise ein Staatsstreich bevorstehe. Er berief sich auf verläßliche Quellen und wollte sogar erfahren haben, daß Marschall Pietro Badoglio ein Kriegskabinett installieren wolle, das beabsichtige, mit den Alliierten Kontakte aufzunehmen und Waffenstillstandsverhandlungen zu führen[4].
An diesem Julitag gestand Mussolini Roberto Farinacci, einem Mitglied des Faschistischen Großrats, daß er bereit sei, auf die persönliche Leitung des Kriegs-, Marine- und Luftfahrtministeriums zu verzichten. Zugleich erkannte er die Notwendigkeit der Einberufung des Faschistischen Großrats, der seit 1939 nicht mehr getagt hatte. Spätestens jetzt mußte von einer ernstzunehmenden inneren politischen Krise gesprochen werden[5]. Der Duce machte Ernst. Tatsächlich berief er dieses faschistische Exekutivgremium für den 24. Juli ein. Das Oberkommando der Deutschen Wehrmacht erfuhr davon erst nach dem Beginn der Sitzung. Die Intentionen der Italiener, nämlich Mussolini das Mißtrauen auszusprechen, blieben den Deutschen zunächst verborgen. Conte Dino Grandi di Mordano, Mitglied des Faschistischen Großrats, als Justizminister seit Februar abgesetzt, weiterhin aber noch Präsident der Kammer, Vorgänger von Mussolinis Schwiegersohn, Galeazzo Graf Ciano, als Außenminister, lange Zeit Botschafter in England und erklärter Gegner des Kriegseintritts Italiens an der Seite der Deutschen, hatte einen Resolutionsantrag für die Sitzung vorbereitet, demzufolge er die Reaktivierung der Kammer des Ministerrats und des Faschistischen Großrats sowie die Trennung der militärischen Führung von der politischen Leitung forderte. Mussolini sollte als Oberbefehlshaber der Streitkräfte abtreten und diesen Posten wieder dem König überlassen.
Grandi suchte bei den Mitgliedern des Großrats Unterstützung für seine Forderungen. Noch vor der Sitzung wurden dem Duce

diese Petitionen in einem Schriftstück zugestellt. Er erhielt eine Kopie des Grandi-Antrags. Nachdem er ihn durchgelesen hatte, gab er ihn mit der Bemerkung zurück, es sei ein unannehmbares, »albernes Geschreibsel«. Ein paar Tage zuvor, es war der 22. Juli, sprach Grandi selbst mit dem Duce, wobei er ihn aufforderte, alle diktatorischen Vollmachten niederzulegen. Gleichzeitig wies er darauf hin, daß der Krieg unwiderruflich verloren sei. Mussolinis Antwort war zweideutig. Er meinte, Grandi hätte recht damit, alle Macht in die Hände des Königs legen zu wollen, das könne aber nur sinnvoll sein, wenn der Krieg tatsächlich verloren wäre, was jedoch nicht der Fall sei, denn die Deutschen würden in wenigen Tagen eine neue Geheimwaffe einsetzen, so daß die Kriegslage sich schlagartig ändern werde.

Enge Mitarbeiter Mussolinis rieten sodann von einer effektiven Einberufung des Großrats ab. Allerdings ließ sich Mussolini von diesen Beratern nicht überreden. Auf der anderen Seite gewann Grandi immer mehr Anhänger, die einer Entmachtung Mussolinis zustimmten. Es war aber nicht nur der Präsident der Kammer, der Mussolinis Sturz vorbereitete. Zwei Männer arbeiteten konkrete Pläne aus: Armeegeneral Vittorio Ambrosio, Chef des Comando Supremo, und Brigadegeneral Giuseppe Castellano, Stellvertretender Chef des Comando Supremo. Sie verlangten eine rasche Suspendierung und Verhaftung des Duce. Dies kam aber zunächst nicht zur Durchführung, weil König Vittorio Emanuele, der in das ganze Unternehmen eingeweiht war, sich nicht entschließen konnte. Grandis Resolutionsantrag sagte ihm da schon eher zu. Dann gab es auch noch andere Gegner des Duce. Insgesamt lassen sie sich in drei Gruppen einteilen: führende Militärs, die nicht mehr an den Sieg glaubten; faschistische Funktionäre; vorfaschistische Politiker, darunter der frühere Kabinettsminister Ivanoe Bonomi und der Kulturphilosoph Benedetto Croce. Badoglio, der berühmte Oberbefehlshaber der Italiener im Krieg gegen Abessinien, der spätere Vizekönig von Italienisch-Ostafrika, der im Zweiten Weltkrieg zum Generalstabschef aufgestiegen war, hatte zum Beispiel seit 1943 intensive Kontakte mit englischen Politikern in der Schweiz. Auch er plante eine Aktion mit dem Ziel, den Faschismus Mussolinis zu stürzen. Der Herzog von Spoleto, ein Verwandter des Königs, suchte konkrete Kontakte mit den Alliierten, wiederum um den Duce zu entmachten.

Im Kriegsministerium brodelte es. Hier etablierte sich ein Zentrum der Verschwörung. Als Rädelsführer galten General Antonio Squero (Staatssekretär), General Vittorio Ambrosio (Armeestabschef), General Antonio Sorice (Kabinettschef). Alle drei sprachen sich mit Polizeichef Carmine Senise ab und verlangten Mussolinis Sturz sowie nach Möglichkeit auch die Lösung des Bündnisses mit den Deutschen. Durch den Eid waren sie jedoch an den König gebunden, was sie moralisch daran hinderte, in Aktion zu treten.

Erste Hinweise auf das politische Schicksal Mussolinis waren aber bereits im Dezember 1942 bekanntgeworden. In einem Artikel in der Zeitschrift *Life* – die Informationen stammten vom britischen Nachrichtendienst – stand zu lesen, jede Revolte gegen Mussolini werde von der bürgerlichen Schicht organisiert, die mit der Armee oder mit der faschistischen Partei liiert sei. Die Rede war von einer möglicherweise bevorstehenden Palastrevolution, nicht aber von einer Revolution des Volkes. Angeblich sollte zwar Mussolini, nicht aber das System beseitigt werden.

Dann waren es die Industriellen, die die antifaschistische Bewegung motivierten und finanzielle Mittel in Aussicht stellten. Sie übten großen Druck auf den König aus, den Duce zu entmachten. Gleichzeitig hofften sie, daß nach einem Sturz Mussolinis die Deutschen freiwillig das Land verlassen würden. Dabei zogen sie in Betracht, daß der Duce noch vor der Entmachtung an Hitler herantreten und ihm seinen Abtritt beziehungsweise den Abgang der Deutschen schmackhaft machen sollte[6].

Die Verschwörer mußten alsbald einsehen, daß Mussolini mit Hitler nicht verhandeln wollte. So erhielt General Castellano den Auftrag, unterstützt von Stabschef Oberst de Francesco, einen Plan für den Fall des Duce auszuarbeiten. Sie alle erwarteten einen effektiven Gegenschlag der Faschisten, nicht einen der Deutschen.

Die Sitzung des Faschistischen Großrats, auf der endlich über das weitere Schicksal des Duce entschieden werden sollte, fand von Samstag, dem 24. Juli 1943, 17 Uhr, bis Sonntag, nach zwei Uhr morgens statt. Alle, auch die Verschwörer, hatten an diesem Tag eher Angst. Grandi war zuvor zur Beichte gegangen, hatte einen Abschiedsbrief an seine Frau und Kinder geschrieben und in seiner Tasche versteckte er zwei Handgranaten. An diesem Tag war der Palazzo Venezia überfüllt von Milizleuten. So mancher Verschwörer glaubte, seine letzte Stunde habe geschlagen.

Über den Tagungsablauf gibt es keinen objektiven Bericht. Nur so viel ist bekannt, daß der von Dino Grandi gehegte Plan des Sturzes von Mussolini höchst brisant war. Insgesamt waren 29 Mitglieder anwesend. Graf Ciano sprach sich für den Antrag Grandis aus. Dieser konnte sodann bei der Abstimmung 19 Stimmen auf sich verbuchen, sieben sprachen sich dagegen aus, zwei enthielten sich der Stimme. Damit war Mussolini das Mißtrauen ausgesprochen worden. Das bedeutete eine Absage an die Diktatur des Duce und die Rückgabe des Oberkommandos der Streitkräfte an den König.

Mussolini verfolgte mit apathischen Zügen den Verlauf dieser Sitzung. Es gelang ihm auch nicht, durch seine zweistündige Rede über die militärische Situation, über die Wichtigkeit des Bündnisses mit den Deutschen die Mehrheit auf seine Seite zu bringen. Diesmal wirkte er nicht wie üblich leidenschaftlich und überzeugend. Aber er wollte beeindrucken, wenn er sagte, daß er das Amt des Oberbefehlshabers der Streitkräfte nicht von sich aus angestrebt habe und protzte, indem er die Größe und militärische Stärke der Deutschen hervorhob. Sodann wies er auf die Gefahren für die Regierung hin, die eine positive Aufnahme des Resolutionsantrags auslösen werde. Die kleine Gruppe um Roberto Farinacci, die weiterhin die engste

Zusammenarbeit mit Deutschland wollte und die Mussolini im Arbeitszimmer vorschlug, die Verschwörer verhaften zu lassen, blieb erfolglos. Die diversen Gründe für seine Suspendierung waren ihm bekannt. Da waren einmal die militärischen Niederlagen in Tunesien und die Landung der Alliierten auf Sizilien, da beklagten seine Gegner mit vorwurfsvoller Stimme den Verlust fast der gesamten Handelsflotte; er konnte es nicht überhört haben, wie laut auch die Kritik innerhalb der Faschistischen Partei gegen ihn und seine Kriegspolitik geworden war. Während dieser knapp zehn Stunden gerieten die Anhänger des Duce eindeutig in die Defensive, so daß die Resolution Grandis nicht mehr abgewiesen werden konnte. Mussolini wurde aufgefordert, persönlich den König zu bitten, er möge das Kommando über die Streitkräfte übernehmen, und dafür zu sorgen, daß der Krone, dem Großrat, der Regierung, dem Parlament und den Korporationen wieder durch die Grundgesetze ihre Pflichten zurückgegeben würden.

Am nächsten Tag, Mussolini war bleich in die Villa Torlonia zurückgekehrt, wo seine Frau Rachele über den ruchlosen Schwiegersohn Galeazzo Ciano zu schimpfen begann, begab sich der Duce schweren Herzens zum König. Für die folgende Unterredung, die etwa um 17 Uhr begann, gibt es keine Zeugen. Die später von Mussolini verfaßten Aufzeichnungen lassen nicht unbedingt auf Glaubwürdigkeit schließen. Nach dem Ende der Unterredung wurde Mussolini auf der Schwelle der Villa Savoia gebeten, einem Hauptmann der Carabinieri zu folgen und in einen Krankenwagen zu steigen. Er glaubte anfänglich an einen besonderen persönlichen Schutz durch die Exekutivorgane. In Wahrheit war es seine Inhaftierung. Vittorio Emanuele erklärte später, er habe bereits im Januar, also gut sieben Monate zuvor, beschlossen, das faschistische Regime stürzen zu lassen und Mussolini abzusetzen. So sah später auch Mussolini nicht zu Unrecht im König den Hauptverantwortlichen für seinen Sturz. Knappe 20 Minuten hatte das Gespräch mit dem Staatsoberhaupt gedauert. Vittorio Emanuele ließ keine Diskussion mehr aufkommen. Mussolini hielt ihm ei-

ne Reihe von juristischen Argumenten entgegen, die darauf hinausliefen, daß die Tagesordnung des Großen Rats in keiner Weise rechtsgültig gewesen sei. Der König aber hatte, wie der Duce später feststellte[7], seinen Beschluß längst gefaßt. Dem Duce war es unbegreiflich, zudem empfand er es als in höchstem Maß beleidigend, daß man ihn, der überzeugt war, dem Vaterland und dem König durch mehr als 20 Jahre mit seiner ganzen Kraft loyal gedient zu haben, in so beschämender Weise nach einem derart einseitigen und bereits in seinem Ablauf von vornherein beschlossenen Gespräch gefangensetzte. Außerdem läßt diese Enthebung durch den König deutlich erkennen, wie ohnmächtig der Duce geworden war und daß es ihm während seiner gesamten Zeit als Regierungschef und Parteiführer nicht gelungen war, sich gegen die Traditionalisten, Reaktionäre und Monarchisten durchzusetzen. Er und sein Faschismus hatten es nicht vermocht, auf jede Art und Weise totalitär zu werden, die Monarchie ebenso wie Armee, Beamtentum und auch die Polizei zu kontrollieren. Ohne Widerstand nahm der Duce die Entscheidung des Königs zur Kenntnis[8].
Als Goebbels durch einen Telefonanruf aus dem Führerhauptquartier von dieser Niederlage Mussolinis hörte, war das alles für ihn zunächst unwahrscheinlich. Mit Hitler ging er konform, daß der Duce auf keinen Fall freiwillig zurückgetreten sei. Ebenso waren sie einer Meinung, das Ende des Faschismus gewaltsam aufzuhalten.
Jetzt begann alles von vorn. Wer der Meinung war, mit der Inhaftierung Mussolinis sei der Spuk des Faschismus in Italien zu Ende, werde das Land keine Rolle im Kriegsgeschehen mehr spielen, hatte sich entschieden getäuscht. Der Sturz Mussolinis bedeutete in Wirklichkeit die Voraussetzung für den neuen Staat von Salò. In der italienischen Innen- wie Außenpolitik kam es ab diesem Tag zu einer entscheidenden Wende. Die Anhänger des Duce mußten so schnell wie möglich fliehen. Mussolini kam zunächst als Gefangener in die Kaserne Podgora in Trastevere in Rom, danach in die Kadettenschule in der Via Legnano, sodann nach Gaeta und von dort auf die Insel

Ponza. Hier feierte er, erstmals seit Jahren ohne Pomp und Getöse, seinen Geburtstag, es war der sechzigste; von Ponza brachte man ihn auf die Insel Maddalena, wo er 24 Tage blieb, von Maddalena in das 2130 Meter hoch gelegene Berghotel Campo Imperatore auf dem Gran Sasso. Hier herauf führte keine Straße, sondern nur eine Seilbahn.

Grandis Resolution bewirkte, daß ein eigentlicher Staatsstreich gar nicht mehr durchgeführt zu werden brauchte. Die Leitung dieser Aktion hatte man dem ehemaligen Chef der italienischen Polizei Carmine Senise zugedacht. Er hätte den Duce mit den führenden Faschisten verhaften sollen. So war gewissermaßen der König der gesamten Aktion zuvorgekommen und der Duce auf legale Art entmachtet worden. Jetzt waren die Deutschen gefordert, ja gezwungen, konkrete Gegenmaßnahmen zu treffen, um den völligen Untergang ihres Verbündeten zu verhindern. Erst im Laufe des 25. Juli war der deutsche Botschafter in Rom, Hans Georg von Mackensen, über die jüngsten Ereignisse unterrichtet worden. Mackensen erhielt auch die Proklamationen des Königs und Badoglios zu lesen, die am 26. Juli veröffentlicht wurden[9]. Badoglio verkündete, daß der Krieg weitergehe. Die Deutschen nahmen diese Botschaft allerdings mit größter Skepsis auf, wie sie überhaupt von Bündnistreue und militärischem Einsatz der Italiener nicht mehr sonderlich zu überzeugen waren. Die führenden Nationalsozialisten dachten in diesem Zusammenhang eher an einen Verrat Badoglios und nicht an eine militärische Kapitulation. Hitler, Keitel, Jodl, Rommel, Dönitz, Göring, Goebbels, von Ribbentrop brachten Badoglio wenig Vertrauen entgegen, das genoß er aber vor allem bei Kesselring, Mackensen und von Rintelen. Allgemein blieben die Deutschen bis zum September im ungewissen.

Die ersten Maßnahmen Badoglios bestanden darin, den Belagerungszustand auszurufen, die Exekutive auf die Wehrmacht zu übertragen, die politischen Gefangenen zu amnestieren, führende Faschisten zu verhaften und Parlamentswahlen für die Zeit nach dem Krieg festzulegen. Der Partito Nazionale

Fascista wurde aufgelöst. In der Außenpolitik suchte Badoglio seit Ende Juli das Gespräch mit den Alliierten und zog einen eventuellen Waffenstillstand in Betracht[10]. Gleichzeitig betrieb er gegenüber den Deutschen eine gut getarnte Politik des Hinhaltens, wenn er auch eine Aussprache mit Hitler angeregt hatte. Der hatte abgelehnt.

Für ihn bedeutete das alles den totalen Verrat: Es gebe keinen Zweifel, »die werden natürlich in ihrer Verräterei erklären, daß sie weiter bei der Stange bleiben; das ist ganz klar. Das ist aber eine Verräterei; die bleiben nämlich nicht bei der Stange. Der Dings (Badoglio) hat allerdings sofort erklärt: Der Krieg wird weitergeführt, an dem ändert sich nichts. Das müssen die Leute machen, denn das ist eine Verräterei. Aber von uns wird auch dieses gleiche Spiel weitergespielt, alles vorbereitet, um sich blitzartig in den Besitz dieser ganzen Bagage zu setzen.« Hitler dachte sofort an einen Blitzangriff auf Rom, mit »einer besonderen Truppe«, wie er meinte, und »die ganze Regierung, den König, die ganze Blase sofort zu verhaften, vor allem den Kronprinzen sofort zu verhaften und sich dieses Gesindels zu bemächtigen, vor allem des Badoglio und der ganzen Bagage«. Das sagte der Führer zu Alfred Jodl, dem Chef des Wehrmachtführungsstabes, der gleichzeitig einer seiner engsten Mitarbeiter war, und ergänzte: »Sie sehen, daß die schlappmachen bis in die Knochen, und in zwei bis drei Tagen gibt es wieder einen Umsturz.«[11] Hitler erkannte die Notwendigkeit raschen Handelns. Außerdem befürchtete er die Besetzung der Flugplätze durch die Angelsachsen. Er gestand ein, daß die Faschistische Partei momentan aus der Fassung geraten sei, war aber davon überzeugt, sie werde sich unter deutscher Obhut wieder erholen. Ferner gab es für ihn keinen Zweifel, daß die Faschisten die einzigen wären, die sich an seiner Seite schlagen wollten, weshalb es unausweichlich war, sie wieder an die Macht zu bringen. Die faschistischen Parteiorganisationen waren zuvor vor allem im Norden stark gewesen: Ferrara unter Balbo, Bologna unter Grandi, Cremona unter Farinacci. Im Oktober dieses Jahres hatte die Partei rund 250 000 eingeschriebene Mitglieder, davon allein an die 5000 in Florenz. Sie zählten nicht zu jenen, die an einem Wiedererwachen des Faschismus den geringsten Zweifel hegten. Sie gehörten zu jenen, die den »Verrat« rächen wollten. Hier im Norden Italiens wollten die treuen Anhänger des inhaftierten Duce nichts anderes hören als den Kampfruf der nationalen Einheit Italiens. Inzwischen erfuhren die Deutschen über ein abgehörtes transatlantisches Telefonat zwischen Churchill und Roosevelt, daß die Alliierten militärisch nicht sofort handeln wollten. Das gab Hitler Zeit. Dennoch veranlaßte er die Verlegung deutscher Truppen nach Italien. Inzwischen verfolgten die Italiener ihre bewährte Strategie, indem sie wiederholt ihre Treue zum Achsenbündnis beteuerten, außerdem unterließen sie keinen Versuch, die deutschen Truppenbewegungen zu behindern, während sie in der Umgebung von Rom eigene Kontingente zusammenzogen. Keine der beiden Seiten ließ sich aber täuschen. Als dann am 30. August die letzten deutschen Soldaten aus Sizilien abgezogen wurden, erhielten alle deutschen Einheiten in Italien die Anweisung, bei der Durchgabe des Deckworts »Achse« die Italiener zu entwaffnen, die Nordhälfte des Landes zu »befrieden« und sich im Süden kämpfend in Richtung Rom durchzuschlagen[12].

Zwischen dem Reichsaußenminister Joachim von Ribbentrop und dem neuen italienischen Außenminister Raffaele Guariglia war es Anfang August zu einem Treffen in der Grenzstadt Tarvisio gekommen. In Deutschland blieb dies für viele geheim. Ribbentrop sagte zum Dolmetscher des Auswärtigen Amtes Paul Schmidt: »Wir müssen alles geheime Aktenmaterial und sämtliche Chiffre-Schlüssel auf deutschem Boden zurücklassen. Es ist nicht ausgeschlossen, daß die Banditen vorhaben, uns im Auftrage der Engländer und Amerikaner auf italienischem Boden zu kidnappen.«[13] Bewaffnete SS-Männer und einige wenige Diplomaten und Beamte begleiteten Ribbentrop. Das Treffen fand sodann in einem Salonwagen auf dem Bahnhof von Tarvisio statt. Guariglia unterstrich, daß Italien den politischen und kriegerischen Weg fortsetzen wolle.

Den Deutschen fiel auf, daß bei der Verabschiedung die italienischen Kollegen des Auswärtigen Amtes auf den gewohnten faschistischen Gruß verzichteten. Für den Dolmetscher war das ein typisches Signal. Später schrieb er darüber: »Gerade diese letzte Szene mit den alten Bekannten erinnerte uns mehr als alles andere eindringlich daran, daß das faschistische Regime in Italien zu existieren aufgehört hatte.«[14]
Durch die ersten Meldungen aus Italien nach der Entmachtung Mussolinis hatte sich im deutschen Lager schnell die Erklärung Badoglios verbreitet, daß er am Bündnis mit Deutschland festhalten und keinen Sonderfrieden anstreben wolle. Badoglio selbst konnte mit seiner Vergangenheit nicht brechen, er hatte politisch keine weiße Weste, war er doch selbst faschistisches Parteimitglied gewesen, hatte im Zeichen des Faschismus Auszeichnungen entgegengenommen und zählte zu den führenden Exponenten der faschistischen Eroberungspolitik nicht nur im Abessinienkrieg. Den Aufzeichnungen des deutschen Propagandaministers Joseph Goebbels zufolge hielt Hitler nichts von Badoglios Wort, daß Italien auf der Seite der Deutschen im Krieg bleiben werde. Für Goebbels war das alles schlichtweg die »größte Treulosigkeit der modernen Geschichte«. Einen zweiten Verrat, er erinnerte an die Stellung Italiens im Ersten Weltkrieg, wolle Hitler auf keinen Fall mehr hinnehmen.
Der italienische Generalstab zog aber unerwartet seine Truppen aus Frankreich zurück. Es sah ganz danach aus, als wollten die Italiener die Alpenpässe sperren, was unausweichlich für die Deutschen bedeutete, sie würden im Falle eines alliierten Angriffes isoliert sein. Einerseits sollten sie, wie es Hitler gebot, sofort handeln, andererseits hieß es zunächst einmal abwarten. Aber auch in Italien waren die Meinungen zwischen der neuen italienischen Regierung, den Parteien und dem König gespalten.
Vittorio Emanuele widersetzte sich der Tendenz einer schnellen Gegenrevolution, die etwa nach einem Plan erfolgen sollte, der schon Anfang Juni in Rom kursiert war: Eine Militärver-

waltung sollte eine politische Verwaltung einleiten. Gleichzeitig hielten die Divergenzen an. Eindeutig ließ sich die Teilung des Lagers daran erkennen, daß eine Seite für die Monarchie plädierte, die andere Seite für die Einrichtung eines republikanischen Staatsverbandes.
Inzwischen sprach sich Hitler immer wieder vehement dafür aus, energisch dagegenzuwirken, falls der italienische König oder Badoglio einen Sonderfrieden anstreben sollten. Immer deutlicher rückte es in den Vordergrund, daß Hitler allen Ernstes daran dachte, den Duce von einer Sondertruppe befreien zu lassen, um mit ihm ein neues faschistisches Regime in Italien zu errichten. Rudolf Rahn, der deutsche Geschäftsträger in Rom, der mit der Leitung der dortigen Deutschen Botschaft beauftragt war, überlegte: »Wenn aber vor dem Absprung der Italiener der von Hitler geplante Handstreich zur Befreiung Mussolinis durchgeführt würde, dann hätten wir ihnen dazu ja die moralische Berechtigung selbst geliefert, und dann würde auch das deutsche Volk vor der Geschichte die Schuld für den gewaltsamen Bruch des Bündnisses und für den daraus entstehenden unvermeidbaren militärischen Zusammenstoß zu tragen haben.«[15]
Hitler hatte schon Ende Juli von einem großen militärischen »Coup« gesprochen: Eine deutsche Fallschirmdivision sollte rund um Rom landen, die italienische Metropole besetzen und den König samt seiner Familie, ebenso Badoglio und seine Anhänger verhaften und nach Deutschland bringen. Ursprünglich hatte er auch einmal in Erwägung gezogen, den Vatikan besetzen zu lassen. Als darauf verwiesen wurde, daß sich darin das gesamte Diplomatische Korps befinde, schrie er empört: »Das ist mir Wurscht. Das Pack ist da, das ganze Schweinepack holen wir heraus.«[16]
Auch Goebbels zog ein rasches Handeln in Betracht und glaubte an den Erfolg einer Aktion der Luftlandetruppen. Allerdings zweifelte er, ob der Duce die Aktion der Deutschen begrüßen werde. Alles, was sich in Italien in den letzten Wochen abgespielt hatte, bezeichnete der Propagandaminister als eine »sen-

sationelle Entwicklung«, wobei die Italiener die Deutschen »nach Strich und Faden betrogen« hätten.
Anfang September kam dann alles so, wie es Hitler und seine Mitarbeiter befürchtet hatten. Am Abend des 8. September verlas Regierungschef Marschall Pietro Badoglio im italienischen Rundfunk die königliche Proklamation, daß Italien mit den Alliierten einen Waffenstillstand geschlossen habe. An diesem Tag war um 17 Uhr über Radio Algier von General Eisenhower dieses Abkommen bekanntgegeben worden.
Badoglio erklärte am nächsten Tag in einem Telegramm an Hitler, es habe verhindert werden müssen, daß das italienische Territorium eine Beute der Ausländer werde. Wörtlich schrieb er:
»Italien fuhr demnach fort zu kämpfen. Es fuhr fort, furchtbare Bombardierungen über sich ergehen zu lassen. Es fuhr fort, Opfer zu bringen und Leiden zu erdulden in der Hoffnung, verhindern zu können, daß der Feind, der sich schon Siziliens bemächtigt hatte – ein vom italienischen Volk tief empfundener Verlust – auf den Kontinent hinübergelange. Trotz allen unseren Anstrengungen sind unsere Verteidigungsstellungen zusammengebrochen. Der Vormarsch des Feindes konnte nicht aufgehalten werden. Die Invasion ist im Gange. Italien verfügt über keine Widerstandskraft mehr. Es gibt keinen Punkt des italienischen Staatsgebietes mehr, der nicht feindlichen Angriffen ausgesetzt wäre. Unter diesen Umständen kann die italienische Regierung die Verantwortung nicht übernehmen, den Krieg fortzusetzen. Italien ist, um seinen gänzlichen Ruin zu vermeiden, gezwungen, an den Gegner ein Gesuch um Waffenstillstand zu richten.«[16]
Damit war das Bündnis Achse Berlin-Rom beendet, der Bruch des »Stahlpakts« besiegelt. Das Telegramm bedeutete das Ende einer Koalition, die von Anfang an brüchig gewesen war. Und Rahn klagte im Namen der Deutschen erbost all jene Italiener an, die politisch und militärisch für diesen Schritt verantwortlich waren, und prophezeite, daß dieser Entschluß noch schwer auf dem künftigen Geschick Italiens lasten werde.

Die Menschen verließen, als sie die Nachricht vom Waffenstillstand hörten, ihre Wohnräume, liefen auf die Gassen und Straßen, umarmten und küßten sich und tanzten bis spät in die Nacht hinein. Eine noch nie dagewesene Gefühlsbewegung erfaßte Italien. Der Krieg, so glaubten die Leute, sei nun endlich aus, es werde wieder Ruhe und Sicherheit, es werde wieder Friede einkehren. Diese Hoffnung half darüber hinweg, daß Italien militärisch versagt hatte, daß das noch vor ein paar Jahren mit viel Beifall applaudierte Ziel der nationalen Größe und Kraft, der territorialen Expansion in den Süden und Osten in keiner Weise hatte erreicht werden können – daß Italien militärisch zum großen Verlierer geworden war.

Der Waffenstillstand war ein angloamerikanisches Diktat, das Badoglio und der König akzeptieren mußten. Eigentlich war er am 3. September geschlossen worden, hätte aber nach dem Willen Badoglios und des Königs erst später in Kraft treten sollen. In den vergangenen drei Jahren hatte das Land mehr als ein Drittel seines Feldheers verloren. Die Kriegsmarine war stark angeschlagen, italienische Divisionen wurden in Frankreich oder auf dem Balkan als Besatzungstruppen geschunden. Im Süden konnten die 20 Divisionen Sizilien längst nicht mehr verteidigen. Hier sollte General Alfredo Guzzoni als Kommandant der 6. Armee unter allen Umständen die Stellung halten. Ein hoffnungsloser Befehl! Es fehlte an allem, an Munition, an Artillerie, an Lebensmitteln und vor allem an der Kriegsmoral der Soldaten.

Nur die 30 000 Soldaten der deutschen Truppen wollten von Kapitulation nichts wissen. Es waren die 15. Panzergrenadierdivision unter Generalmajor Eberhard Rodt und die Panzerdivision »Hermann Göring« unter Generalleutnant Paul Conrath, die dem alliierten Angriff unerbittlichen Widerstand entgegensetzten.

Italien war an diesem Tag des Waffenstillstands längst kriegsmüde genug, um auch die schwersten Bürden auf sich zu nehmen, wenn nur die Mütter nicht mehr um ihre Söhne weinen mußten.

Da war nur mehr wenig spürbar von der Faschismuseuphorie des Jahres 1939, als dieses politische System mitsamt seiner Ideologie im Zenit der Begeisterung gestanden hatte. Danach war es rapide bergab gegangen mit dem Ansehen und dem öffentlichen Zulauf. Der Kampf gegen den Faschismus führte dazu, daß sich die Gegenbewegungen zusammenschlossen, das Unvorstellbare wurde Wirklichkeit: Kommunisten, Christdemokraten, Sozialisten, Liberale, Republikaner und Aktionisten zogen an einem Strang, um dem Spuk des Faschismus ein Ende zu bereiten.

Am frühen Morgen des darauffolgenden Tages begann der Angriff der 3. deutschen Panzerdivision auf Rom. Das bedeutete das Ende jeglicher italienischer Verteidigungschance. Die Situation drängte auf einen schnellen Entschluß. Noch vor Morgengrauen beriet Badoglio mit einem kleinen Stab. Es stand fest, daß sämtliche Straßen, die nach Rom führten, außer der Tiburtina, unter deutscher Kontrolle standen. Badoglio kam zu dem Schluß, die Regierung müsse Rom verlassen, wenn sie deutscher Gefangenschaft entgehen wolle. Er befürchtete, daß Hitler unmittelbar danach eine faschistische Regierung einsetzen und den Waffenstillstand für ungültig erklären würde. Badoglio riet dem König, über die Via Tiburtina nach Pescara zu flüchten. Vittorio Emanuele entschloß sich, ganz im Gegensatz zu seiner Gewohnheit, keine schnellen Entschlüsse zu fassen, den Fluchtversuch mit Badoglio zu wagen. Für Badoglio und für die Widersacher des Duce war es von entscheidender Bedeutung, daß der König, der wie ehedem als Sinnbild der Legitimität galt und weiterhin Staat und Nation verkörperte, nicht politisch ausgeschaltet werden durfte. Ein paar Minuten nach fünf Uhr morgens verließ die königliche Wagenkolonne Rom. Es ging über Pescara nach Brindisi, das von den Deutschen aufgegeben und von den Angloamerikanern nicht okkupiert worden war. Hier sollte für die nächste Zeit ein Zentrum des neuen italienischen Staates aufgebaut werden, der allerdings nur ein paar Monate lang Bestand hatte.

Am Tag des Waffenstillstands wurde der deutschen Wehrmacht der Abfall Italiens bekannt. Ein feindlicher Sender verkündete die Kapitulation der italienischen Armee. Am gleichen Tag teilte General Eisenhower mit, daß Italien kapituliert habe. Es stellten sich der Wehrmacht nun folgende Fragen:
• Soll der italienische Soldat als Feind behandelt werden oder sollen kampf- und arbeitswillige Männer auf die deutsche Seite gezogen werden?
• Welche politische Parole soll der italienischen Wehrmacht gegenüber ausgegeben werden?
• Wie sollen die italienischen Soldaten auf dem Balkan behandelt werden?
Es erging die Durchführungsmaßnahme an den Oberbefehl Süd und die Heeresgruppe B, die Entwaffnung der italienischen Wehrmacht vorzunehmen, die Apenninübergänge zu besetzen, die Alpenübergänge und die nordadriatischen Häfen zu kontrollieren, die deutschen Truppen aus Sardinien und Korsika sowie aus Süd- und Mittelitalien abzuziehen, Verkehrs- und Wirtschaftseinrichtungen im Feindesland zu zerstören und eine Verteidigungsstellung entlang der Linie Pisa-Arezzo-Pesaro zu errichten[17]. Sie konnten sehr schnell die italienische Marine überwältigen, die wichtigsten Häfen Genua, La Sepzia und Triest unter Kontrolle bringen. Wenn auch viele Italiener auf ihren Schiffen entkommen konnten, so leistete der Großteil doch keinen hartnäckigen Widerstand. Unmittelbar nach dem Abfall Badoglios und seinem Übertritt zu den Alliierten war an der Südfront für die Deutschen und Italiener noch nicht die Katastrophe eingetreten. Die Wehrmacht konnte nach der Landung der Briten in Kalabrien am 3. September und der der Amerikaner bei Salerno am 9. September ein Debakel verhindern. Der Generalfeldmarschall der Luftwaffe und spätere Oberbefehlshaber der deutschen Truppen in Italien Albert Kesselring konnte vorerst nördlich von Neapel eine neue Front quer über die Halbinsel ziehen. Aber auch ihm gelang es nicht, den Übertritt der italienischen Hochseeflotte zu den Alliierten zu vereiteln. Deren Landung in Italien bedeutete gleichzeitig

auch den Abbruch der deutschen Offensive an der Ostfront. Zudem mußten wegen der veränderten Lage neue Fronten besetzt werden, die bisher von den Italienern gehalten worden waren, vor allem in Italien, in Südfrankreich und auf dem Balkan.

Vittorio Emanuele gab letztendlich angesichts des sich anbahnenden totalen militärischen, wirtschaftlichen und sozialen Chaos in seinem Land dem Druck der Alliierten und nicht zuletzt der Aufforderung des englischen Premiers Winston Churchill nach und ließ dem deutschen Botschafter mitteilen: In Anbetracht der kontinuierlichen und intensiven kriegsmäßigen Aktionen, die deutsche Streitkräfte gegen die Italiener führten, betrachte sich Italien von 15 Uhr des 13. Oktober 1943 an als mit Deutschland im Kriegszustand befindlich. Nach dieser Kriegserklärung rückten deutsche Truppen in Norditalien ein; sie fühlten sich wie in Feindesland. Sie kassierten Barkredite und Besatzungsgeld. Das Ziel Kesselrings nach der Kapitulation hatte damals schon gelautet, möglichst schnell Rom und Mittelitalien unter deutscher Kontrolle zu bringen. Jetzt entwaffneten die Deutschen in Rom die italienischen Soldaten; einige von ihnen kämpften freiwillig auf der Seite der Deutschen weiter. Um den Charakter Roms als offene Stadt nach außen zu bewahren, wurden die meisten deutschen Einheiten aus der italienischen Metropole abgezogen.

Zwischen diesem Datum und der Kapitulation hatten sich in Italien tatsächlich die Ereignisse überschlagen. Es fand eine Aktion statt, welche das Aufsehen der Weltöffentlichkeit erregte, und eine erneute Kehrtwende in der Politik dieses Landes und für die weiterhin bestehenden Verbindungen mit Deutschland eine völlig neue Ausgangsposition schuf: die Befreiung Mussolinis. Es kann von der zweiten Etappe auf dem Weg zur Gründung des Staates von Salò gesprochen werden.

II.
Vom Gran Sasso zur La Rocca delle Caminate

Joseph Goebbels vertrat weiterhin unbeirrt die Auffassung, daß die Italiener wegen ihrer Treulosigkeit und vorrangig wegen ihres Verrats an den Deutschen bestraft werden müßten; sie hätten kein Anrecht mehr auf »einen Nationalstaat moderner Prägung«[1]. Adolf Hitler hingegen wollte, was die Luftangriffe betraf, die Italiener ihrem militärischen Schicksal überlassen. Außerdem bedauerte er, daß Mussolini in derart unwürdiger Weise vorläufig sein politisches Ende gefunden habe[2]. Überheblich schrieb Goebbels in sein Tagebuch, Mussolini sei kein Revolutionär vergleichbar mit dem Führer oder mit Stalin. Er sei so an sein italienisches Volkstum gebunden, daß ihm der große Zug zum weltweiten Revolutionär und Umwälzer fehle. Am 10. September, als Hitler die vorausgegangenen Vorfälle in Italien als eine »riesengroße Schweinerei« bewertete, wußten die Deutschen nicht, wo sich Mussolini aufhielt, und befürchteten, er könnte in die Hände der Alliierten geraten. Goebbels hielt fest, daß sich die drei Faschisten und engsten Vertrauten Mussolinis Renato Ricci, Alessandro Pavolini und Roberto Farinacci im Führerhauptquartier befanden, um einen Aufruf an das italienische Volk auszuarbeiten. Sie hatten die Aufgabe, eine neofaschistische Regierung zu begründen. Sobald sich die politische Lage in Italien beruhigt hatte, sollten sie von Norditalien aus ihre Aktionen starten. Ihnen war, wie auch Vittorio Mussolini, dem ältesten Sohn des Duce, und anderen faschistischen Funktionären, die an eine neofaschistische Wiedergeburt glaubten, die Flucht nach Deutschland gelungen; auch Ciano gelang mit deutscher Unterstützung die Flucht. Gleichzeitig beschwor Hitler die Loyalität seiner Feldmarschälle, Admirale und Generale in Italien. Immer deutlicher

unterstrich auch er, wie Joseph Goebbels, daß die deutschen Interessen nun endgültig Vorrang hätten. Der Faschismus mußte nach ihrem Willen wiederhergestellt werden.
Mussolini, der sich auf dem Gran Sasso befand, wollte von einer Flucht nichts wissen. Ebensowenig strebte er einen Neuanfang in der Politik an. Er war durch und durch enttäuscht und sprach von der größten Demütigung, die man ihm je zugefügt habe. Einer Verehrerin, die ihn um ein Autogramm bat, schrieb er auf das Foto: »Mussolini defunto« (Mussolini gestorben)[3]. Aber er vertraute, wie auch in den Jahren zuvor, weiterhin auf Hitler. Ein Telegramm Hermann Görings gab ihm zudem Mut. Hitler ließ ihm, als er noch in Ponza war, durch Generalfeldmarschall Kesselring als Geschenk zum 60. Geburtstag eine 24bändige Ausgabe der Schriften Friedrich Nietzsches zukommen, dessen Philosophie der Macht, des Übermenschen und der neuen Herrenmoral ihm neue Kraft verleihen sollte. Mussolini fühlte in seinem Herzen einen tiefen inneren Dankeswunsch. Jetzt war er von der deutschen Treue noch mehr überzeugt. Im Augenblick der innersten Einsamkeit, als die mit der Wache beauftragten Carabinieri und Soldaten ihn hatten wissen lassen, er sei eine Geisel, wurde ihm bewußt, daß er dem Feind nicht lebend ausgeliefert werden dürfe.
In Deutschland wurde die Pressenotiz über dieses Geburtstagsgeschenk Hitlers als neuer Beweis dafür gewertet, daß eine gewissen Spannung zwischen der deutschen und der neuen italienischen Regierung bestand. Es sei nicht üblich, daß ein »eben entlassener« Regierungschef von einem Staatsoberhaupt beschenkt werde, wenn dieses Staatsoberhaupt mit der neuen Regierung in freundschaftlicher Beziehung stehe. Beobachter folgerten daraus, daß der Duce alsbald wieder als Regierungschef erscheinen werde[4].
Hitler hatte den im Dritten Reich gefeierten Kommandoführer Otto Skorzeny seit dem ersten Tag der Festnahme Mussolinis beauftragt, den Duce ausfindig zu machen und ihn zu befreien. Skorzeny entdeckte ihn schon auf La Maddalena. Von dort war er auch in das Hotel Imperatore auf dem Gran Sasso hoch oben

in den Abruzzen gebracht worden, weil man eine Befreiung durch die Deutschen befürchtete.

Neben Skorzeny waren in den Befreiungsplan in Rom nur zwei Personen eingeweiht: der General der Fallschirmjäger Kurt Student und der Polizeiattaché der Deutschen Botschaft in Rom SS-Obersturmbannführer Herbert Kappler. Student wollte sofort losschlagen, Rahn hingegen hielt es Anfang September 1943 für sinnvoller abzuwarten; er wollte zumindest nach außen den Schein einer guten Zusammenarbeit mit den Italienern wahren. Kappler hielt zur gleichen Zeit seine Informationen über den Aufenthalt Mussolinis einige Tage zurück.

Am 11. September faßte General Student den Entschluß, Mussolini durch das I. Bataillon des Fallschirmjägerregiments 7 der 2. Fallschirmjägerdivision aus seiner Gefangenschaft auf dem Gran Sasso zu befreien. Diese Aktion hieß Unternehmen »Eiche«. Die oberste Leitung lag in den Händen Students. Er erhielt eine SS-Sondereinheit unter der Leitung Skorzenys, der mit dem deutschen Polizeichef eng zusammenarbeitete.

Major Harald Mors führte das Bataillon. Nach Students Plan sollte die 1. Kompanie des Fallschirmjägerregiments 7 in Lastenseglern vor dem Sporthotel »Campo Imperatore« abgesetzt werden. Die 3. Kompanie dieses Regiments sollte gleichzeitig die Talstation der Seilbahn, die auf den Gran Sasso führte, besetzen. Am 12. September um drei Uhr erfolgte der Aufbruch der Kompanien. Sie erreichten um 14 Uhr die Ortschaft L'Aquila, wenig später konnte die Talstation genommen werden[5]. Nun sollte Otto Skorzeny aktiv mitwirken. Er schlug vor, Carabinierigeneral Fernando Soleti mit deutschen Truppen auf dem Gran Sasso landen zu lassen, um zu verhindern, daß die dortigen Carabinieriwachen Widerstand leisteten und in der Bedrängnis Mussolini erschossen. Soleti mußte sich diesem Willen beugen und den Befehl akzeptieren.

Nach 14 Uhr landeten die Lastensegler in der Nähe des Sporthotels. Die Carabinieri wurden völlig überrascht und leisteten keinen Widerstand, vor allem weil Soleti befahl, passiv zu bleiben. Sogleich wurde Mussolini aus dem Sporthotel befreit, er war bleich, abgemagert und erweckte einen ungepflegten Eindruck[6]. Die italienische Wache ergab sich kampflos. Inzwischen traf Mors mit einer kleinen Mannschaft mit der Seilbahn ein. Hauptmann Heinrich Gerlach landete vor dem Hotel mit einem Fieseler Storch, einem ungewöhnlich leistungsstarken Kurzstartflugzeug. Darin nahm Mussolini Platz und wurde sogleich zum Flugplatz Pratica di Mare geflogen. Skorzeny hatte sich noch im letzten Augenblick in die Maschine gedrängt.

Über Skorzenys Rolle gehen die Meinungen auseinander; einige Historiker schreiben dem Hauptsturmführer zu, mit dem Spezialkommando auf dem Gran Sasso gelandet zu sein und den Duce befreit zu haben. Fest steht, daß die Befreiung nach den Plänen Students erfolgte, Bataillonskommandant Mors das Unternehmen geleitet und Oberstleutnant Freiherr von Berlepsch mit der 1. Kompanie und einem kleinen SS-Kommando die letzten Aktionen auf dem Gran Sasso durchgeführt hatten. Skorzeny war auf jeden Fall dabei, dürfte aber nur eine geringfügige Rolle gespielt haben. Allerdings muß festgehalten werden, daß Skorzeny von Hitler persönlich dem Stab von General Student zugeteilt worden war, um den geheimgehaltenen Aufenthaltsort des Duce zu erkunden. Er war ihm tatsächlich bis zuletzt hart auf den Fersen. Die Vermutung, daß sich Mussolini auf dem Gran Sasso befand, ergab sich aus dem mitgehörten Funkspruch der Italiener, den Kappler an Skorzeny weitergab. Später trat Skorzeny als der große und heldenhafte Befreier Mussolinis auf.

Die italienische Geschichtsschreibung stellt sich mit Recht die Frage, warum die Carabinieri Mussolini nicht schärfer bewacht hatten, ja, ihn irgendwie sogar in die Hände der Fallschirmjäger spielten. Eine ausreichende Antwort darauf konnte bis heute nicht gegeben werden. Einige Historiker vertreten die Meinung, die Carabinieri auf dem Gran Sasso hätten ein geradezu freundschaftliches Verhältnis zum Duce entwickelt. Andere vermuten, sie seien bestochen gewesen. Wieder andere meinen, sie wären überzeugte Faschisten gewesen und erwarteten sich von der Befreiung den Neuanfang einer Duce-Ära. In all diesen Überlegungen könnte ein Funke der Wahrheit sein. Tatsache ist jedenfalls, daß sie vom Waffenstillstand wußten und daß sie keinen Befehl erhalten hatten, den Duce zu erschießen. Tatsache ist ferner, daß sie dem ganzen Unternehmen »Eiche« keinen Widerstand leisteten. Es war in der Tat ein schwieriges Unternehmen; das Gebiet, übrigens ein Skigebiet in Mittelitalien, war nahezu unzugänglich, und es gehörte eine gute Portion Glück dazu. 250 Bewacher Mussolinis wurden von Mors mit nur 91 Mann im Handstreich von fünf Minuten überrumpelt. Landung und Start zählten damals zu den bedeutendsten Blitzaktionen der Deutschen.

Daß weder Badoglio noch der König schärfere Sicherheitsmaßnahmen auf dem Gran Sasso angeordnet hatten und auch von einer Exekution Mussolinis entschieden absahen, darf darauf zurückgeführt werden, daß der Duce nach ihrer tiefsten Überzeugung keine politische Gefahr mehr darstellte. Es war hinlänglich bekannt, daß er sich, seinen eigenen Worten zufolge, völlig aus der öffentlichen Politik zurückziehen wollte und auf keinen Fall mehr beabsichtigte, eine neue Regierung aufzustellen oder sogar einen neuen Staat zu begründen.

Das letzte Kapitel, die Geschichte der glorifizierten Karriere des Duce, des für kurze Zeit so vielversprechenden neuen Staates von Salò, begann definitiv nach Mussolinis Entmachtung mit der Befreiung am 12. September durch deutsche Fallschirmjäger.

In der deutschen Presse löste einerseits die Flucht Badoglios große Enttäuschung aus, wollte man doch »diesen Lumpen so gern hängen sehen«[7]; die Befreiung des Duce hingegen löste eine einzigartige Euphorie aus. Die Rede war von Aktionen, die im richtigen Moment, von den richtigen Verantwortlichen in perfekter Improvisation durchgeführt worden seien. Allerdings gab es da auch Bedenken, daß die Deutschen gegen Italien nicht mehr mit derselben Rücksichtslosigkeit vorgehen könnten, wie sie es getan hätten, wenn der Duce nicht befreit worden wäre. Tagelang schrieben die Zeitungen über alle

Einzelheiten dieser kühnen Tat der Fallschirmjäger, der Männer des SD und der Waffen-SS. Der gemeinsame Tenor lautete, solange Deutschland noch über solche Männer verfüge, die derartige Aktionen durchführten, stehe es um das Land nicht schlecht, oder: Das sollen uns die andern erst einmal nachmachen. Und wieder mischten sich ernsthafte Bedenken in die Erwägungen: Ob durch die Befreiung des Duce bezüglich der Handlungsfreiheit Beschränkungen erwachsen würden, ob Deutschland nun wieder Kartoffeln, Kohlen, Eisen und dergleichen nach Italien liefern müßte. Auf jeden Fall erhoffte man sich vom Duce, als Dank an das Reich, die Rückerstattung des nach dem Ersten Weltkrieg von Italien annektierten Südtirol. Um so enttäuschter war man sodann, als Mussolini in seiner ersten Rede die Südtirolfrage gar nicht erst erwähnte[8].

Wie ein einfacher Soldat, ohne Rangabzeichen, mit ausgebeulter Hose und aufgestülptem Mantelkragen wurde der Duce zuerst nach Forlì gebracht. Zwei deutsche Bewacher – als politische Vorgesetzte der Deutschen Botschaft waren später Rahn und der Oberbefehlshaber der SS in Norditalien General Karl Wolff dem Duce zwar unterstellt, tatsächlich aber hatten sie den direkten Auftrag, Mussolini zu bewachen und ihre Berichte an das Führerhauptquartier weiterzuleiten. Von Forlì ging es weiter nach Wien, hier kam er am 12. September kurz vor Mitternacht an. Gemeinsam mit Skorzeny wurde er ins Hotel »Continental« gebracht. Etwas später erhielt er einen Telefonanruf von Hitler. Dabei betonte Mussolini, er sei müde, krank, wolle zuerst ausschlafen und am Montag seine Familie in München treffen. Hitler war damals fest davon überzeugt, daß Mussolini bald wieder aktiv in die Politik einsteigen würde[9]. Bereits am Nachmittag des 13. September flog Mussolini nach München, wo seine Familie – seine Frau, die jüngeren Kinder und Schwiegersohn Galeazzo Ciano – ihn am Flughafen erwartete. In der Stadt an der Isar war ihnen eine Villa zur Verfügung gestellt worden. Rachele Mussolini war am 11. September von einer SS-Einheit aus La Rocca delle Caminate befreit, gemeinsam mit den jüngeren Kindern zuerst nach Forlì und dann nach München geflogen worden. Zuerst einmal stiegen sie im Hotel »Vier Jahreszeiten« ab. Das alles hatte Hitler ausdrücklich befohlen, weil er nach der Befreiung Repressalien durch die Badoglio-Regierung befürchtete. Auch die führenden faschistischen Funktionäre, an der Spitze Guido Buffarini Guidi, von den Deutschen befreit, trafen in diesem Hotel zusammen.

Mit der Gesundheit des Duce stand es nicht zum besten, wie er überhaupt während der vergangenen Jahre immer wieder über Schmerzen geklagt hatte. 16 Jahre lang hatte er wöchentlich einen Leibarzt konsultiert. Die permanente Aufregung, Streß, die politische Arbeit, der er in den letzten Jahren längst nicht mehr gewachsen war, verursachten ihm Schmerzen im Darmbereich. Zuletzt, am 25. Juli, war er einem Kreislaufkollaps nahe gewesen. (Daß er eine Zeitlang geschlechtskrank gewesen sei, von der Syphilis befallen, ist nichts anderes als üble Nachrede, für die nie ein überzeugender Beweis erbracht werden konnte.) Er mied Tage, die von ihm politische Entscheidungen, Entschlossenheit und politischen Weitblick abverlangten. Oft waren es Wochen, die er im Kreise seiner Angehörigen und Vertrauten auf La Rocca delle Caminate zubrachte, während in Rom, wo er hätte sein sollen, die Entscheidungen fielen.

Am 14. September traf der Duce im Führerhauptquartier mit Hitler zusammen. In der Folge fanden zwei Geheimgespräche statt, über die es keine Zeugenaussagen gibt. Anschließend sprach Hitler mit Faschisten, die ebenso wie der Duce von den Deutschen befreit worden waren. Eine »provisorische faschistische Regierung« begrüßte ihn. Es waren Emigranten, die sich kurz vor der Befreiung des Duce zu einer Exilregierung zusammengeschlossen hatten. Sie unterbreiteten Mussolini ein ausgearbeitetes Programm zur Bildung einer neuen Regierung und legten ihm nahe, daß sich die provisorische faschistische Regierung ihre Bestätigung durch ihr natürliches Oberhaupt erwarte[10]. Mussolini war sich zu jenem Zeitpunkt noch nicht sicher, ob er tatsächlich wieder in die Politik zurückkehren solle. Allerdings verkündete die Nachrichtenagentur in Rom bereits

am nächsten Tag: Benito Mussolini habe wieder die oberste Führung des Faschismus in Italien übernommen. Die neue Partei, so wollte man wissen, nenne sich »Faschistisch Republikanische Partei«, provisorischer Sekretär sei Alessandro Pavolini.
Das Verhältnis des Führers zu Mussolini war nicht mehr so herzlich wie früher. In schwarzen Bildern malte angeblich Hitler Mussolini die Sachlage in Italien und verwies auf die immer ernstzunehmendere Gefahr der Partisanengruppen. Zudem würde sich der Zusammenbruch des italienischen Staates negativ auf die Moral des deutschen Volkes auswirken. Hitler soll auch haben anklingen lassen, daß er sich möglicherweise mit Stalin einigen wolle. Später ging er allerdings nicht mehr auf diese Frage ein[11].
Über die tatsächlichen Gesprächsinhalte dieser Zusammentreffen lassen sich weiterhin nur Spekulationen anstellen. Auf jeden Fall dürfte Hitler Mussolini nicht in seine tatsächlichen Zukunftspläne eingeweiht und damit getröstet haben, er bleibe weiterhin sein Bundesgenosse, und Mussolini werde im Schutze der Deutschen in Norditalien einen neuen eigenständigen Staat errichten. Joseph Goebbels notiert in seinem Tagebuch, der Führer sei in keiner Weise mehr entschlossen, das Bündnisverhältnis zu Italien auf die Person des Duce zu reduzieren. Er wolle auf jeden Fall territoriale Sicherungen, die Deutschland vor jeder weiteren Krise bewahrten. SS-Reichsführer Heinrich Himmler legte gleichzeitig Wert auf eine aktionsfähige Regierung in Italien. Er habe keine Möglichkeit gesehen, mit den wenigen ihm zur Verfügung stehenden Polizeiverbänden das Gebiet zu befrieden.
Die Spekulationen über die Unterredung können dahin gelenkt werden, daß Hitler den Duce vom Unternehmen Salò erst überzeugen und ihn dafür gewinnen mußte. Mit welchem Druck und mit welchen Aussichten er argumentiert haben mag, kann nicht mehr festgestellt werden. Die *Pensieri pontini e sardi* des Duce, die er während der Gefangenschaft geschrieben hatte, geben Auskunft darüber, daß Mussolini von vornherein

vom neuen Staat nicht begeistert gewesen sein kann, hatte er doch darin aufgezeichnet, daß sein politischer Sturz definitiv sei: »Wenn ein Mann mit seinem System scheitert, ist der Fall endgültig, erst recht dann, wenn dieser Mann das 60. Lebensjahr überschritten hat.«[12] Hitler zog es auch in Betracht, eventuell anstelle Mussolinis auf Farinacci zu bauen. Dieser war Staatsminister gewesen und einer der aktivsten und treuesten Anhänger des Duce im Faschistischen Großrat. Eine provisorische faschistische Regierung, die unter deutschem Patronat stand, richtete über den Reichssender München immer wieder patriotische Appelle an die Italiener.

Auf jeden Fall gelang es Hitler auffallend schnell, den Duce zu bewegen, sich an die Spitze des neuen Staates zu stellen. Es darf weiter spekuliert werden, wobei das erhärtet wird durch spätere persönliche Aufzeichnungen des Duce, daß der Führer ihm drohte, sollte er nicht den Plänen des Führers entsprechend handeln, würden die Deutschen Italien besetzen und es selbst regieren. Aus der Überzeugung heraus, dies den Italienern ersparen zu müssen, nahm der Duce den Auftrag an. Dazu kam, daß er weiterhin fest an die geistigen und militärischen Fähigkeiten Hitlers und die Kraft der Deutschen glaubte. Angesichts dieser Überlegungen schien ihm ein neuer Anlauf als politisches Oberhaupt – wenn auch nur eines italienischen Rumpfstaates – durchaus erfolgversprechend. Nicht zuletzt wollte er dadurch auch seinen Namen bei den Italienern rehabilitieren und mit den Verrätern abrechnen. Mussolini schrieb später in seiner *Storia di un'anno* (Geschichte eines Jahres), daß Hitler ihn als ungleichen Partner behandelt habe. Es sei ihm keine Alternative geblieben, er habe sich nicht weigern können[13].

Zu den anderen Überlegungen, weshalb Mussolini zum Staatsoberhaupt wurde, zählt: Er wollte mit allen Mitteln die Ehre der italienischen Nation wahren, und in ihm wuchs der Wunsch, gemäß dem faschistischen Motto zu leben, nicht in Pantoffeln, sondern in Stiefeln zu sterben. Goebbels allerdings paßte das alles nicht so recht ins Konzept: Solange der Duce nicht wieder funktionsfähig war, schätzte er die Möglichkeit viel größer ein, in Italien »tabula rasa zu machen« und die Grenzen des Deutschen Reichs bis nach Venedig auszudehnen. Am Abend des 18. September hörten die Italiener wieder die Stimme Mussolinis, die diesmal etwas ungewöhnlich klang, nicht so überzeugend und siegesgewiß. Auch der Inhalt war gar nicht so recht im Stil des Duce abgefaßt, so daß so mancher Italiener spontan daran dachte, es müsse sich um einen aus dem Deutschen übersetzten Text handeln, den Mussolini vorlesen mußte.

Über den Reichssender München appellierte der Duce aber dennoch mit viel Pathos an seine Anhänger und an das italienische Volk. Es war seine erste Rede seit seiner Befreiung. Die vorausgegangene Entmachtung mußte ihn zutiefst getroffen haben, und er fühlte ein inneres Bedürfnis der Rechtfertigung vor seinen Landsleuten, gleichzeitig aber auch der Abrechnung mit den Verantwortlichen aus dem Kreis seiner Gegner. Der Duce hatte von seinem Ego nichts eingebüßt. Durch seine Ansprache erwartete er sich, daß die Italiener sich grundsätzlich auf seine Seite stellen und seinetwegen mit dem König und den abtrünnigen Faschisten abrechnen würden.

Selbstbewußt begann er mit den Worten: »Nach einer längeren Zeit des Schweigens erreicht euch wieder meine Stimme, und ich bin sicher, daß ihr sie kennt; es ist jene Stimme, die euch in schweren Zeiten gesammelt und mit euch Triumphe der Heimat gefeiert hat.«[14] Sodann griff der Duce auf die Ereignisse des 25. Juli zurück und erörterte noch einmal die Geschehnisse: »Unsere Traditionen sind mehr republikanisch als monarchistisch, die Einheit und Unabhängigkeit Italiens wurde, mehr als von den Monarchisten, erstrebt von der republikanischen Strömung und ihrem reinsten und größten Vorkämpfer, Giuseppe Mazzini.« Daraufhin verkündete der Duce die Errichtung des neuen Staates. Vier Punkte hob er unmißverständlich hervor, sie sollten schleunigst realisiert werden:
• schnellstens wieder an der Seite des Deutschen Reichs den Krieg fortzusetzen;

- sämtliche italienischen Streitkräfte sofort wieder zu mobilisieren;
- mit den Verrätern abzurechnen, vor allem mit jenen des 25. Juli;
- die »Parasiten der Plutokratie« zu eliminieren und ohne sie eine neue starke Wirtschaft in Italien aufzubauen[15].

Seit dem 10. September hatte der Reichssender München von der Konstituierung einer neuen nationalen faschistischen Regierung berichtet. Dabei wurden keine genauen Angaben gemacht, auch keine präzisen Personennamen genannt. Als Staatsgründer waren zu diesem Zeitpunkt lediglich Vittorio Mussolini, Pavolini und Ricci in Frage gekommen. Keiner von ihnen verfügte aber über die Voraussetzungen, in Italien ad hoc eine neue faschistische Regierung auszurufen und zu führen. Vielmehr deuteten diese Rundfunknachrichten darauf hin, daß es Hitlers Wille war, in Italien nicht aufzugeben und gegen Badoglio, die Alliierten und gewiß auch einen Großteil der Italiener einen oppositionellen Staat zu begründen. Buffarini Guidi und Pavolini hielten sich ab dem 18. September bereits in Rom auf, um die neue Regierung zusammenzustellen. Ricci und Vittorio Mussolini schlossen sich ihnen alsbald an. Es waren etwa 40 Leute, die alle eine Aussprache mit Botschafter Rahn suchten. Auf Anraten der Deutschen begaben sie sich nach Frascati, wo sie unter dem Schutz der deutschen Truppen standen.

In den deutschen Medien wurde sofort nach der Rede des Duce kein Zweifel daran gelassen, daß Italien weiterhin ein gleichberechtigter Achsenpartner Deutschlands sei. Der Duce galt gewissermaßen als vom Führer in Italien eingesetzt. Es fiel das Wort »Reichsstatthalter«, als solcher sei Mussolini völlig von den Weisungen Hitlers abhängig. Es war nicht mehr die Rede von einer Befürchtung, daß durch das viele Auftreten Mussolinis Schwierigkeiten entstehen könnten, die Deutschland in seiner Handlungsfreiheit in Italien hemmten. Vorrangig war die Meinung, der Duce werde nie mehr so mächtig werden und von den Deutschen so ernstgenommen werden, wie es früher

einmal der Fall gewesen war. Ferner kursierte der Eindruck, Mussolini sei ein geschlagener Mann. Viele erklärten nach der Rede: »Der Duce kann einem leid tun.«[16]
Als einzige italienische Autorität erkannten die Deutschen General Calvi di Bergolo, Kommandant der offenen Stadt Rom an. Er war Schwiegersohn König Vittorio Emanueles III. Rahn übernahm die Aufgabe, Kommissare zu ernennen, was Calvi für die Stadt Rom tat. Es war kein Geheimnis, daß diese Kommissare eng mit den Deutschen zusammenarbeiten sollten. Feldmarschall Enrico Caviglia wollte den Oberbefehl über jene italienischen Streitkräfte übernehmen, die nicht entwaffnet worden waren. Calvi kam ihm in dieser Hinsicht zuvor.
Die Situation war allgemein prekär. In der italienischen Metropole hielten sich neben Faschisten, ehemaligen Faschisten, Neutralisten, Partisanen und Anhängern der Partisanen, Anhängern der Alliierten oder Deutschen auch genug Italiener, ja italienische Streitkräfte auf, die mussolinifeindlich waren. So entschlossen sich die Deutschen, Pavolini zum direkten Ansprechpartner der neuen faschistischen Regierung zu ernennen. Er ordnete die Entwaffnung der Division »Piave« an und die Übergabe der Waffen an die Deutschen. Es war der 23. September 1943, jener Tag, an dem die Bildung der neuen faschistischen Regierung bereits feststand.
Der 15. September ist jenes Datum, an dem Mussolini die Regierungsgeschäfte des neuen Staates von Salò übernehmen sollte, der offiziell »Repubblica Sociale Italiana« (Soziale Republik Italien) hieß.
Seit der Kapitulation sollte Karl Wolff, nun oberster SS- und Polizeikommandant Italiens, für Sicherheit und Ordnung sorgen und bei den Italienern Vertrauen und Ansehen gewinnen, was einem utopischen Vorhaben gleichkam.
Bei der Zusammensetzung der neuen Regierung legte Hitler Wert darauf, daß treue Mussolinianhänger in das Kabinett aufgenommen würden; an oberster Stelle nannte er den früheren Innenminister und Unterstaatssekretär Guido Buffarini Guidi. Er galt als aufrichtiger Freund der Deutschen. Inzwischen

wohnte Mussolini in der Villa Hirschberg bei Weilheim in Oberbayern. Filippo Anfuso traf mit ihm am 18. September dort zusammen und blieb bis zum 23. September bei ihm, bis Mussolini nach Italien, nach seiner geliebten La Rocca delle Caminate zurückkehrte. Gegenüber Anfuso äußerte der Duce, er wolle eine neue Regierung bilden, mit neuen, noch fähigeren Politikern an der Spitze. Außerdem hielt er fest, was in den letzten Tagen und Wochen geschehen war, und faßte zusammen: »Es sind Dinge geschehen, die ich mir nie hätte vorstellen können. Aber ich lasse mich trotz allem nicht entmutigen. Ich glaube noch immer an die Italiener und auch an den italienischen Soldaten. Als ich Hitler sagte, daß man sofort wieder ein italienisches Heer aufstellen müsse, hat er mir jede Hilfe zugesichert. Das ist das Wichtigste an der ganzen Geschichte. Wenn es uns gelingt, ein Heer zu bilden, das wirklich kämpft, werden auch diese Dinge vorübergehen.«[17]

Für die Regierung des neuen Staates waren in erster Linie Kesselring für den militärischen Bereich, Rahn für politische Fragen, Wolff als Sonderberater für polizeiliche Angelegenheiten und Rudolf Toussaint als »Bevollmächtigter General der Deutschen Wehrmacht bei der Italienischen Faschistischen Regierung« die »vorgesetzten« Ansprechpartner in Italien. Die Deutschen wollten auf keinen Fall Mussolinis Autorität stärken oder wiederherstellen. Vielmehr beabsichtigten sie, ein eben erfundenes System in Funktion zu setzen, dessen technische Einzelheiten an frühere, an anderer Stelle angewandte Systeme erinnerten. Der Staat war ein künstliches Gebilde aus der Phantasie Hitlers. Langfristig sollte das System dazu dienen, den Krieg zu gewinnen. Dazu Adolf Hitler: »Ist er gewonnen, so wird Italien in seinen Rechten wiederhergestellt werden. Die Hauptvoraussetzung ist, daß der Faschismus eine Wiedergeburt erfährt und Rache nimmt.«[18]

Die deutsche Führung gab dieser neuen Regierung als Verwaltungs- und Hoheitsgebiet die Poebene. Der Duce war davon überzeugt, daß nur ein militärischer Sieg und ein neuer Friedensvertrag den erfolgreichen Fortbestand der Achse Berlin-

Rom garantieren würden. Andererseits verkannte er die tatsächliche Situation in Italien nicht, wenn er sagte, daß er mit seiner militärischen Macht gegen die Alliierten keine Chance habe[19].
Ugo Cavallero, früherer Stabschef der italienischen Armee, war auch von den Deutschen befreit worden. Er beging Selbstmord. Kesselring erklärte den Tod damit, daß Cavallero nicht unter Mussolini den Oberbefehl über die italienischen Truppen übernehmen wollte. Es handelte sich hierbei um deutsche Propaganda. Tatsache ist, daß der frühere Stabschef am 25. Juli auf Badoglios Befehl verhaftet worden war; angeblich wollte er selbst Mussolini stürzen, weshalb er zwei Tage später wieder freigelassen wurde. Schon bald danach hatte ihn ein neuer Haftbefehl erreicht. Jetzt erst wurde er von den Deutschen befreit. In seiner Denkschrift, die er vor seinem Freitod verfaßte, schrieb er, daß er Mussolini tatsächlich habe stürzen wollen. Seit seiner Befreiung durch die Deutschen sei er mehr und mehr an dieser für ihn unglaublichen Tatsache verzweifelt. Zuletzt habe er keinen anderen Ausweg mehr gesehen, als sich das Leben zu nehmen.
Am 23. September kehrte Mussolini aus Deutschland nach Italien zurück. Zuerst suchte er wieder sein liebliches Domizil auf der Rocca delle Caminate auf. Aber auch hier oben in der Abgeschiedenheit war der deutsche Schatten überall zugegen: Eine Abordnung der SS-Leibstandarte »Adolf Hitler« versah den Wachdienst.
Hier, etwa vier Kilometer oberhalb von Predappio, auf einer leichten Anhöhe mit einer herrlichen Aussicht auf die im Sommer von der Sonne verbrannten Landflächen, wo weiter hinten das breite Meer sich öffnet, fühlte er sich wohl und wollte wieder zu sich finden. Mussolini erklärte immer wieder, daß sich jetzt, da der Zeitpunkt gekommen sei, daß die neue faschistische republikanische Regierung ihre Arbeit aufnehme, Italien sich in einer äußerst kritischen Situation befinde. Er mußte feststellen, daß jetzt, rund zwei Monate nach dem Mißtrauensantrag gegen ihn, der Feind ein Drittel des nationalen Territoriums besetzt hielt. Um wieder mit neuer militäri-

scher Kraft diesen abgefallenen Teil Italiens zu befreien, bezeichnete er nichts als dringlicher, als die verfassunggebenden Voraussetzungen des neuen Staates zu schaffen. Die Verfassung sollte mit dem Programm der neuen Partei beziehungsweise mit der Begründung des neuen faschistischen republikanischen Staates von Salò konform gehen[20].
Ein paar Tage später begab er sich mit Mitgliedern der neuen Regierung zum Westufer des Gardasees. Hitler hatte ihm zum Schutz Männer seiner Leibgarde zur Verfügung gestellt. Zusätzlich begleiteten ihn Mitglieder der »Brigate Nere« (Schwarze Brigaden) auf Schritt und Tritt – damit war die Waffenbrüderschaft zwischen Nationalsozialisten und Faschisten auch nach außen hin besiegelt. Hier im Norden der italienischen Halbinsel durften nach Hitlers Überzeugung auf keinen Fall Revolten, Anarchie und Revolutionen einreißen. Die Allianz mit dem Duce mußte kompromißlos fortgesetzt werden. Italien sollte weiterhin die südliche Bastion des Dritten Reichs, der natürliche Verbündete, der getreue Verteidiger der politischen Pläne Hitlers und der Grenzen des Reichs sein.
Schon vorher hatte Pavolini in Rom die alte Parteizentrale im Palazzo »Wedekind« eröffnet und nach begeisterten Faschisten Ausschau gehalten. Es war schon eine erste kleine Niederlage, als er feststellen mußte, daß viele der ehemals für den Duce auf die Straße gegangenen Faschisten nunmehr von dem neuen Unternehmen nichts mehr wissen wollten. Genauso stieß Ricci auf Ablehnung; er war bemüht, neue Mitglieder für die Miliz anzuwerben.
So schnell wie möglich machten sich Mussolini und seine treusten Mitarbeiter auf die Suche nach geeigneten Personen für das neue Kabinett. Von Anfang an stellte der Ort für den neuen Regierungssitz ein besonderes Problem dar. Mussolini mußte auf jeden Fall eingestehen, daß angesichts der politischen Lage in Rom dort auf keinen Fall mehr der Regierungssitz errichtet werden konnte. Immer deutlicher mußte er feststellen, daß nicht er bestimmen durfte, wo in Zukunft das politische Zentrum des neuen Staates sein würde, sondern daß

allein die Deutschen ihm den neuen Ort des Regierungssitzes diktieren würden. Rahn bemühte sich, nördlich des Apennins eine geeignete Stadt ausfindig zu machen, worüber sich Mussolini verärgert äußerte.

Inzwischen kursierten in den italienischen Medien diverse, oft weit auseinandergehende Meinungen über den neuen Staat des Duce. Auf den Punkt gebracht, deckten sich die Ansichten insoweit, daß ein neuer Volksstaat entstehen werde, in dem es keine Klassen mehr geben solle; die Unterschiede zwischen der Masse der Bürger und der Regierenden würden nicht mehr erkennbar sein. Die neue Verfassung werde aus »tausend Volksvertretern aller politischen Richtungen zusammengesetzt sein«. Die Ausrufung der Republik und die Abschaffung des Senats stellten einen Meilenstein in der Politik des neuen Staates dar[21]. Mussolini hatte in dieser Richtung zuerst einmal so viel bekanntgegeben, daß die Zusammenlegung aller verschiedenen Gewerkschaftsbünde zu einer einheitlichen Gewerkschaft oberste Priorität habe[22]. Davon erwartete sich der Duce mit seinen Mitarbeitern ein profundes, revolutionäres und kollektives, soziales wie gesellschaftliches Fundament des neuen Staates, der auf eine bessere Stellung der Arbeiterschaft und der Sozialisierung in den Großbetrieben gegründet sein sollte[23].

III.
Kongreß und die Ohnmacht einer Partei

Am 9. September also hatten die Italiener erstmals über die Medien erfahren, daß eine neue nationale Regierung gegründet werden sollte, die im Namen Mussolinis, der damals noch als Gefangener auf dem Gran Sasso einsaß, agieren werde. Die Verschwörer gegen den Duce – von ihm »Verräter« genannt –, die von ihm als für die Niederlage des Faschismus verantwortlich bezeichnet wurden, würden kompromißlos zur Rechenschaft gezogen und bestraft werden. Diese hier angekündigte Regierung blieb vorrangig der Wunsch all jener Italiener, die, weiterhin dem Duce treu ergeben, nach dem für sie verhängnisvollen 25. Juli nach Deutschland entweder übersiedelt oder geflüchtet waren.

Am Abend des 15. September gab die Nachrichtenagentur in Rom bekannt, daß Mussolini wieder an der Spitze des Faschismus in Italien stehe, unmittelbar danach wurden folgende fünf Tagesbefehle bekanntgegeben: Die oberste Führung des Faschismus sei wieder in ihren Ämtern eingesetzt; Alessandro Pavolini wurde zum provisorischen Sekretär der Partei »Partito Nazionale Fascista«, die in »Partito Fascista Repubblicano« (Faschistisch-Republikanische Partei) umgewandelt wurde, ernannt; die militärischen und politischen Verwaltungsinstitutionen sowie die Schulbehörden sollten ihre Tätigkeit wiederaufnehmen; sämtliche Parteidienststellen sollten die deutsche Wehrmacht aktiv unterstützen und die Parteimitglieder überprüfen, wie sie sich anläßlich der Absetzung Mussolinis verhalten hatten; der Wiederaufbau der faschistischen Miliz wurde bekanntgegeben. Später ergingen weitere Weisungen wie die Entbindung der Offiziere der Streitkräfte vom Eid auf den König und die Ernennung Renato

Riccis zum Kommandeur der Miliz. Immer wieder äußerten ehemalige Faschisten große Bedenken wegen des auf die Monarchie abgelegten Eides. So nahm auch Rodolfo Graziani nur zögernd an (vgl. S. 53). Diesen Schritt legitimierte er später dadurch, daß er seine Heimat Italien vor der deutschen Unterdrückung schützen wollte. Ihm sei es allein um das Prestige seines Landes gegangen. Einen Moment lang zweifelte niemand daran, daß das alte, jetzt in ein neues Gewand gekleidete System zu neuem Leben erwachen werde. Dann aber wurden auch kritische Stimmen laut, und es sollte sich in der Zukunft zeigen, wie stark der Duce wirklich noch war, wie selbständig er einen neuen Staat zu lenken vermochte und wie mächtig der deutsche Schatten über ihm lag.

Für die Chronik der italienischen Geschichte sind zwei Daten in bezug auf die Gründung des neuen Staates von Salò relevant: einerseits der 18. September mit der Ansprache des Duce über den Reichssender München, andererseits der 23. September mit der Konzipierung der neuen faschistischen Regierung. In diesem Zusammenhang ist es notwendig, noch einmal auf diese Rundfunkansprache zurückzukommen. Mussolini hatte unmißverständlich erklärt: »Der Staat, den wir errichten werden, wird national und sozial im höchsten Sinne des Wortes sein; das heißt, er wird faschistisch im Sinne unserer Ursprünge sein. Unsere Forderungen sind folgende: Vernichtung der parasitären Plutokratie und endlich Anerkennung der Arbeit als Grundlage der Wirtschaft und unverletzliche Basis des Staates.«[1]

Das feste Fundament dieses neuen Staates sollte demnach im Mantel des Faschismus die Arbeit sein. Dabei wurde deutlich genug, daß dieser neue Staat als gleichberechtigter Partner an der Seite Deutschlands im Krieg weiterkämpfen würde. Voll Pathos ergänzte der Duce: »Unser Wille und unser Mut werden Italien sein Gesicht, seine Zukunft wiedergeben, seine Lebensmöglichkeiten und seinen Platz in der Welt. Mehr als eine Hoffnung muß dies für euch äußerste Sicherheit sein. Es lebe Italien! Es lebe die Faschistisch-Republikanische Partei!«[2]

Trotz dieser Rundfunkansprache muß als eigentlicher Gründungstag der Repubblica Sociale Italiana der 23. September gelten. Botschafter Rahn unterstützte Pavolini bei der Zusammensetzung des neuen Kabinetts. An diesem Tag meldete er dem Außenministerium des Deutschen Reichs die Gründung des neuen Staates und Namen der Mitglieder des neuen Kabinetts.

Von Anfang an, seit dem Tag der ersten Sitzung auf La Rocca delle Caminate, war Mussolini bestrebt, von den Deutschen die Autonomie für den neuen Staat zu erhalten. Seit dem ersten Tag war allerdings die deutsche Militärverwaltung intensiv damit beschäftigt, den neuen Staat bis ins letzte Detail zu kontrollieren. Im Norden herrschte gleichzeitig ein politisches Vakuum. Der Duce verlangte die Kontrolle in allen politischen Belangen, darüber hinaus über die Verwaltung, die Wirtschaft und die Finanzen.

Seit jenen für den Duce verhängnisvollen Nachtstunden in Rom vom 24. auf den 25. Juli waren knapp zwei Monate vergangen, während deren sich teilweise chaotische Zustände in der politischen Verwaltung abgezeichnet hatten. Die vakant gewordenen, zuvor streng nach den Anweisungen des Duce faschistisch ausgerichteten Institutionen konnten nicht so schnell konstruktiv und funktionell neu besetzt werden. Die deutschen Autoritäten nutzten ihre Chance und übernahmen und besetzten zentrale leitende Stellen.

Konsul Hans Otto Meissner berichtete aus Mailand, bis zu jenem Zeitpunkt, da die Regierung Mussolinis funktionstüchtig wurde, also bis weit in den Oktober hinein, sei sein Konsulat die dominante Autorität in der Lombardei gewesen. Er selbst habe, zwar gegen seinen persönlichen Willen, die Leitung über 17 Provinzen innegehabt.

Andererseits konnte auch der Konsul nicht leugnen, daß die Deutschen von der Befürchtung geplagt wurden, die treu ergebenen Faschisten in der Umgebung des Duce würden ihr Selbstbewußtsein wiedergewinnen, das sie nach dem Marsch auf Rom im Oktober 1922 zu derartiger Macht hatte gelangen lassen. Es gab also Gründe genug, den neuen Staat von Mussolini permanent zu observieren und keine effektive politische Kompetenz aus den Händen zu geben. Laut Rahn war diese Aufgabe von Anfang an sehr schwer, vor allem Mussolini sei kaum mehr durchschaubar gewesen. Es fiel auf, daß er immer hartnäckiger auf eigener politischer Handlungsfreiheit bestand. Und Rahn vermutete, daß der Duce den Plan hegte, mit dem Gegner zu paktieren. Andererseits aber sprach er mit großer Euphorie vom Endsieg an der Seite der Deutschen. Allerdings hatte der Duce anfangs noch gezögert und die neue Regierung als Puffer gegen die deutsche Rache und in zweiter Linie als ein Mittel der Befriedung italienischer Herzen betrachtet[3]. Die Lage in Italien sah er als sehr ernst, nicht bloß, weil der Faschismus gestürzt worden war, sondern weil die moralische und politische Einheit nicht mehr in dem Maße vorhanden war wie vor Kriegsbeginn. Deshalb sah er es als um so dringlicher an, zu sozialen Reformen zu schreiten, wobei er es nicht zu betonen vergaß, daß es die Menschen waren, die versagt hatten und nicht der Faschismus.

Dann wieder erwachte in ihm der leidenschaftliche Faschist, und er stellte den Staat wieder auf die oberste Stufe des gesellschaftlichen Zusammenlebens: »Die Nation wird vom Staat geschaffen, der dem Volk, das sich seiner eigenen sittlichen Existenz bewußt ist, einen Willen und daher seine eigentliche Existenz verleiht.«[4]

Bei der Bildung des neuen Kabinetts kam es zu verschiedenen Komplikationen. Von vornherein fiel auf, daß mehrere Funktionäre der neuen Faschistisch-Republikanischen Partei bei großen Teilen der italienischen Bevölkerung nicht beliebt waren, ja sogar wegen ihrer extremen faschistischen Vergangenheit als verhaßt galten. Schon dadurch büßte die neue Partei und mit ihr die neue Staatsführung viel Vertrauen ein. Mehreren Funktionären wurden kriminelle Handlungen nachgesagt, dazu noch Korruption und dubiose Machenschaften. Dann kam es bei der Suche nach geeigneten Ministern zu verschiedenen Absagen. Ein großes Problem bestand darin, daß sich kein Kriegsminister fand; Marschall Enrico Caviglia ließ sich für diese Aufgabe nicht begeistern; er fühlte sich wie viele andere zu sehr an die Monarchie gebunden. Endlich wurde Graziani, dem ehemaligen Stabschef unter Badoglio und nunmehrigen erklärten Gegner, das Ministerium für nationale Verteidigung angetragen. Er lehnte aber ab[5]. Darauf erhielt Unterstaatssekretär Francesco Maria Barracu die Aufgabe, Graziani für dieses Amt zu gewinnen. Er wurde in die Deutsche Botschaft zitiert. Rahn und Wolff redeten mit aller Überzeugungskraft auf ihn ein. Erst knapp vor Bekanntgabe des neuen Kabinetts, kurz vor 12 Uhr am 23. September, nahm Graziani schließlich an.

Wie wenige führende Politiker für den neuen Staat zu begeistern waren, beweist auch die Tatsache, daß der Duce selbst das Außenministerium übernehmen mußte. Generalkonsul Camillo Giuriati hatte abgelehnt, Anfuso kam nicht in Frage, er wurde Botschafter in Berlin. Während der Verhandlungen hatte er als Sekretär und Vermittler fungiert. Er trat in der Uniform der Faschisten auf, um zu demonstrieren, daß die neue faschistische Regierung sich bereits gefestigt habe. Obwohl Mussolini bei der Besetzung des Innenministeriums zögerte und an Guido Buffarini Guidi starke Zweifel hegte, wurde dieser schließlich mit Unterstützung Himmlers mit diesem Amt betraut[6].

Das Endergebnis lautete sodann: Benito Mussolini, Regierungschef und Außenminister; Innenminister Buffarini Guidi; Verteidigungsminister Graziani; Finanzminister Giampietro Pellegrini; Erziehungsminister Carlo Alberto Biggini; Landwirtschaftsminister Edoardo Moroni; Wirtschaftsminister Angelo Tarchi; Kultusminister Fernando Mezzasoma und Minister für öffentliche Arbeiten Ruggero Romano[7]. Die Schwäche des neuen Kabinetts bestand darin, daß kaum neue Namen auftauchten. Dem Duce war nicht viel Neues eingefallen. Die Substanz des früher glorifizierten Faschismus war bereits in jenen Septembertagen zu einem großen Teil aufgebraucht. So knüpfte der Duce, zwar mit anderen Vorzeichen und noch mehr unter der Ägide der Deutschen, an einen poli-

tischen Traum an, der im Grunde nur eine Wiederholung eines mißglückten Unternehmens war.
Die erste Sitzung der neuen Regierung fand am 27. September auf La Rocca delle Caminate statt. Der Duce hatte noch von Bayern aus am 23. September das Kabinett gebilligt. Noch am selben Tag war er von München nach Forlì abgeflogen[8].
Mussolini sprach voller Optimismus zu seinen Kabinettsmitgliedern. In Wahrheit herrschte in Italien weitgehend das totale Chaos. Völlige politische Orientierungslosigkeit prägte auch die neuen politischen Vorsätze der Männer um Mussolini. Der Duce kam nicht darum herum, auf den tatsächlichen Sachverhalt einzugehen. Selten zuvor in seiner faschistischen Laufbahn hatte er die politische Konstellation derart kurz, aber treffend diagnostiziert: »Italien befindet sich in einem chaotischen Zustand. Es gleicht einem geschundenen Mann, der jegliche Orientierung verloren hat. Die Situation ist zum Verzweifeln und die Probleme unlösbar.«[9]
Selten zuvor aber hatte auch der Duce einen derartigen Optimismus vorgetäuscht, um politischen Enthusiasmus unter seinen Mitarbeitern wachzurufen. Er investierte nun seine ganze Energie in den Aufbau des neuen Faschistisch-Republikanischen Staates. Die eigene Zeitung *Il Popolo d'Italia* wollte er vorerst nicht mehr herausbringen. Zu sehr befürchtete er die deutsche Zensur. Einen engen Mitarbeiter, Giorgio Pini, ernannte er zum Chefredakteur des *Corriere della Sera* in Mailand. Diese Tageszeitung wurde dadurch ein wichtiges Sprachrohr der neuen Politik des Duce.
In seiner Erklärung betonte er die Fortsetzung des Krieges an der Seite Deutschlands und kündigte Vergeltung an jenen Verrätern an, die hohe Ämter bekleidet hätten und zum Feind übergelaufen seien. Der Dreierpakt müsse unter allen Umständen aufrechterhalten werden, die eigenen militärischen Kräfte müßten wieder aufgebaut werden, den deutschen Truppen müsse an der italienischen Front Unterstützung zukommen. Als vorrangiges Ziel nannte er die Sicherung der territorialen Integrität Italiens, der politischen Unabhängigkeit und

der italienischen Stellung in der Welt. Als wesentliche Aufgabe der neuen Regierung nannte er die Vorbereitung einer verfassunggebenden Versammlung. Bis dahin übernahm Mussolini die Aufgaben des Regierungschefs. Im Zuge der allgemeinen Diskussion wurde beschlossen, den Senat abzuschaffen.
Nach der Sitzung diktierte Mussolini einen Brief an Hitler, in dem er betonte, die neue Regierung müsse »die notwendige Autonomie erhalten, um regieren zu können«; die deutschen Militärbehörden sollten ihre Arbeit auf militärische Bereiche beschränken[10]. Er erhielt von Hitler keine Antwort, was bedeutete, daß dem Duce auch in der Zivilverwaltung von den Deutschen kein freies Vorgehen eingeräumt wurde. Der Führer gestattete Mussolini keinen eigenen »comandante militare«, wie es der Duce wünschte. Die Wehrmacht blieb die oberste militärische Autorität, der sich auch der comandante militare von Salò als »Generale Plenipotenziario« zu unterstellen hatte.
Der Ministerrat verabschiedete auf seiner dritten Sitzung am 25. November eine Resolution, in der festgelegt wurde, daß vom 1. Dezember an der Faschistisch-Republikanische Staat, der zuweilen auch Republikanisch-National genannt worden war, offiziell als Repubblica Sociale Italiana zu bezeichnen sei[11]. Dieses Datum der Konstituierung der RSI wird in der Geschichtsschreibung oft als der eigentliche Beginn des Staates von Salò angeführt, mit Benito Mussolini als Chef einer Regierung, die sich aus ihm treu ergebenen Faschisten zusammensetzte. In dieser Resolution wurde auf das territoriale Hoheitsgebiet, auf das Staatsvolk und die politisch-soziale Funktionsautonomie verwiesen. Der genaue Grenzverlauf dieses neuen Staates konnte aufgrund der Kriegswirren und der dadurch entstandenen ständigen Verschiebungen der Front nicht genau festgehalten werden. Das Territorium sollte sich bis zu drei Vierteln der italienischen Halbinsel erstrecken. Die Souveränität dieses Staates wurde jedoch immer wieder durch die deutsche Vorherrschaft beschnitten und konnte sich höchstens zeitweilig eigenständig über bestimmte Inhalte der Legislative, in

der Steuer- und Finanzhoheit, den Verordnungen und institutionellen Einrichtungen der Gerichtsbarkeit manifestieren.
Die Deutschen verlangten vom Duce, daß der Regierungssitz des neuen Staates sich in Norditalien, außerdem in keiner Großstadt befinden müsse. Als Grund dafür wurde angegeben, Großstädte seien zu sehr Luftangriffen ausgesetzt.
Mussolini ergänzte, daß eine Distanz zwischen Regierung und Bevölkerung hergestellt werden müsse. Zuerst wurde Belluno als künftiger Regierungssitz in Betracht gezogen. Mussolini sprach sich aber mehr für die Gegend von Bozen oder Meran aus. Vielleicht wollte der Duce damit Südtirol halten. Die Deutschen ließen sich aber auf keinen dieser Vorschläge ein. Das Südtirolproblem lag dazwischen, untermauert von den Plänen Hitlers mit den beiden Operationszonen Alpenvorland und Adriatisches Küstenland, wodurch im Grunde deutlich genug zu erkennen war, daß von einer wirklichen Souveränität des Duce und seines Staates nicht die Rede sein konnte. Mussolini weigerte sich sodann, das für ihn vorbereitete Quartier in Belluno zu beziehen. Vorübergehend war auch die Rede von Cortina d'Ampezzo.
Rom kam auch nicht in Frage. Die Metropole am Tiber galt als offene Stadt, als politisch neutralisiert. Mussolini, zum offiziellen Vertreter eines okkupierten feindlichen Landes degradiert, der zur Abdeckung unpopulärer Maßnahmen herhalten mußte, konnte die Deutschen nicht davon überzeugen, Rom als Hauptstadt zu akzeptieren. Andererseits befürchtete er, die Stadt könnte unter päpstlichen Einfluß geraten, was einer Spaltung Italiens gleichgekommen wäre. In der Stadt gab es seit Beginn der Regierung Badoglio, seit die Deutschen im Herbst 1943 die Kontrolle übernommen hatten, immer wieder Unruhen. Die Deutschen reagierten mit Repressalien. Einige tausend italienische Soldaten sollten ins Reich gebracht und dort interniert werden, gegen den lauten Protest der Italiener. Rahn versuchte vergeblich zu vermitteln und die ersten Abtransporte zu verhindern.
Rommel und Wolff hielten inzwischen Ausschau nach einem

anderen geeigneten Regierungssitz, dabei stand eines fest, daß er auf jeden Fall vom Hauptquartier Rommels in Belluno und jenem Wolffs in Verona nicht weit entfernt sein durfte. Ein Konsens bei der Wahl des Standorts für die neue Regierung wurde mit Salò am Gardasee gefunden. Man hielt hier die Gegend für sicher genug. Ein 700 Mann starkes Flakbataillon des Generalstabs des Reichsführers SS übernahm die Luftabwehr und sollte ständig einsatzbereit sein. Mussolini war mit dieser Zwangslösung am Gardasee überhaupt nicht einverstanden, und nur widerwillig bezog er die Villa Feltrinelli als sein privates Quartier in Gargnano, ganz in der Nähe von Salò.
In der Folge regierte er hauptsächlich von hier aus. Hier wohnte er mit seiner Frau, seiner Schwiegertochter, der Frau seines gefallenen Sohnes Bruno, und anderen Verwandten. Ende Oktober erhielt Vittorio Mussolini in der Villa ein »politisches Büro« mit Aufsichtsbefugnissen gegenüber Giovanni Dolfin, dem Privatsekretär des Duce. Alsbald kam es zu Rivalitäten zwischen dem »Besonderen Sekretariat« Dolfins, das sich im Nachbargebäude befand, und Vittorio. Alles in allem aber waren das Querelen, die angesichts der gespannten Lage zwischen den Italienern und den Deutschen und der immer bedrohlicher werdenden Gefahr der Partisanen auszuhalten waren.
Später verlegte der Duce das Büro des Staatsoberhauptes und der Regierung in die Villa delle Orsoline in Gargnano. Hier kam es ab und zu zu kleinen Sympathiekundgebungen für Mussolini; das war jedesmal Balsam für die zermürbte Seele des Duce. Seine Augen glänzten, wenn alte Erinnerungen aufgefrischt wurden und die Rede war von den früheren großen Aufmärschen und Erfolgen, Umzügen und Demonstrationen in Rom vor dem Palazzo Venezia. Ansonsten war er immer wieder enttäuscht über seine Italiener, denen er vorhielt, im Krieg längst nicht so tapfer zu kämpfen wie die Deutschen: »Zwanzig Jahre hindurch habe ich den Traum zu verwirklichen gesucht, dieses Volk durch Opfer zu härten und ihm den Sinn für die nationale Einheit wiederzugeben, der durch Jahrhunderte verschüttet war. Es war ein Traum und weiter nichts!«[12]

Die Villa Feltrinelli liegt direkt am See und war damals von der Straße aus kaum zu sehen. Es ist kein imposantes Haus, vergleichbar den Palästen römischer Imperatoren, weder wuchtig noch protzig, dafür umgeben von einem großzügig angelegten Garten mit Terrasse. Auf dem Dach der Villa war ein Flakgeschütz postiert. Die Deutschen bauten entlang des Sees, an strategisch günstigen Einbuchtungen, Luftschutzbunker. Die Alliierten griffen aber zu ihrem Erstaunen die Einrichtungen der Deutschen und Faschisten nicht an. So nutzten die Deutschen die Stunde und bohrten ungehindert einen Felsentunnel in die Gardesana. Hier sollten in Zukunft Flugzeuge gebaut werden. Die Alliierten schossen lediglich mit Bordwaffen darauf, ohne größeren Schaden anzurichten. Eine Fernfeldsprechvermittlung unter dem Decknamen »Batavia« ermöglichte den Kontakt zur Außenwelt.

Die Villa gehörte Antonio Feltrinelli, dem Bruder des bekannten Industriellen, dessen Witwe einen Journalisten geheiratet hatte, der unter dem Faschismus sehr erfolgreich war. Mussolini wohnte im ersten Stock, während Donna Rachele die Zimmer im Erdgeschoß belegte. Im Dachgeschoß lebten sein Neffe Vito, der Fußballspieler Monzeglio und auch ein deutscher Verbindungsoffizier, Oberst Jandl. Die Leibstandarte »Adolf Hitler« blieb dem Duce weiterhin penibel auf den Fersen. Erst später erhielt er auch eine italienische Eskorte. Gleich nach der Ankunft Mussolinis in Salò am 10. Oktober berichtete der deutsche Oberst, er habe Mussolini fest unter Kontrolle. In der Folge hielt Jandl Mussolini jeden Tag ein Referat über die militärische Situation. Die Informationen, die vorrangig positive Nachrichten enthalten sollten, erhielt er vom deutschen Hauptquartier. Später zogen noch in die Villa Feltrinelli die Schwiegertochter Gina mit der Tochter Marina und die jüngeren Kinder Mussolinis, Romano und Anna Maria, ein. Neben den Eingängen im Erdgeschoß waren rund um die Uhr italienische Wachposten aufgestellt, weiter vorn befand sich die Telefonzentrale. Die Geliebte des Duce, Clara Petacci, kam auch sehr bald in Gargnano an. Sie war zuvor im Gefängnis von

Novara festgehalten, dann aber von den Deutschen befreit und auf Betreiben Mussolinis an den Gardasee gebracht worden. Auch sie wurde von einem deutschen Kommando beschützt und überwacht.
Die deutschen Dienststellen in Gargnano stellten im Grunde eine übergeordnete Regierung dar, die in den Räumen der deutschen Botschaft in Fasano im Hotel Bellariva am Gardasee arbeitete. Nicht unweit davon wohnte in der Villa Bassetti Botschafter Rudolf Rahn, während Wolff seine Tätigkeit zunächst in Gardone ausübte und später nach Desenzano übersiedelte. Die einzelnen Ministerien des neuen Staates waren verstreut: In Maderno residierten das Innenministerium und ein Sekretariat des Partito Fascisto Repubblicano; in Cremona das Verteidigungsministerium; in Brescia jenes für die Justiz; in Verona das der Wirtschaft, wobei das der Landwirtschaft zuerst in Treviso war, dann nach San Pellegrino übersiedelte; in Venedig befand sich das Ministerium für öffentliche Arbeiten; in Padua das der nationalen Erziehung; in Salò war in der Villa Omodei das Kulturministerium (genannt »Cultura popolare«, womit der Volkscharakter der Kultur betont werden sollte) und in der Villa Simoncini das Außenministerium.
Die Deutschen also hatten Gargnano als Wohnsitz Mussolinis bestimmt. Das mag auf den ersten Blick als Arroganz und Bevormundung erscheinen, ist jedoch einigermaßen verständlich. Bedenkt man, daß während der Zeit seit dem 8. September und der Flucht Badoglios und des Königs nach Süditalien bis zur offiziellen Bekanntgabe des neuen Staates in Italien ein politisches Vakuum herrschte, und die Deutschen in dieser Zeit die Ordnung nach ihren Vorstellungen aufrechterhielten und kontrollierten, so konnten sie sich gewissermaßen ermächtigt fühlen zu entscheiden, wo Mussolinis neuer Wohnsitz, wo der neue Regierungssitz einzurichten wäre.
Die Zusammenarbeit mit den deutschen Dienststellen war keineswegs harmonisch. Dennoch gab es immer wieder Kontakte, die sogar als herzlich bezeichnet werden durften. Es gab ständig Gespräche zwischen den Ministern und Kesselring. Dem

Oberbefehlshaber der Heeresgruppe Süd kam es aber nicht auf eine persönliche Fühlungnahme mit der Regierung von Salò an. Über konkrete politische und militärische Angelegenheiten wurde bei gemeinsamen Treffen, in der Regel waren es üppige Abendmahlzeiten, kaum gesprochen. Der eifrige Faschist Pavolini beabsichtigte, alle Angestellten der Ministerien des Staates von Salò Treue schwören zu lassen. Eitel Friedrich Moellhausen, einer der engsten Mitarbeiter Rahns, schlug hingegen vor, rund 100 ausgewiesene Faschisten als Exponenten der Regierung in den Verwaltungsapparat, in die Ministerien, Banken und Medien einzusetzen. Dies hielt er für besser als den Treueschwur. Soweit kam es aber nicht. Ferner war Moellhausen der Ansicht, Mussolini solle Rom besuchen. Der Duce winkte ab und ließ sich von dieser Idee nicht begeistern: »Ich will nicht eher nach Rom kommen, bevor nicht an der italienischen Front Seite an Seite mit den Deutschen auch italienische Verbände stehen. Ich werde in Rom sein, wenn die Stadt von meinem eigenen Volk verteidigt wird.«[13]

Rahn wollte erreichen, daß sich die neue faschistische Regierung nicht in die Angelegenheiten der Kommissare in Rom einmischte. Die Minister befürworteten dies zuerst, hielten sich dann aber nicht daran. So waren die Kommissare schließlich zum Rücktritt gezwungen. In den drei Wochen, in denen sie seit der Gründung des neuen Staates im Amt gewesen waren, mußten sie für die Wirtschaft und für das öffentliche Leben sorgen, wobei die Deutschen darauf bedacht waren, sich aus diesen Angelegenheiten herauszuhalten. Es gab sogar Vermutungen, daß Hitler von der Präsenz der Kommissare nichts wußte. Das bezeugt einmal mehr, daß die Vertreter des deutschen Außenamtes in Rom ein gewichtiges Wort mitzureden hatten. Es war Hitler allein, der das erste und letzte Wort sprach.

Die Gründung des neuen Staates von Salò war ihm auch deshalb besonders wichtig, weil so der Opposition der italienischen Bevölkerung gegen die Deutschen Einhalt geboten werden sollte, wie Moellhausen später sagte[14]. Damit sollte seine eigene Position gestärkt und Hitlers Diktatur über Mussolini als sein »Statthalter« nach außen demonstriert werden. Außerdem galt es, den Duce als Vertreter der faschistischen Ideologie, die mit dem Nationalsozialismus viel gemein hatte, zu unterstützen. Hitler war es auch gewesen, der pedantisch darauf bestand, die Ministerien auf verschiedene Städte aufzuteilen, von Venedig bis nach Cremona, von Brescia bis Salò, um sie alle nie aus dem Blickfeld zu verlieren. Kein Wunder, daß sich sehr viele ehemalige faschistische Funktionäre weigerten, ihre neuen Kanzleien zu beziehen.

Nicht viel anders reagierte auch die deutsche Presse, wenn es um die Meldungen aus Italien ging. Da wurde wohl Genugtuung über die dortige politische Entwicklung geäußert, gleichzeitig aber mit Bedenken darauf verwiesen, daß der Rückzug im Osten starke Einbußen durch die Forderung neuer Truppen für die Italienfront erzwingen würde. Mit leichtem Bedauern wurde festgestellt, daß die Sympathiekundgebungen für den Duce eher gering waren. Allgemein sei man geneigt anzunehmen, daß diese Wende in der italienischen Politik, eben der Anfang des neuen Staates von Salò, nur von einem sehr kleinen Teil der italienischen Bevölkerung mit Zustimmung aufgenommen worden sei und daß das »neue Staatsoberhaupt von deutschen Gnaden« im eigenen Land nur einen schwachen Rückhalt habe. Wörtlich hieß es in den geheimen Lageberichten des Sicherheitsdienstes der SS, man wisse nicht, ob Mussolini, »der Alte (noch) voll zu nehmen« sei.

Die Gründung des neuen Staates signalisierte in Deutschland eine Rückzugsstimmung. Immer mehr wurde vermutet, daß das Grund genug zu der Annahme sei, die Deutschen zögen sich nach Oberitalien zurück, um sich dort zu verschanzen. Einen Beweis für diese Annahme glaubte man vor allem in der Meldung zu sehen, daß die neue Faschistisch-Republikanische Regierung ihren Sitz nicht in Rom, sondern in Oberitalien habe[15].

Ähnlich Adolf Hitler in den letzten Kriegsjahren, dem immer mehr ein deutlicher Reduktionsprozeß angesehen werden konnte, verfiel auch Mussolini in ein tiefes Haßgefühl gegen alles, was mit ihm nicht konform ging: gegen die von ihm abgesprungenen Italiener; gegen all jene, die einem Austritt aus dem Krieg oder zumindest Neutralität das Wort redeten; gegen die Menschen seiner Umgebung; gegen all das, was er für seine politische Niederlage verantwortlich machen konnte. Anders aber als Hitler lebte der Duce nicht zurückgezogen – wenn auch nicht mehr in dem Ausmaß wie vor seiner Entmachtung –; er suchte weiterhin das Rampenlicht, die Presse, die Gala, das pompöse Getue um ihn herum. Er wollte weiterleben mit dem scheinbaren Nimbus der Macht.

Regelmäßig verkündete er seine Anschauungen zu innen- und außenpolitischen Fragen über den eigenen Sender von Salò. Da ließ er kein Haar an allem, was nicht in das Konzept seiner Politik paßte. »Radio repubblicana« bezog Stellung zur Politik Stalins ebenso wie zur Haltung der Alliierten, brach eine Lanze für Deutschland, den Führer und die Verbündeten und betonte unaufhörlich die Bedeutung und Legitimität des neuen Staates von Salò.

Der Tagesablauf von Mussolini kann etwa wie folgt beschrieben werden: Gegen etwa zehn Uhr morgens stand er auf, dann besuchte ihn sein Leibarzt Georg Zachariae, welcher oft über eine Stunde lang bei ihm blieb. Erst danach frühstückte er, wie üblich in aller Eile. Daraufhin ging er in sein Arbeitszimmer, wo sogleich sein Sekretär eintraf. Bis gegen 14 Uhr empfing er die Besucher. Darauf aß er zu Mittag, wiederum hektisch und ohne großen Appetit. Um 15 Uhr kamen die nächsten Besucher. Am Abend, gegen 20 Uhr, führte er wiederum lange Gespräche mit seinem Leibarzt. Dabei ging er oft besonders aus sich heraus. Das Abendessen nahm er im Kreis seiner Familie ein. Vor der Nachtruhe war er noch immer eine Zeitlang im Arbeitszimmer anzutreffen. Selten schlief er ein oder stand am Morgen auf, ohne Abschnitte aus der Geschichte Italiens, ein Gedicht Goethes oder aus Platons *Politeia* gelesen zu haben. Insgesamt führte Mussolini in der Villa Feltrinelli ein einfaches Leben, was er oft dadurch begründete, daß er Gefangener des deutschen Botschafters sei. Für seine Gesundheit war neben dem deutschen Stabsarzt Zachariae noch der Heilgymnastiker Horn verantwortlich. Beide standen im Dienst von Professor Theodor Morell, dem von den Deutschen die erste Verantwortung für die Gesundheit des Duce übertragen worden war. Nicht selten war es Morell, der am Morgen gemeinsam mit Horn vor dem Schlafzimmer des Duce wartete, jeden Tag zur selben Zeit auf die Minute genau, bis dieser zur Tür herauskam. Mit deutscher Gründlichkeit verordnete Morell den genauen Diätplan des Tages. An einem solchen Tag visitierte Zachariae den Duce erst gegen Abend. Dieser stand zudem noch unter ärztlicher Aufsicht von Professor Cesare Frugoni und dessen Assistenten Mario Baldini. Der Assistent verabreichte des öfteren als Therapie schmerzstillende Mittel, was die deutschen Ärzte schon bald nicht mehr billigten. Horn wohnte in der Villa Feltrinelli. Seine Hauptaufgabe bestand nicht in den vielen Massagen, die Mussolini erhielt, sondern darin, täglich sämtliche Ereignisse rund um den Duce nach Berlin zu melden. Das Personal in der Villa setzte sich aus einem Koch, einem Diener und drei Dienstmädchen zusammen[16].

Am 14. November trafen sich die Parteidelegierten im Castelvecchio in Verona, in jenem von Can Grande della Scala im 14. Jahrhundert errichteten Ansitz, der zu den klassischen architektonischen Bauwerken der alten Stadt an der Etsch zählt. Es begann der erste Kongreß des Partito Fascista Repubblicano. Alle praktischen und theoretischen Inhalte des neuen Staates sollten besprochen und neue Strategien erdacht, nicht zuletzt ein inhaltlich konkretes politisches Programm ausgearbeitet, diskutiert und verabschiedet werden. Noch vor der Eröffnung zeigte sich, daß die neuen Funktionäre – vielfach waren es ohnehin alte Gesichter – voller Ideen, konkrete Zielsetzungen aber nicht zu erwarten waren. Jeder Provinzverband hatte drei Delegierte entsandt. In Mittelitalien waren die Bezirke Frosinone, Rieti, Macerata, Livorno, Grosseto und Chieti der Aufforderung der Delegierung nicht nachgekommen. Aus Norditalien fehlte die Abordnung aus Ravenna.

Zugegen waren zudem die Delegierten der Regionen, die Vorsitzenden der Gewerkschaften, Regierungsmitglieder, Vertreter der Kriegsveteranen und jener staatlichen Kontrollorgane, die über das politisch-soziale Wohlbefinden der Bürger zu wachen hatten, und Herausgeber beziehungsweise Verleger der Tageszeitungen und namhaften Wochenzeitschriften.
Parteisekretär Pavolini hielt die Eröffnungsrede, in der er die Angriffe der Partisanen schärfstens verurteilte und Vergeltungsmaßnahmen durch die Faschisten ankündigte. Er sprach von Sondergerichten, die in Kürze, dem Beispiel Brescia folgend, in den verschiedenen Städten und größeren Ortschaften eingerichtet werden sollten. Unmißverständlich klagte er die Industriellen an, weil sie seinen Informationen zufolge die Partisanenverbände finanziell unterstützten. Am Nachmittag sprachen mehrere Parteiführer aus den Provinzen. Der einheitliche Tenor dieses Parteikongresses konnte nicht darüber hinwegtäuschen, daß es de facto viele Zerwürfnisse unter den Mitgliedern und Funktionären gab. Viele Mißstände wurden beim Namen genannt, zum Beispiel, daß in der Provinz Perugia die Polizei seit September keinen Dienst mehr versah und daß dort die Zahl der 50 000 Parteimitglieder auf 3500 geschrumpft war. Unterbrochen wurde für eine Zeitlang der Parteikongreß durch die Nachricht der Erschießung »del federale di Ferrara«, des faschistischen Sekretärs von Ferrara. Ein großer Tumult brach unter den Delegierten aus, die Pavolini nur mit Mühe beruhigen konnte.
Es wurde eine Botschaft Mussolinis verlesen, in der er hervorhob, daß nun eiligst zur militärischen Verteidigung der Republik von Salò überzugehen sei. Das Volk müsse in Waffen die faschistischen und sozialen Inhalte der Republik im ursprünglichen Sinn der Revolution aus der Taufe heben. Mit gleicher Dringlichkeit kündigte er aber ein »sozialistisches Programm« an. Das war nichts anderes als die Realisierung jener Erklärung, die er im September bereits Rahn gegenüber abgegeben hatte, daß nämlich die neue Verfassung einen stark sozialistischen Charakter haben werde. Er wollte Betriebe und Selbst-

1 Erst nach langem Zögern entschließt sich der italienische König Vittorio Emanuele III., seinen Regierungschef Mussolini verhaften zu lassen.

2 Noch am gleichen Tag, dem 25. Juli 1943, wird Marschall Pietro Badoglio neuer Regierungschef Italiens.

3 Graf Dino Grandi, einer der ersten Gefährten des Duce und Mitbegründer der faschistischen Bewegung, führt mit seiner Resolution Mussolinis Sturz herbei (rechts).

4 Die Italiener im Freudentaumel nach der Entmachtung des Duce: Jugendliche ziehen eine Büste Mussolinis durch die Straßen.

5 Das Hotel Campo Imperatore auf dem Gran Sasso in den Abruzzen, wo Mussolini festgehalten wird.

6 In einem kühnen Handstreich wird der Duce am 12. September 1943 von deutschen Fallschirmjägern befreit.

7 Sichtlich gezeichnet besteigt der Duce den Fieseler-Storch, der ihn sofort nach Deutschland bringt.

8 Hitler begrüßt den Duce im Führerhauptquartier am 14. September. Mussolini: »Ich hatte das sichere Gefühl, daß sich der Führer, obschon ich von der anderen Welt abgeschnitten war, trotzdem um meine Person sorgte, noch mehr brüderlich als kameradschaftlich…«

9 Sogleich nach der Begrüßung beginnen die Geheimgespräche, in deren Verlauf es Hitler gelingt, Mussolini dazu zu bewegen, sich an die Spitze eines neuen Staates zu stellen.

verwaltung durch die Arbeiter sozialisieren und sich an das türkische und portugiesische Vorbild halten[17]. Dieses Sozialisierungsprogramm, auf das noch näher eingegangen wird, war nichts anderes als ein »taktisches Mittel des politischen Kampfes. Es sollte verhindern, daß die Massen zum Feind übergingen«[18].
Der Staat von Salò, ein Volksstaat, sollte also eine Republik werden. Mit der geplanten Sozialisierung waren die Hebung der Arbeiterklasse und die Enteignung des Besitzes gemeint. Wörtlich kündigte Mussolini an: »Das Programm von Verona sucht auch nach einem Gleichgewicht zwischen Produktion und Arbeit unter Bewahrung eines begrenzten Eigentumsrechtes, der Privatinitiative und der Verwendung von Kapital. Wir haben den Marxismus nicht bekämpft, um ihn wieder auferstehen zu sehen. Aber was ich in Italien tun will, ist nicht nur die Aufstellung einer antibürgerlichen Gegenthese, sondern die Verstärkung der tragenden Kräfte des noch immer lebendigen Faschismus. Alles dieses, ich weiß es, beunruhigt die Deutschen. Aber ich glaube, es ist der europäischen Wirklichkeit näher, als sie ahnen.«[19]
Die wohl heftigsten Debatten und leidenschaftlichste Beteiligung der Delegierten rief die Diskussion über Galeazzo Ciano, den Schwiegersohn des Duce, hervor. Die radikale Seite verlangte seine sofortige Hinrichtung. Andere wiederum forderten ein Sondergericht. Die hitzigen Gespräche wurden schließlich von Parteisekretär Pavolini unterbrochen mit der Festlegung eines Sondergerichtes zur Aburteilung der Verschwörer vom 25. Juli.
Ohne Kritikäußerung wurden am Ende des Kongresses die 18 Punkte des Manifests angenommen. Sie waren von Pavolini, Mussolini und Nicola Bombacci, einem ehemaligen italienischen Kommunisten, ausgearbeitet und den Delegierten zur Verabschiedung vorgelegt worden. Die Deutschen achteten streng darauf, daß das 18-Punkte-Schriftstück dem Inhalt nach nicht zu viele sozialistische Tendenzen enthielt. Rahn schwächte es mit Rücksicht auf die private Rüstungsindustrie ab und

strich den Passus über die Wahrung der territorialen Integrität Italiens. Innerhalb der Faschistischen Partei gab es deutliche Reformtendenzen, die alte Parteiorganisation war vor dem Kongreß ernsthaft in Gefahr gewesen. Pavolini war es nun gelungen, seine Autorität durchzusetzen. Das 18-Punkte-Programm enthielt die Weisung, daß eine Konstituierende Nationalversammlung einberufen werden sollte mit dem Ziel, offiziell die Monarchie zu beseitigen und eine Republik mit einem Präsidenten zu errichten. Dieser sollte fünf Jahre im Amt bleiben. Das Wahlrecht sollte neu geregelt werden, öffentliche Ämter künftig nicht mehr von Parteimitgliedern bekleidet werden. Die katholische Religion wurde zur Staatsreligion erhoben, andere Religionen akzeptiert. Juden würden als Ausländer betrachtet, allerdings während des Krieges wie Angehörige feindlicher Staaten behandelt. In diesem Zusammenhang muß betont werden, daß die Deportation der italienischen Juden erst begann, als sich die Deutschen Mittel- und Norditaliens bemächtigt hatten. Der 16. Oktober 1943 war für die jüdischen Bürger Roms besonders schicksalsschwer: Über tausend Juden der Metropole am Tiber wurden verhaftet und in der Folge nach Auschwitz überführt, mit dem Ziel, sie dort zu ermorden. Zusammengefaßt enthielt das vom Kongreß in Verona verabschiedete Manifest folgende Schwerpunkte: Forderung einer Schaffung einer europäischen föderativen Gemeinschaft, der all jene Nationen angehören sollten, die das kapitalistische Wirtschaftssystem abgeschafft hatten (Art. VIII). Während des Kongresses war darüber ausführlich gesprochen und in diesem Zusammenhang die Briten angeprangert worden: So war diesbezüglich in erster Linie gemeint, daß ihr »jahrhundertealtes System der Intrigen« ausgeschaltet werden sollte; die Grundlage der Sozialen Republik werde die landwirtschaftliche, technische und geistige Arbeit sein, wie immer sie sich ausdrücken und entwickeln sollte (Art. IX); das Privateigentum werde durch den Staat gewährleistet als »Ertrag der Arbeit und persönlichen Sparwillens« (Art. X); alle öffentlichen Dienstleistungsbetriebe und die Rüstungsindustrie fielen in die Sphäre des Staates, das Privateigentum solle aber garantiert sein (Art. XI); die Beteiligung der Arbeiter an der Führung der Betriebe, ihr Anteil am Betriebsgewinn werde festgelegt (Art. XII); es gebe nur mehr eine Einheitsgewerkschaft der Arbeit und Technik (Art. XVI). Weitere Schwerpunkte des Manifests dürften darin gesehen werden, daß verabschiedet wurde, kein Bürger dürfe ohne Mandat der Gerichtsbehörden länger als sieben Tage in Haft bleiben. Die Bedeutung der Partei wurde entsprechend hervorgehoben: Ihr oblag nun die Aufgabe der politischen Volkserziehung. Allerdings war die Parteimitgliedschaft nicht Voraussetzung für ein Amt im Staat[20]. Die neuen Funktionäre waren nicht mehr unbedingt so erpicht darauf, eine möglichst große Mitgliederliste zu haben. Die Partei sollte nun vielmehr als Avantgarde der Nation eine auserwählte Minderheit bilden. Man wollte eine amorphe Massenorganisation mit dem oft undurchsichtigen Parteiapparat, den vielen Opportunisten, oft aber auch nur politischen Phlegmatikern, vermeiden.

Über Mussolini, der am Kongreß nicht teilgenommen hatte, äußerte sich so manches Mitglied enttäuscht. Das ganze Unternehmen sollte tatsächlich den Anschein eines Parteikongresses haben, nicht den einer vorprogrammierten Aussprache zwischen Delegierten und Regierungsmitgliedern. Der Duce resümierte am Tag darauf – der Kongreß hatte noch am 15. November getagt –, es sei viel geredet, ja zerredet worden, herausgekommen seien wenige konkrete, realisierbare Inhalte. Zu seinem persönlichen Sekretär sagte er: »Es war ein vollkommenes Durcheinander. Eine Menge wirres Geschwätz, wenige präzise und klare Gedanken. Das Schicksal der Republik wird an der Front entschieden und bestimmt nicht auf Kongressen.«[21] Allein die Aussagen über die Sozialisierung überzeugten den Duce. Er bezeichnete sie als die höchste Errungenschaft des Faschismus, zutiefst human und durch und durch italienisch. Dieses neue Parteiprogramm, das vorläufig Regierungsprogramm und Gesellschaftsmanifest des neuen Staates von Salò war, war ohne Zweifel von Mussolinis persönlichen politischen

Ideen beeinflußt. Jetzt brauchte er auf argwöhnische Parteigenossen und die Monarchie, jetzt wollte er auf Wirtschaftseliten keine Rücksicht mehr nehmen. Seine politischen Ambitionen hatten diesmal andere Voraussetzungen als 1921/22.
Ansonsten war das Manifest des Parteikongresses inhaltlich wenig aussagekräftig, zudem etwas diffus. Es kamen darin wenig klare Vorstellungen vor. Das Manifest sollte ein Programm sein. Tatsächlich war es eine oft beinahe widersprüchliche Zusammenfassung vieler politischer Einfälle. Und so war es zu erwarten, daß vieles darin nie zur Verwirklichung kam, wie die Forderung, jeder Bürger müsse das Recht der öffentlichen Kritik an Politik und Verwaltung der neuen Republik haben. Große Widersprüche herrschten in sozialer Hinsicht. Einheitlich lautete der Tenor, dem »inneren Kapitalismus« den Kampf anzusagen, andererseits wurde das Privateigentum garantiert.

IV.
Der Prozeß und der innere Schmerz des Duce

Die Vorwürfe der Deutschen gegen Benito Mussolini waren schwerwiegend. Der Leiter des Außenpolitischen Amtes der NSDAP und selbsternannte Parteiphilosoph Alfred Rosenberg warf ihm vor, er habe die Juden geschützt. Himmlers Anklage lautete, er habe seine Ratschläge nicht befolgt und sich mit Verrätern abgegeben. Göring kritisierte, er habe sich geweigert, rechtzeitig den Oberbefehl über das italienische Heer an die Deutschen abzugeben. Goebbels beanstandete, er habe gegenüber der Monarchie die Politik eines Schwächlings betrieben. Der Oberbefehlshaber der deutschen Kriegsmarine Karl Dönitz meinte, er habe die italienische Flotte aufgerieben. In Offizierskreisen und im Auswärtigen Amt kursierte die Ansicht, er habe gemeinsam mit Hitler zu sehr auf der Fortsetzung des Krieges beharrt. Und Ribbentrop sah das Versagen des Duce darin, daß er bis zu seinem kläglichen Scheitern zu sehr auf Ciano gehört habe[1].
Der Vorwurf Goebbels' Anfang November traf den Duce hart: »Er lebt ein Leben vollkommen neben den Tatsachen her und umgibt sich mit einem heroischen Brimborium, das in der Welt der Wirklichkeiten überhaupt keinen Raum mehr hat. Er glaubt in der Tat, daß die italienische Nation noch einmal dazu zu bewegen wäre, an unserer Seite militärisch mitzukämpfen, was ich für ganz ausgeschlossen halte.«[2] Der Propagandaminister zweifelte nicht daran, daß Mussolini den inzwischen verhafteten Schwiegersohn Galeazzo Ciano nicht zum Tode verurteilen lassen werde. Die Deutschen aber erwarteten sich strenge Urteile gegen die Verräter vom 25. Juli. Exempel sollten statuiert werden, damit dem Faschismus wieder die gebührende Achtung als Ideologie der Macht gezollt werde.
Vor dem Zweiten Weltkrieg war Ciano in der Öffentlichkeit

ganz einfach als Mussolinis Schwiegersohn bekannt, ein konservativer Mitstreiter, der kompromißlos die Politik des Schwiegervaters vertrat. Das gefiel dem Duce, und er sparte nicht mit Lob und Lohn. Mit 33 Jahren wurde Ciano Außenminister, was er völlig dem Duce zu verdanken hatte; und dementsprechend war er von ihm abhängig. Er hatte zuvor keine besonderen Fähigkeiten bewiesen, was auch nie von ihm verlangt worden war. Es reichte, daß er offensichtlich dem Duce hörig war und untertänig diente. Der Schwiegersohn schrieb eifrig Tagebuch. Auch das fiel nicht besonders auf, und niemand hätte daran gedacht, daß diese Notizen zum Stein des Anstoßes werden würden. Darin zeichnete er das Bild eines ungehaltenen, ausfallenden und unbeherrschten Duce. Die letzte Eintragung vom 8. Februar 1943 – es war der Tag, an dem er den Palazzo Chigi verließ, um sein neues Amt als Gesandter im Vatikan anzutreten – wandelte wiederum das Bild, weil da Ciano von einem herzlichen Umgang mit seinem Schwiegervater sprach, den er nun missen werde.

Das Verhältnis zwischen Ciano und Mussolini hatte sich erstmals deutlich verschlechtert, als der Duce offensichtlich die italienischen Interessen zugunsten der Nationalsozialisten preisgab, als er Hitler Briefe schrieb, im Format durchstilisierter Dokumente, inhaltlich umsichtig und tiefgreifend, formal päpstlichen Bullen vergleichbar. Aus dem treuen Schwiegersohn wurde mehr und mehr der perfekte Verschwörer. Da war nur noch wenig zu spüren von der Meinung Cianos in den dreißiger Jahren, als er gebannt den Reden des Schwiegervaters gelauscht hatte, der Duce sei unfehlbar und der größte Politiker seiner Zeit. Damals hatte er dessen Politik noch in keiner Weise in Frage gestellt. Die beiden Männer waren aber im Grunde seit jeher entgegengesetzte Charaktere gewesen: Mussolini wollte immer ein Revolutionär sein, was Ciano trotz seinen faschistischen Phrasen nicht war; er blieb ein Faschist der zweiten Generation, der mit dem Ursprung des Faschismus und dem revolutionären Mythos wenig mehr verbinden konnte. Mussolini hingegen war trotz seiner konservativen Schlagworte nicht konservativ, sondern ein Revolutionär bis ins tiefste seiner Seele. Er wußte, daß er in dieser Eigenschaft niemals den revolutionären Usprung seiner eigenen Machtvollkommenheit vergessen konnte und durfte[3].

Aus Cianos Tagebüchern geht hervor, daß der Duce über vieles und alles wütend und empört sich auslassen konnte. Oft war ihm nichts genehm, oft überkamen ihn eine nihilistische Anwandlung und eine Zerstörungswut ohnegleichen. In solchen Momenten ließ er sich über die Generale aus, über den König und den Papst, die ihm im Grunde verhaßt waren: »Ich werde sie eines Tages beide gleichzeitig in die Luft jagen.« Die Priester der römischen Kirche kritisierte er als »gefühllose Mumien im Vatikan«, und die Monarchie bedeutete ihm nichts anderes als eine »Bremse des Regimes«. Aber auch die Gesellschaftsschichten gefielen ihm nicht. Er sprach von »ekelhaften und egoistischen Bauern, vom feigen und verachtenswerten Mittelstand«, da zweifelte er daran, diese Italiener zu einem »Herrenvolk« erziehen zu können. In solchen Augenblicken der totalen inneren Willensekstase ließ er auch an seiner so oft hochstilisierten italienischen Nation kein gutes Haar: »Wir müssen sie prügeln und noch einmal prügeln und immer wieder prügeln.«

Insofern sind Cianos Tagebücher von großem dokumentarischem Wert, eben weil das bisher bestehende Bild von Mussolini andere, neue Konturen erhielt. Der zwiespältige Charakter des Duce wird darin schonungslos aufgezeigt: friedfertig und kriegslüstern zugleich, von Hitler fasziniert, dann wieder voll des Neides auf ihn, bald konservativ, bald radikal, immer wieder unberechenbar, zuweilen eine Marionette seiner eigenen femininen Gefühlsausbrüche[4]. Die Beziehung Mussolinis zu Hitler wird oft so dargestellt, als habe es der Duce als zutiefst entwürdigend empfunden, »mit gefalteten Händen dabeizusitzen, während andere Geschichte machen«. Nie vergaß der Duce aber zu betonen, daß er auf politischem Gebiet intelligenter sei als Hitler. Er dachte wiederholt daran, Hitler zu übertrumpfen und über ihm in den Geschichtsbüchern aufzuscheinen. Im Falle des Griechenlandfeldzugs zum Beispiel glaubte er den Deutschen zuvorzukommen. Wie erniedrigend muß es dann für den Duce gewesen sein, gerade hier auf die Hilfe der Deutschen angewiesen zu sein. Dennoch trachtete er danach, sich irgendwann einmal von Hitlers Aufsässigkeit lösen zu können: »Ich habe es endgültig satt, mich dauernd von ihm durch Klingelzeichen herbeirufen zu lassen.«

Ciano und Grandi waren die Vertreter des Adels im Faschistischen Großrat gewesen. Starke Anregungen zur Palastrevolution gingen von diesen beiden aus. Goebbels erkannte früh genug die Gefahr und nannte den Schwiegersohn des Duce den »Satan der faschistischen Bewegung und Italiens Fluch«. Nach Mussolinis Sturz war er am 27. August von Rom nach Deutschland geflüchtet, um sich vor der Verhaftung durch die Regierung Badoglio zu schützen. Die Deutschen hatten die organisatorischen Vorkehrungen dazu getroffen. So glaubten die Deutschen zunächst, daß Ciano nicht zur Gruppe der Verschwörer gehöre. Diesen Verdacht versuchte der abtrünnige Schwiegersohn in der Folge auch bei Mussolini auszuräumen. Er besuchte ihn in Oberbayern und unterhielt sich dreimal mit ihm. Während die Deutschen ihre abweisende Haltung gegenüber Ciano in Bayern offen zeigten, verhielt sich der Duce gegenüber Ciano bei den Gesprächen auffallend persönlich und sprach sogar davon, ihn wieder als Außenminister einzusetzen.

Ciano hielt sich einige Wochen in München auf und glaubte sich bei den Faschisten, oder zumindest bei seinem Schwiegervater, soweit rehabilitiert, um wieder nach Italien zurückkehren zu können, ohne sich der Gefahr einer Verhaftung auszusetzen. Zudem wollte er unbedingt zurück, weil seine Frau Edda, die ihm vorausgeeilt war, nach einem Nervenzusammenbruch unter Bewachung in einer Klinik bei Parma lag. Als Ciano davon hörte, bat er unverzüglich den Duce um die Erlaubnis zur Einreise nach Italien. Die Deutschen hatten anscheinend nichts einzuwenden. Am 17. Oktober erhielt Ciano von einem deutschen Abwehroffizier die Mitteilung, daß ihm in Italien der

Prozeß gemacht würde, weshalb er der italienischen Polizei übergeben werde. Einen Tag später reiste er mit einer SS-Mannschaft und einer Agentin der Gestapo. Die Frau, es war Felicitas Beetz, gab sich formell als Dolmetscherin aus. Sie sollte in erster Linie das Versteck von Cianos Tagebüchern und seinen privaten Dokumenten ausfindig machen. Als er in Verona ankam, wurde er aber verhaftet und ins Gefängnis gebracht, alles auf Mussolinis Veranlassung. Zusätzlich wurde er von der SS bewacht.

Am 8. Januar begann hier der Prozeß gegen die Verräter vom 25. Juli, wie es hieß. Ein eigenes Sondergericht des neuen Staates von Salò wurde mit der »Abrechnung« beauftragt. Präsident war Aldo Vecchini, ihm zur Seite standen Celso Riva, Franz Pagliari, Enrico Vezzalini, zudem zwei Vertreter der Miliz. Die Anklage führten Andrea Fortunato und Tommaso Leucadito. Die gesamte Zusammensetzung des Gerichts war klug formiert aus alten faschistischen Anhängern und Männern, die einen reinen faschistischen Leumund hatten. Sie sollten nun über die 19 Verschwörer des Faschistischen Großrats das Urteil fällen. Die Anklage lautete auf Verrat all jener, die den Eid der Treue auf den Faschismus und seine Institutionen gebrochen hatten: »Der Staatsstreich vom 25. Juli hat Italien mit dem größten Verrat konfrontiert, den die Geschichte kennt. Eine finstere Verschwörung, an der der König, bestimmte Generale, Parteiführer und Minister beteiligt waren.«[5] Weiter wurde ihnen Unterstützung des Feindes vorgeworfen, indem die Angeklagten am Sieg des Faschismus gezweifelt, der Kraft des eigenen Landes und den Erfolgen der Streitkräfte mißtraut hätten. So hätten sie direkt dem Feind geholfen. Eigene Gerichte für die einzelnen Provinzen wurden ins Leben gerufen. Mit einem Dekret vom 11. November des Vorjahres waren die Gerichtsmitglieder nominiert worden. Art. 4 dieses von Mussolini selbst unterzeichneten Schriftstückes ließ keine Zweifel mehr offen: Das Tribunal wurde deshalb ins Leben gerufen, um die Faschisten des Großrats zur Rechenschaft zu ziehen, die, wie es hieß, in der Nacht des 24. auf den 25. Juli dem

König die Voraussetzungen für einen Staatsstreich geliefert hätten. Damit war das Urteil zu einem guten Teil bereits vorweggenommen. Daß der Prozeß in Verona stattfinden mußte, wurde dadurch begründet, daß einmal der Sitz des Partito Fascista Repubblicano in Maderno, also in der Nähe von Verona, lag, und zum anderen die festgehaltenen Rädelsführer des Faschistischen Großrats vom Juli 1943 hier inhaftiert waren.

Von den 19 für die »Krise des Regimes« Verantwortlichen war in erster Linie Galeazzo Ciano angeklagt. Auf der Anklagebank saßen neben ihm eine Reihe früherer Funktionäre aus Politik und Wirtschaft. Einigen Teilnehmern jener Schicksalssitzung war die Flucht gelungen: Grandi hielt sich in Lissabon auf, Luciano Gottardi konnte Ende September in Rom verhaftet werden, ebenso erging es Anfang Oktober Emilio de Bono, Carlo Pareschi, Giovanni Marinelli und Tullio Cianetti. Sie saßen jetzt in der Festung Scalzi bei Verona, in der Nähe von Pavolinis Hauptquartier, ein.

Ciano hatte keinen Rechtsanwalt zu seiner Verteidigung gefunden, so erhielt er einen Pflichtverteidiger. Von Anfang an wies er die Anklage des Verrats strikt zurück. Er argumentierte, daß hinter jedem Verrat besondere Interessen stünden, bei ihm habe es solche Interessen nie gegeben. Zudem dürfe von keiner Konspiration die Rede sein, weil Mussolini den Text von Grandis Resolution, die zu seiner Entmachtung geführt hatte, vorher bekannt gewesen war. Auch verwies Ciano ausdrücklich darauf, daß er gar nicht für die Einberufung des Großrats gewesen sei; er habe lediglich deshalb für Grandi gestimmt, um »die Krone in den Krieg einzubeziehen«.

Auch die übrigen Angeklagten rechtfertigten sich vor allem damit, daß sie nicht für einen Sturz Mussolinis, sondern lediglich für die Übergabe des Oberbefehls an den König gestimmt hätten. De Bono betonte seine Ergebenheit und Treue gegenüber dem Duce. Auch Pareschi antwortete bei seiner Einvernahme nicht anders. Cianetti unterstrich, er habe Grandi so verstanden, daß Mussolini als Oberbefehlshaber abtreten solle, und er habe niemals an ein Komplott gegen den Duce gedacht. Gottardi erklärte, er habe sich damals des Eindrucks nicht erwehren können, daß eine Spaltung zwischen der Partei, der Armee und dem Volk unmittelbar bevorstehe und daß zugleich die Moral der Nation im Zeichen des Faschismus erschüttert sei. Überlegt argumentierte Gottardi weiter: »Da aus dem eigenen Bericht des Duce im Großrat hervorging, daß die Armee nicht zu kämpfen gewillt war, dachte ich, vielleicht könnte sich die Armee wieder fangen, wenn die Krone direkt Anteil an den Kriegsgeschicken nähme.«[6]

Der schwerhörige Marinelli baute seine Unschuld darauf auf, daß er wegen seines Gehörschadens vom Lauf der Sitzung kaum etwas mitbekommen hatte. Insgesamt erweckten die Angeklagten den Eindruck, daß es sich bei dieser schicksalsschweren Nacht im Juli nicht um eine Verschwörung, auch nicht um eine abgesprochene Aktion zwischen Badoglio und Vittorio Emanuele III. gehandelt hatte.

Tatsächlich konnte der Beweis für eine Übereinkunft aller Mitglieder des Faschistischen Großrats und des Königs für den Sturz Mussolinis nicht erbracht werden.

Den Prozeßverlauf verfolgten von deutscher Seite gespannt ein SS-Offizier, zwei Beamte und Frau Beetz, die immer mehr den Anschein erweckte, zu einer engen Vertrauten Cianos geworden zu sein.

Drei Tage vor Silvester des abgelaufenen Jahres hatte sie einen Versuch zur Rettung Cianos unternommen. Dem Chef des deutschen Sicherheitsdienstes in Verona General Wilhelm Harster hatte sie vorgeschlagen, Cianos Leben gegen seine Tagebücher und andere Dokumente einzutauschen. Harster erhielt von Himmler und Ernst Kaltenbrunner aus Deutschland eine vielversprechende Antwort. Himmler glaubte anscheinend in Cianos Aufzeichnungen für Ribbentrop belastende Aussagen zu finden. Die gesamte Aktion verlief unter dem Decknamen »Operation Graf«. Geplant war, daß zwei SS-Männer, als Faschisten getarnt, ins Gefängnis eindringen und Ciano befreien sollten. Unmittelbar danach sollte der Schwie-

gersohn des Duce nach Ungarn gebracht werden. Aus unbekannten Gründen wurde dieser Plan bald wieder abgeändert. Himmler ließ wissen, daß er vorerst ein paar Aufzeichnungen Cianos lesen wolle. Frau Beetz fuhr unmittelbar danach nach Rom, um die Papiere aus dem Versteck zu holen.
Zwei SS-Spezialisten fuhren am 7. Januar nach Verona, denn an diesem Tag sollte die Operation Graf durchgeführt werden. In Rom hatte währenddessen Marchese Pucci sämtliche Ciano-Akten an sich genommen: das umfangreiche Tagebuch, 16 Bände Protokolle der Gespräche und eine Sammlung wichtiger amtlicher Schriftstücke. Sechs Bände der Protokolle leitete Frau Beetz an Harster weiter. Alles übrige Material behielt Edda Ciano. An diesem Tag aber war die Operation Graf bereits kein Thema mehr: Adolf Hitler hatte am Tag zuvor persönlich Harster angewiesen, das gesamte Unternehmen abzublasen. Ciano konnte das Ende erahnen. Er ließ seine Frau wissen, sie solle die Tagebuchaufzeichnungen in die Schweiz bringen.
Rahn meldete bald nach Beginn der Verhandlung nach Berlin seinen Vorschlag, Ciano in die Schweiz fliehen zu lassen; er befürchtete im Falle einer Hinrichtung einen Aufstand. Hitlers Antwort war präzise: Er erklärte den Prozeß als eine Angelegenheit des neuen Staates und verlangte von den Deutschen, sich nicht einzumischen.
Allmählich drohte der Prozeß von Verona zu einer Farce auszuarten: Auf echt italienische Art ergänzte eine Diskussion die andere, verflüchtigte sich das eine Argument durch das andere, während sich immer deutlicher zeigte, daß eine Urteilssprechung kaum mehr möglich war. Aber wie ein Damoklesschwert hing über dem faschistischen Gericht die grauenvolle Erwartung der Deutschen, es müsse ein Exempel statuiert werden. Da war die Meinung des Duce, obwohl vom Führer offiziell als die einzig ausschlaggebende bezeichnet, nur mehr zweitrangig und konnte nicht mehr ins Gewicht fallen. Wolff ließ deutlich genug wissen, daß eine Vereitelung der Exekution das Ansehen des Duce erheblich mindern würde. So beschloß der einsame

Mann in der Villa Feltrinelli in Gargnano, Cianos Schicksal in die Hände Pavolinis und der Richter zu legen.
Der Duce war in einen tiefen seelischen Zwiespalt geraten. Außerdem spielte seine Tochter Edda, die Gattin Cianos, sämtliche Karten aus, um ihren Mann zu retten. Ein offener Affront gegen den Vater war im Gange, um Cianos Verurteilung zu verhindern. Und wieder spielten die Tagebücher dabei eine entscheidende Rolle. Edda drohte mit der Veröffentlichung dieser persönlichen Aufzeichnungen. Einen Teil dieser Schriften mußte sie in Parma zurücklassen. Sofort wurden sie von der SS beschlagnahmt, um eine Publikation zu verhindern.
Inzwischen eilte sie nach Gargnano in die Villa Feltrinelli, wo der Duce für ihr Anliegen kein Verständnis aufbrachte. Sie wußte, daß durch die Aburteilung dieser Männer beim Wiederaufbau des Faschismus und der Wiederherstellung der Ruhe und Ordnung nicht ein einziger Schritt vorwärts getan würde: »Die Zukunft«, entgegnete ihr der Duce, »wird mir recht geben.«
Verbittert und enttäuscht brach Edda Ciano in die Schweiz auf. Bevor sie abreiste, verfaßte sie drei Drohbriefe: einen an den deutschen Befehlshaber in Italien, den zweiten an Hitler und den dritten an ihren Vater. Wieder drohte sie darin, die Tagebücher zu veröffentlichen, wodurch vernichtende Staatsgeheimnisse aufgedeckt würden. Im Brief an Mussolini schrieb sie: »Wenn Galeazzo innerhalb drei Tagen nicht in der Schweiz ist, nach den Bedingungen, die ich den Deutschen bekanntgegeben habe, wird alles das, was ich mit handgreiflichen Beweisen weiß, in mitleidloser Form benützt werden.«
Mussolini erhielt den Brief in der Nacht vom 10. auf den 11. Januar. Innerlich ergriffen, in einer sichtlichen emotionalen Not, griff der Duce um fünf Uhr morgens zum Telefon und rief Wolff an. Er wußte sich keinen Rat mehr. Zu diesem Zeitpunkt war das Urteil längst gesprochen, und Cianos Leben sollte nur noch ein paar Stunden dauern. Der Duce fragte Wolff um Rat, dieser durfte sich aber auf Anweisung Hitlers nicht einmischen. Mussolini redete auf ihn ein, sprach dazwischen wirres Zeug

und wollte so die bangen Minuten dieser frühen Morgenstunde überbrücken. Er glaubte nämlich, die Hinrichtung seines Schwiegersohnes würde just um diese Stunde erfolgen.
Der Duce war am Verlauf des Prozesses brennend interessiert gewesen. Alle zwei Stunden telefonierte er mit dem Präfekten von Verona und ließ sich den neuesten Stand mitteilen. Trotz der Aktualität der Verfahren und trotz der direkten Beteiligung seines engsten Verwandten wollte er nicht direkt in das Geschehen eingreifen und es in den Händen der Partei und Pavolinis belassen. Gleichzeitig war der Parteisekretär äußerst bemüht, Mussolini von dem gesamten Prozeßablauf fernzuhalten.
So wurde der gesamte Prozeß von Verona für Mussolini zu einer einzigen delikaten Herausforderung in bezug auf Galeazzo Ciano. Innerlich zweifelte der Duce keinen Augenblick an dessen Schuld. Die Familienbande und die engen familiären Beziehungen erweckten ein Gefühl des Kompromittiertseins. Gerade jetzt aber, am Beginn eines neuen Staates, mußte er Haltung, durfte er keine Familiengefühle zeigen. Die ihm aufs neue ergebenen faschistischen Anhänger erwarteten sich von ihm eine unerbittliche Abrechnung mit den Verrätern von Rom. Wollte er nicht als Schwächling dastehen, mußte er beweisen, »daß der Faschismus, so wie er ihn in diesem Augenblick anstrebte, nicht einmal vor den Bindungen der Familie haltmachte«[7]. Und er ergänzte, daß jetzt, da die Köpfe zu rollen begännen, die zweite Phase der faschistischen Revolution ihren Anfang nehmen könne.
Immer deutlicher suchte das Gericht zu beweisen, daß Mussolini ein Opfer der Konspiration gewesen sei, daß es ein Komplott zwischen dem Faschistischen Großrat und den Generalen gegeben habe, also eine politische und zugleich militärische Verschwörung, die vom Großrat ausgegangen sei. Ein Dokument Marschall Ugo Cavalleros, abgefaßt im August 1943, war verlesen worden, woraus die Verschwörungsabsicht offensichtlich wurde. Am 9. und 10. Januar hielten die sechs Verteidiger ihre Plädoyers. Um 10.05 Uhr zog sich das Gericht zur

Beratung zurück. Für die anwesenden Angeklagten begann die Zeit der inneren Agonie. Um 13.40 Uhr betraten die acht Richter mit dem Vorsitzenden Aldo Vecchini den großen Saal des Castelvecchio. Ein unheimliches Schweigen herrschte im Gerichtssaal. Die Angeklagten waren bleich und mitgenommen, aber beherrscht. Das Urteil für Galeazzo Ciano, Emilio de Bono, Luciano Gottardi, Carlo Pareschi und Giovanni Marinelli lautete auf Tod durch Erschießen, nur Tullio Cianetti war von diesem Urteil nicht betroffen. Seine Strafe hieß 30 Jahre Zuchthaus. Zum Tode verurteilt wurden auch die abwesenden angeklagten Verschwörer vom 25. Juli. Die Anwesenden waren zuerst überrascht, dann entsetzt und aufgebracht. Marinelli brach ohnmächtig zusammen[8].

Vor dem Castelvecchio sammelte sich sofort nach Bekanntwerden des Urteils eine große Menschenmenge, darunter waren viele, die sich laut und überzeugt über die Größe und Herrlichkeit des italienischen Faschismus ereiferten. Die Vision eines siegreichen Italien erfaßte die Anwesenden. Die Ahnung von einer künftigen glorreichen Geschichte des italienischen Volkes ging in den Reihen der Patrioten um: »Viva l'Italia«, es lebe Italien, war es aus den Bänken der beteiligten Zuhörer erschallt. Jetzt riefen es aus Protest die anwesenden Gesinnungsgenossen des Duce.

Die Todeskandidaten wurden in ihre Zellen zurückgebracht und an den Händen gefesselt. Von dieser Stunde an, genau ab 17 Uhr des 10. Januar, war der Priester Don Giuseppe Chiot dabei. In aller Eile wurde ein Gnadengesuch geschrieben und unterzeichnet und an den Duce gesandt. Es mußte zuerst die Hürde Pavolini nehmen. De Bono war nicht in das Gefängnis von Scalzi gebracht worden. Er durfte wegen seines angeschlagenen Gesundheitszustandes im Krankenhaus bleiben.

Ciano war der erste, der den Priester um das Sakrament der Kirche bat. Er beichtete, nach ihm die anderen. Das Gerücht, Frau Beetz habe ihm Gift in die Zelle gebracht, das Ciano sofort zu sich genommen, darauf aber habe feststellen müssen, daß es nicht wirkte, worauf er gesagt haben soll, so könne er nun zweimal sterben, gehört in das Reich der Phantasie. Nichts von dem ist wahr, auch nicht, daß er über die Hinrichtung gescherzt haben soll. Vor neun Uhr morgens des folgenden 11. Januar erhielten die Verurteilten die Nachricht, daß ihre Gesuche um Begnadigung abgewiesen worden waren. Pavolini hatte dafür gesorgt, daß sie nicht mehr in die Hände des Duce kamen. Später wurde dann behauptet, Mussolini hätte sich von diesen Gesuchen überzeugen lassen und die Gnadengesuche unterzeichnet.

Wenig später begleitete Don Chiot die Verurteilten in den Hof des Gefängnisses. Er stimmte das Ave Maria an. Am Gefängnistor dankte Ciano dem Direktor und dem Personal für die gute und freundliche Behandlung. Ciano sagte zum Kaplan, daß sie alle Fehler gemacht hätten und nun vom selben Sturm hinweggefegt würden. Er solle seiner Familie berichten, daß er ohne Haß sterbe. Dann bestiegen die Verurteilten, bewacht von einer Militäreskorte und zwei Priestern – neben Chiot war noch Don Zilli dabei – einen großen Autobus, der sie zum Schießstand San Procolo, in einem Vorort von Verona, brachte.

Alles erweckte den Eindruck einer gemeinsamen Ferienfahrt ins Freie, wäre da nicht die Eskorte gewesen, ein Polizeiauto voran und eines dahinter. Dort angekommen, wurden die Verurteilten zur Hinrichtungsstätte geführt. Das Exekutionskommando bestand aus 30 Männern der Polizei der faschistischen Verbände von Verona. Drei bis vier von ihnen waren noch Kinder, nicht älter als 15 Jahre. Für die Verurteilten wurden fünf Stühle etwa 12 Meter vom Exekutionskommando entfernt aufgestellt. Jeweils sechs Gewehre waren direkt auf jeden von ihnen gerichtet. Die Deutschen hatten für den Notfall ein eigenes Erschießungskommando mitgebracht. Direkt an der Stelle der Hinrichtung waren etwa 20 Personen, Privatleute und Militär, unter ihnen ein Major und zwei höhere deutsche Offiziere.

Noch während Gottardi sich auf den Todesstuhl setzte, wiederholte er seine während des Prozesses gemachte Aussage, daß er Mussolini nicht verraten habe. Die Verurteilten wurden aufge-

fordert, sich mit dem Rücken zum Exekutionskommando zu setzen. Die Hände sollten an die Stuhllehnen gebunden werden, wobei de Bono sich weigerte. Darauf wurde das Todesurteil noch einmal verlesen, während die beiden Priester den Verurteilten weiterhin christliche Worte der Versöhnung zusprachen. Das Kommando war in zwei Reihen gestaffelt, die Vorderen knieten, die Hinteren standen. Nun herrschte unheimliches Schweigen auf dem Platz. Es war gerade 9.20 Uhr, und die Hinrichtung hätte schon vor mehr als einer Stunde vorgenommen werden sollen. Während das Kommando zum Feuer gegeben wurde, wandte sich Ciano noch einmal schnell um, bleich, aber die Augen funkelnd wie vor unterdrückter Wut, wie sich Don Chiot später erinnerte.
Gottardi sprang auf und schrie laut: »Evviva l'Italia! Evviva il duce!«. De Bono stimmte noch schnell in diese Worte ein, blieb aber sitzen. Dann brachen die fünf Verurteilten unter dem Hagel der Geschosse zusammen. Zuerst fielen vier vom Stuhl, alle aber waren schlecht getroffen. Sie stöhnten und schrien und wälzten sich vor Schmerz am Boden herum. Erst nach einzelnen Schüssen auf die Liegenden und durch Pistolenschüsse aus unmittelbarer Nähe wurden sie getötet[9].
Der Duce äußerte sich später darüber, er habe in einem heftigen Konflikt zwischen Gefühl und Staatsräson gestanden. Es wäre falsch, Mussolini angesichts dieser Exekutionen als kompromißlosen und über den Ereignissen stehenden Staatslenker zu sehen. Er ließ sich bald stündlich über das Geschehen im Castelvecchio informieren. Das Todesurteil über seinen Schwiegersohn stellte in seinem bewegten Leben eine der dramatischsten Stationen dar. Darüber konnte auch der faustballende Duce nicht hinwegtäuschen. Sein Gewissen und seine politische Verantwortung waren, wie er berichtete, geteilt in Gefühl und Staatsräson. Als Staatsoberhaupt mußte er seinem Familienempfinden zumindest nach außen hin abschwören. Es siegte die »Vernunft des Staates«[10].
In Deutschland wurde allgemein mit der Vollstreckung der Todesurteile gerechnet, weshalb die Nachricht davon kein be-

sonderes Aufsehen mehr erregte. Der deutsche Offizier vergewisserte sich persönlich, noch bevor Don Chiot die Leiche Cianos in den Sarg legte, vom Tode des ehemaligen Widersachers und Feindes von Ribbentrop.

In den nationalsozialistischen Kreisen Deutschlands war man über seinen Tod und den seiner Mitverschwörer erfreut und zufrieden. Und in der deutschen Presse ging die Rede von einem außergewöhnlichen außenpolitischen Ereignis. Besonderes Aufsehen erregte die Tatsache, daß sich unter den Hingerichteten auch Mussolinis Schwiegersohn Ciano befand, jener Mann, der in die geheimsten Pläne Deutschlands eingeweiht gewesen war und durch seinen Verrat der Achse Berlin-Rom großen Schaden zugefügt habe. Ein leichtes Mitgefühl klang für Mussolini an, doch sogleich wieder durch das deutsche Selbstbewußtsein legitimiert. Für Mussolini müsse es besonders schwer gewesen sein, seinen eigenen Schwiegersohn als den »Hauptträdelsführer« erschießen zu lassen. Doch habe er, wie überhaupt beim Zustandekommen des gesamten Urteils, unter deutschem Druck gehandelt: »Mussolini allein hätte das nicht gemacht, er ist ja nur eine Scheinfigur; hinter diesem Urteil steht Berlin.«[11] Niemand aber sprach davon, daß gerade durch Cianos gewaltsamen Tod das italienische Volk um einen Märtyrer reicher geworden war.

In der italienischen Geschichtsschreibung herrscht über das Urteil von Verona weiterhin eine geteilte Meinung: Handelte es sich um das Urteil eines Rechtsstaates oder um die persönliche Rache eingefleischter Faschisten? Diese Auffassung rangiert heute hinter der ersten. Es war eine Zeit des Krieges, eine Epoche des revolutionären Ethos im neuen Staat Mussolinis. Der politische Haß steckte freilich tief in den Herzen vieler Machthaber von Salò. Hinter allem drohte der Fluch Hitlers. Und schließlich stand es für den neuen Herrn von Salò unweigerlich fest, einem legalen Staat vorzustehen, wenn auch einem Übergangsstaat. Denn der Duce und sein Kabinett betonen immer wieder, sie allein seien die eigentliche Regierung des italienischen Staates, nicht die »Verräter« im Süden, des »Governo del Sud«. Der Staat von Salò verstand sich als Staat mit einem Staatsvolk und einem Staatsgebiet, mit einer Staatsgewalt und einem Staatsrecht, mit einer verantwortlichen Führung und einer Autorität über die Bevölkerung. Das Urteil hatte demnach ein Gericht der RSI gesprochen.

V.
Ohnmacht und Kalkül

Der Gang der Handlung des neuen Staates von Salò hing weitgehend ab vom Geschehen an der Front: Erfolg oder Mißerfolg in diesem neuen Staat waren aufs engste mit dem Frontgeschehen verbunden, was übrigens auch für die Regierung Badoglio im Süden zutraf. Es fiel auf, daß während der folgenden Tage, Wochen und Monate weder von Mussolini noch von seiner neuen Regierung eine Entscheidung getroffen wurde, die als nennenswerte Zäsur in die Geschichte Italiens eingegangen wäre. Nichts aber wünschte sich die Masse des italienischen Volkes mehr als ein schnelles Kriegsende.
Die geopolitische Landkarte Italiens zwischen 1943 und 1945 zeigte sich lange Zeit viergeteilt; im Süden die Regierung Badoglio mit Vittorio Emanuele III., nördlich die Soziale Republik von Salò. In beiden italienischen »Staaten« war die Präsenz der Alliierten im Süden wie der Deutschen im Norden von tiefreichender Bedeutung für die politischen und militärischen Angelegenheiten. Beide Okkupanten bevormundeten nach Kräften die »Staatsoberhäupter«. Deshalb kann insgesamt von einem viergeteilten Italien gesprochen werden:
1. Mittelitalien gehörte als deutsche Operationszone zur faschistischen Republik von Salò;
2. Norditalien war die eigentliche Repubblica Sociale Italiana unter Mussolini;
3. Die Operationszonen Alpenvorland und Adriatisches Küstenland waren formal italienisches Hoheitsgebiet, in der Realität herrschten hier aber deutsch-österreichische Gauleiter, die direkt den Befehlen Hitlers unterstanden;
4. Süditalien war von den Alliierten besetzt; neben der alliierten Militärverwaltung wirkte hier noch die Regierung Badoglio. Sieht man von dieser Regierung Badoglio ab, kann

man die gesamte Apenninenhalbinsel politisch in drei Teile aufteilen: Süditalien, das von den Alliierten besetzt war, Mittelitalien, das sich bis zum Sommer 1944 in deutscher Hand befand, und Norditalien, in dem bis zum Ende des Krieges die Republik von Salò bestand und wo die Kämpfe zwischen den Streitkräften dieses Staates und den Partisanen, den Deutschen und den Alliierten anhielten[1].
Immerhin gehörten aber zum Staat von Salò die reichsten Regionen Italiens, die zugleich die am dichtesten bevölkerten waren: Piemont mit über 3,5 Millionen Einwohnern; Ligurien mit mehr als 1,3 Millionen Einwohnern; die Lombardei mit mehr als 6 Millionen Einwohnern; Venetien mit über 4,5 Millionen Einwohnern; Emilia mit rund 2,6 Millionen Einwohnern; Venezia Giulia mit knapp 900 000 Einwohnern (Stand Ende September 1943)[2].
Diese Regionen und Provinzen unterstanden nun dem neuen Staat, zu denen er aber nur schwache Verbindungen aufnehmen konnte. Allgemein bildeten im Westen die französische Grenze, im Norden die Alpen, im Osten die italienisch-slowenische Verwaltungsgrenze, im Süden die Front, welche 1943 noch südlich von Rom durch den Apennin verlief, die Grenzen des neuen Staates.
Graf Bossi Fedrigotti hielt sich in seiner Eigenschaft als Diplomat im Oktober 1944 in Norditalien auf. In seinem Bericht über die Einstellung der italienischen Bevölkerung schrieb er, die Menschen sähen im neuen Duce-Staat keine wesentlichen Veränderungen gegenüber dem früheren System. Unter dem Haus Savoyen habe Italien großzügig gelebt, berichtete der Aristokrat und folgerte weiter: Noch nie zuvor habe es so viel Freiheit gegeben, weshalb dieses Königshaus der beste Garant für eine gute Republik sei. Nun, im Staat von Salò, verstecke der Faschismus seinen Machthunger hinter der Maske der Republik[3].
Bossi Fedrigotti freilich blieben die immer größer werdende Armut der Bevölkerung, die Misere in der Landwirtschaft und Industrie und die unzähligen politischen Defizite in der neuen

Regierung Mussolinis entweder verborgen, oder er wollte sie nicht sehen.
Was die Innenpolitik anging, so wollte der Duce zuerst eine neue italienische Nationalarmee aufstellen. Goebbels zweifelte von Anfang an daran, daß ihm dies gelingen werde, denn das italienische Volk sei zu »einer großangelegten revolutionären Politik nicht fähig. Es will gar keine Großmachtstellung besitzen. Das Verlangen danach ist ihm nur vom Duce und von der faschistischen Partei künstlich eingeimpft worden. Der Duce wird deshalb auch kein großes Glück bei seiner Werbung für eine neue italienische Nationalarmee haben«[4]. Weitere dringliche Anliegen waren für Mussolini die Ausschaltung des englischen Einflusses auf den Kontinent und die Ausbeutung afrikanischer Bodenschätze, unter Berücksichtigung der bereits mündigen islamischen Völker wie Ägypten, wie es im politischen Programm von Salò hieß. Das Hauptziel aber mußte stets lauten, neben dem Kriegsgewinn die Wiedervereinigung und Unabhängigkeit Italiens zu erreichen. Um dem Ganzen einen fortschrittlichen und überdimensionalen Charakter zu verleihen, sprach der Duce in diesem Zusammenhang von der Zukunft einer europäischen Gemeinschaft mit Staatenbündnissen für alle Länder.
Der deutsche Propagandaminister hatte gewiß zum Teil recht. Angesichts der deutschen Vormachtstellung war es der RSI kaum möglich, während der folgenden Zeit eine eigenständige und souveräne Innenpolitik zu entwickeln. Keiner traute keinem, jeder suchte jeden irrezuführen, zu bespitzeln, zu belügen und zu betrügen. Jeder war irgendwie verdächtig. Auch die Italiener trauten einander nicht mehr. Das Kommunikationsnetz des neuen Staates sowie das Verkehrswesen standen gänzlich unter deutscher Kontrolle. Die Macht der Regierung von Salò reichte nicht weiter als über die Dächer von Gargnano und Salò und über das spiegelnde Wasser des Gardasees. Kein Wunder, daß sich Mussolini immer wieder bei Rahn gegen die deutsche Kontrolle und Bevormundung beschwerte. Da waren Militärchefs, die sich bis zuletzt nicht darüber klar waren, ob

nun der Duce das Oberhaupt dieses neuen Staates war, oder ob es Hitler war und Mussolini nur in seinen Diensten stand. Mißtrauen, Unsicherheit und Unklarheit herrschten auch bei der diplomatischen Anerkennung der RSI. Die neutralen Staaten Türkei, Schweden, Irland, Argentinien und der Vatikan lehnten eine Anerkennung strikt ab. Andere, wie Spanien, Portugal und die Schweiz, nahmen diplomatische Gespräche auf, wobei es aber nicht zur Unterzeichnung von Anerkennungsurkunden kam. Es fällt auf, daß der Caudillo Franco Mussolinis neuem politischem Ehrgeiz wenig abgewinnen konnte und gegenüber dem deutschen Botschafter in Madrid kein Blatt vor den Mund nahm, als er sagte, Mussolini sei nur noch ein Schatten seiner früheren Größe; seine neue politische Macht hänge völlig von der militärischen Obhut der Deutschen ab, als Schattenpremier werde er, die Marionette der Deutschen, nicht mehr lange zu leben haben[5].
Die mit Deutschland verbündeten beziehungsweise assoziierten Länder erkannten offiziell die Republik von Salò an. Bulgarien zum Beispiel gab schon Ende September 1943 zu bedenken, daß dies auf ausdrücklichem Wunsch Berlins erfolge, wohingegen der Bruch mit den Diplomaten Badoglios und des italienischen Königs erst im Frühjahr 1944 vollzogen wurde. Im Zuge der antifaschistischen Befreiung in Bulgarien im September desselben Jahres wurden die Vertreter der Republik Mussolinis den Sowjets übergeben. Weniger Probleme bei der Anerkennung gab es in der Slowakei. Auch Kroatien handelte ausdrücklich unter dem Druck Berlins. Hier kam es zusätzlich in der deutschen Politik und der des Duce zu Differenzen, der daran festhalten wollte, im Küstengebiet der Adria seine politischen und militärischen Interventionen durchzusetzen. Die Deutschen legten dagegen ihr Veto ein. Nicht anders war es bei den anderen Regierungen: Hitler schrieb Ende September 1943 an Marschall Antonescu von Rumänien, es sei ihm ein dringliches Anliegen, daß die neue italienische Regierung anerkannt werde, das Großdeutsche Reich habe diesen Schritt bereits vollzogen. Anders war es in Finnland, das sich gegen die

Rote Armee im Krieg befand. Trotz Hitlers Bemühungen um die Anerkennung äußerte Präsident Ryti gegenüber dem deutschen Botschafter jene Bedenken, die von den anderen Staaten nicht laut ausgesprochen wurden: Man sei skeptisch, daß es Mussolini gelingen werde, einen neuen starken Staat aufzubauen. Ungarn und Japan gaben die Erklärung der Anerkennung ab, wobei der Magyarenstaat unter Druck handelte. Andererseits erkannte die faschistisch-republikanische Regierung von Salò die Provisorische Regierung Indiens unter Subhas Chandra Bose an.
Außenpolitisch galten dieselben Prämissen wie in der Innenpolitik: Jede Aktion mußte im Interesse Berlins und der neuen Achse Berlin-Salò durchgeführt werden. Schnell waren dem Außenministerium ebenso wie dem Duce Scheinfunktionen und Grenzen ihrer Kompetenzen bekannt. Das Deutsche Reich traf die politischen Abmachungen mit anderen Staaten, die Land und Politik Mussolinis beschnitten, ohne es den Duce oder seine Mitarbeiter wissen zu lassen. Andererseits nahm es weder Empfehlungen noch Bitten und Ratschläge Mussolinis ernst.
Zwischendurch verzweifelte der Duce ob seiner Abhängigkeit: »In der gegenwärtigen Situation, in der wir uns befinden, sind wir Objekt und nicht Subjekt der internationalen Politik. Das heißt, daß wir keine Außenpolitik betreiben können, sondern versuchen müssen, das zu retten, was zu retten ist.«[6] Dennoch trachtete er danach, die neue italienische Republik für das Ausland salonfähig zu machen. Das sollte nicht nur die Position der neuen Regierung stärken und ihr internationales Niveau verleihen, sondern parallel die Eigenständigkeit gegenüber Deutschland unterstreichen und die italienischen Interessen ins Rampenlicht rücken. Das war wohl auch ein Grund, weshalb Mussolini selbst das Amt des Außenministers übernommen hatte und den als tüchtig bekannten Serafino Mazzolini als Generalsekretär in das Ministerium holte[7]. Eiligst baute das Außenministerium ein Netz diplomatischer und konsularischer Vertretungen im Ausland auf.

Der Duce tat sich merklich schwer, mit seinen früheren Untergebenen, die jetzt zentrale Auslandsfunktionen innehatten und zuweilen im Ausland als Botschafter oder Diplomaten fungierten, freundschaftliche oder doch zumindest anerkennende Kontakte aufzunehmen. Der Eid auf König Vittorio Emanuele III., den dazumal auch er abgelegt hatte, lastete wie ein Damoklesschwert über diesen Beziehungen. Viele lehnten aus diesem Grund des Treueversprechens eine Zusammenarbeit mit Salò ab. Filippo Anfuso, Verantwortlicher der italienischen Botschaft in Budapest, hatte sich von Anfang an auf die Seite des Duce gestellt, der ihn jetzt als Dank mit der heiklen Aufgabe des Botschafters der RSI in Berlin betraute.

Wie weit Mussolini besondere Fähigkeiten in der Außenpolitik besaß, ist weiterhin umstritten. Es gab Staaten, die ihn interessierten und mit denen er sich auch kulturell auseinandersetzte; in bezug auf andere Staaten brachte er weniger Verständnis für deren Politik, Menschen, Kultur und Gewohnheiten auf. Am ehesten dachte oder hatte er einmal über Rußland und die Sowjetunion nachgedacht. Damals noch, als er vom Marxismus angetan gewesen war und die Quadratur des Kreises hatte finden wollen; nämlich die politische Theorie von Karl Marx in einem Nationalstaat zu verwirklichen.

Wie weit er sich vom Marxismus entfernte, zeigte seine immer größer werdende Apotheose des Staates, jenes politischen Gebäudes, das es nach Marx endlich zu überwinden galt. Immer deutlicher subsumierte der Duce alles Eigenleben, die gesamte Gesellschaft und Kultur unter dem Begriff Staat. Er nannte ihn ein geistiges und moralisches Faktum, das die politische, rechtliche, wirtschaftliche Organisation der Nation bestimme. Dieser Staat sollte für innere und äußere Sicherheit sorgen und das Volkstum wahren. Dieser Staat sollte ferner Gegenwart, Vergangenheit und vor allem Zukunft sein. So wurde der Duce zum erklärten Gegner des politischen Individualismus. Er schrieb dem Nationalstaat die Aufgabe zu, den individuellen Egoismus zu bändigen, damit der Staat über die engen Grenzen des Einzellebens hinauswachsen könne. Wenn der Duce vom

Staat sprach, geriet er ins Schwärmen: Der Staat erzieht seine Angehörigen zu bürgerlicher Tugend, führt sie zur Einheit und gleicht ihre Interessen durch Gerechtigkeit aus; er übermittelt den kommenden Generationen die Errungenschaften des Geistes. Der Staat führt die Menschen aus dem elementarsten Leben des Stammes zur höchsten menschlichen Ausdrucksform; er richtet das Beispiel der Bahnbrecher auf, die das Land erworben haben, zur Nachahmung für die kommenden Geschlechter; durch ihn leben die großen Geister fort, die seinen Ruhm erhöht haben. Und an der Spitze dieses Staates, in dem für die Individualisten kein Platz mehr sein sollte – ein kleiner Einfluß Marx' blieb in bezug auf die Sozialisierung bemerkbar –, stand unangefochten, unangezweifelt, zeitlos erhaben und unfehlbar der Individualist Benito Mussolini!

Kopfzerbrechen, ja geradezu eine Krise löste Giovanni Preziosi, Staatsminister, einer der entschiedensten Befürworter des Antisemitismus und zugleich einer der einflußreichsten Männer von Salò aus. Nach dem 25. Juli war er es, der die Kontakte zu Hitler aufnahm und sich in der Folge monatelang in Deutschland aufhielt. Schnell genoß er ein bestimmtes Vertrauen und wurde mit der Leitung der italienischen Sendungen des Reichssenders München betraut, der zur Vergeltung und Rache aufrief und so den Graben zwischen den Italienern noch mehr aufriß. Die meisten Mitglieder der neuen Regierung akzeptierte er nicht. Er nannte sie Opportunisten und vermutete in ihnen Verräter des neuen Staates. Als Grund für Mussolinis Sturz gab Preziosi an, der Duce habe Juden und Freimaurer falsch behandelt[8]. Beim deutschen Außenministerium diskreditierte er Regierungsmitglieder von Salò. Guido Buffarini Guidi, Innenminister und eine Zeitlang dem engeren Kreis des Duce zugehörig, diffamierte er als einen Freund der Juden. Pavolini, Mussolinis engster Vertrauter bis zur letzten Stunde, beschrieb Preziosi als undurchschaubar und nicht vertrauenswürdig. Seinen Aussagen zufolge sollte auch Tullio Tamburini judenfreundlich agieren und demnach gegen die Politik der Deutschen sein. Obwohl die endgültigen Beweise dafür fehlten, verstärkte eine solche Denunziation das Mißtrauen der Deutschen in die Regierung von Salò. Rahn zog sogar eine Inhaftierung Buffarini Guidis in Betracht. Dieser nämlich hatte das Gesetz Preziosis zu den Fragen des Judentums und der Freimaurerei – es war nach dem Vorbild der Nürnberger Gesetze von 1935 ausgearbeitet worden – mit Gegenargumenten beim Duce interpretiert, so daß er das Gesetz fallenließ. Nach Rücksprache mit dem Reichsaußenministerium ließ Rahn den Plan der Inhaftierung fallen. Dafür wurde aber Giovanni Preziosi gegen den Willen des Duce mit den Funktionen eines Ministers für Rassenfragen betraut.

Seit Dezember 1943 suchten die Deutschen in Rom nach Arbeitskräften. Eine regelrechte Menschenjagd auf geeignete Personen setzte ein, denn der Aufruf zum freiwilligen Arbeitseinsatz hatte wenig gebracht. Gauleiter und Generalbevollmächtigter für den Arbeitseinsatz Fritz Sauckel war in Fasano bei Botschafter Rahn eingetroffen, um die Einrichtung eines Arbeitseinsatzes in Italien zu verkünden. Binnen kurzem sollten sich zwei Millionen neue Arbeitskräfte finden. Rahn stellte sich sogleich gegen eine Zwangsrekrutierung, um nicht dadurch den Partisanenkampf noch mehr zu verschärfen. Die Deutschen waren wütend auf die Italiener, da sie nun ihr Land befreien mußten. Deshalb eben sollte Sauckel möglichst viele Arbeiter nach Deutschland bringen, um das Rüstungsprogramm zu verwirklichen. In Rom liefen stündlich viele Betroffene zu den Partisanen über. Die Stadt war wie leergefegt, das Wirtschaftssystem drohte zu zerfallen. Rahn stellte sich energisch gegen Sauckel. Nach dessen Abreise verlangte der deutsche Botschafter, daß er nicht mehr nach Italien einreisen dürfe. Rahn erreichte tatsächlich, daß im Laufe des Jahres 1944 nur wenige tausend verschleppt wurden und daß es nicht zu einer Massentreibjagd kam[9].

Der Bevölkerung war die weitere Verschlechterung der Lage seit der Proklamation des neuen Staates von Salò nicht verborgen geblieben. Das deutsche Auftreten hatte bei den verschiedenen Bevölkerungsschichten einerseits große Achtung, andererseits Furcht und Entsetzen ausgelöst[10]. Gegenüber der Deutschen Wehrmacht bestand allgemein Respekt, auch innerhalb der immer größer und stärker werdenden Widerstandsbewegungen. Seit Ausbruch des Krieges hatte die italienische Bevölkerung einen ungeheuren sozialen Abstieg erlebt. Abgesehen von den Entbehrungen und den unzähligen Begleiterscheinungen, die jeder Krieg mit sich bringt, litten die Italiener ganz besonders unter dem miserablen Leben, das im Süden, der jetzt von den Alliierten kontrolliert war, nicht besser, in der Regel sogar schlechter war als im Norden.

Die Apathie der Menschen gegen alles, was direkt oder indirekt mit Krieg zu tun hatte, war für den Beobachter verständlich. Wie in anderen kriegführenden und bekriegten Staaten hungerte auch in Italien das Volk. Für eine Schachtel Zigaretten oder eine Tafel Schokolade prostituierten sich Mädchen, junge Frauen und Mütter. Väter verkauften ihre Töchter für eine Mahlzeit. Allein in Neapel ließ sich in dieser Zeit der Not im Durchschnitt jede dritte Frau für die Liebe bezahlen[11].

Die Versorgung der Menschen mit Lebensmitteln, überhaupt die Beschaffung von Lebensmitteln bereitete der Regierung von Salò täglich neue Sorgen. Mit dem Anwachsen der Widerstandsbewegungen, der Partisanengruppen, wurde der Nachschub von Lebensmittelvorräten täglich mehr boykottiert. Die Wörter Fleisch, Milch, Obst, Gemüse und Mehl lösten bei den Verantwortlichen im Innenministerium schlichtweg Schrecken aus. Da gab es kaum mehr Gas, Salz war längst rationiert, eine Besserung der Lage war nicht abzusehen[12].

Im Herbst 1944 besuchte Renato Ricci fast alle Provinzen im Norden, er sprach mit den Menschen, beobachtete deren Verhalten, erkundigte sich nach ihren politischen Einstellungen und verfaßte für den Duce ein Memorandum seiner Erkenntnisse. Mussolini wußte zwar von der politischen Indifferenz seiner Landsleute, der Bericht des Sekretärs mußte ihm aber dennoch hart zugesetzt haben. Da gab es keine positiven Feststellungen mehr. Wo immer man Italiener treffe und mit ihnen spreche, überall sei Apathie, Stille, ein geradezu unheimlicher Fluch über allem, was mit dem Duce und den Faschisten in Bezug gebracht werden könne. Einzig Verona machte eine Ausnahme. Hier, in der heimlichen Hauptstadt der RSI, hatte der Großteil der italienischen Bevölkerung doch einiges Vertrauen in die neue Politik des Duce. Im Memorandum unterbreitete Ricci Mussolini einen Katalog von Vorschlägen, wie er das Vertrauen seines Volkes wiedergewinnen könne. Unter anderem hieß es darin, er solle schnellstens eine neue Regierung aufbauen, den Rechtsstaat wiederherstellen, ein Heer von Freiwilligen ins Leben rufen und ein einheitliches Polizeiwesen schaffen[13].

Der Duce nahm indessen jede Möglichkeit wahr, an den Patriotismus der Italiener zu appellieren. Sie sollten in sich gehen, vergleichen, was aus dem »abgesprungenen« Landesteil geworden sei, was andere täten und was er tue. Er flehte seine Landsleute geradezu an, den Patriotismus der Deutschen und der Japaner als Paradigma zu nehmen. Die Menschen dieser Länder, so war er bis Anfang April 1945 überzeugt, lebten wahren Patriotismus täglich bis an die Grenzen des Schmerzes vor. Nebenbei vergaß es der Duce nie, die Bedeutung der RSI hervorzuheben. Diese Republik allein repräsentiere noch Italien, halte das Wort und betrachte die Ehre als das höchste Gut der Menschen[14]. Freilich war da das gespannte Verhältnis zwischen ihm, seinen Mitstreitern und den Deutschen für einen hoffnungsvollen Blick in die Zukunft ein negatives Moment. Der eifrige Privatsekretär des Duce, Giovanni Dolfin, der oft auch Sonderaufgaben wahrnahm, berichtete, daß Mussolini, wann immer er mit Botschafter Rudolf Rahn sprach, nervös und innerlich aufgebracht war. In solchen Augenblicken wollte er von einem Sieg der Deutschen nichts mehr wissen[15]. Und dann war es immer wieder die Bevölkerung, die ihm zutiefst Sorgen bereitete.

Mussolini war als Volkstribun groß geworden; nun sollte er kein Volk mehr haben. Aber wer sollte denn noch an den Duce glauben, wer an die alten Haudegen wie Pavolini oder Buffarini Guidi! Die Italiener hatten den 25. Juli nicht vergessen, als der

Faschismus des Duce wie ein Kartenhaus zusammengebrochen war. Immer weniger hatten in diesen Zeiten der Not das Verlangen verspürt, für den Duce auf die Barrikaden zu gehen oder etwa gar an einem neuen Marsch teilzunehmen. Viele Italiener waren endlich ganz einfach froh, das pathetische Geschrei des Duce nicht mehr zu hören. Sie wollten wieder in der Ruhe des Alltags, gesellig und gelassen, in den Tag hineinleben. Diese Menschen wollten nichts mehr vom Krieg wissen. Und der Name Mussolini war zu oft in den vergangenen Monaten und Jahren mit Krieg assoziiert worden. Ohne Enthusiasmus nahmen diese Italiener die Gründung des neuen Staates von Salò wahr. Viele unter ihnen erkannten ohnehin dieses Unternehmen sehr schnell als verlängerten Arm der Deutschen. Und wieder sollten sie sich aufopfern für neue faschistische Ziele, diesmal republikanisch und sozial kaschiert, womit noch einmal der Geschmack auf Mussolini geweckt werden sollte.

Mehr noch als zuvor war nach dem 8. September das italienische Volk verlegen und unsicher, unter sich gespalten und auch untereinander aufgehetzt. Die Situation, politisch wie gesellschaftlich, war gereizt: Faschisten wollten sich behaupten, Kommunisten zogen aufgebracht durch die Straßen. Viele warteten ab, andere gingen in den Untergrund, wieder andere zogen sich völlig zurück. Und so verfolgten viele weitgehend gleichgültig und passiv den Aufbau des neuen Staates. Die Mehrheit traute dem Duce ganz einfach keine neue Machtentfaltung mehr zu. Für sie war er der Verantwortliche für die Kriegsgreuel. Die Kraft des Faschismus war längst aufgebraucht. Was übriggeblieben war, glich nur mehr einem Schatten der einstigen Größe.

Inzwischen identifizierte sich die Führung der Faschistisch-Republikanischen Partei völlig mit dem Staat von Salò. Voran Parteisekretär Pavolini, der im Rang eines Ministers stand, daneben Innenminister Buffarini Guidi und Volksbildungsminister Mezzasoma. Bei den Deutschen wurde Buffarini Guidi zusehends beliebter. Er nahm gern ihre Befehle und Ratschläge entgegen und führte sie aus, wofür sie ihn protegierten. Er war

davon überzeugt, dadurch an den Hebeln der Macht zu bleiben. Entsprechend kritisch sah das alles der Duce, und entsprechend spannungsgeladen war das Verhältnis zwischen Buffarini Guidi und Pavolini, und zwar nicht nur deshalb, weil sich ihre politischen Kompetenzen zuweilen überschnitten, sondern auch, weil jeder der erste Mann hinter dem Duce sein wollte. Mussolini ernannte Anfang Oktober den stellvertretenden Chefredakteur des *Popolo d'Italia*, Giorgio Pini, zum Unterstaatssekretär im Innenministerium. Sofort sorgte Buffarini Guidi dafür, daß Pini wichtige politische Angelegenheiten nicht bearbeiten durfte. Dadurch handelte er im Sinne der Deutschen. Dennoch sollte es zum Sturz Buffarini Guidis kommen. Engste Mitarbeiter und Vertraute diffamierten ihn, wann immer sie konnten beim Duce, bis er ihn schließlich Mitte Februar 1945 entließ. Das war eines der deutlichen Signale, daß Mussolini sich nicht weiter von den Deutschen bevormunden lassen wollte und nach einer Trennung trachtete. Jetzt gab es keinen Zweifel mehr, daß der Duce die Verbindungen mit den Deutschen zumindest einschränken wollte, um sich ihrer Kontrolle zu entziehen. Das merkten auch Rahn, Wolff und ihre Agenten. Sie fürchteten jetzt eine neue italienische Verschwörung, einen Verrat wie im Juli 1943; ferner wollten sie auf jeden Fall verhindern, daß der Duce von bereits aufgenommenen deutschen Kontaktgesprächen mit den Alliierten erfahren sollte. Wolff versuchte noch zu vermitteln und bat um Aufschub. Inzwischen stellte Rahn fest, daß Mussolini und seine engsten Mitarbeiter immer mehr antideutsch eingestellt waren und daß es dem Duce an Verständnis und Vertrauen gegenüber ihm und dem Obergruppenführer Wolff fehle. Mussolini bot dem suspendierten Buffarini Guidi die Stelle eines Wirtschaftsbotschafters an – ein Amt, das nur auf dem Papier bestand, das nie in die Praxis umgesetzt wurde. Dafür aber sollte dieser politische Schritt bei den Deutschen den Eindruck erwecken, daß der Duce die von ihnen bevorzugten Politiker in seinem Kabinett nicht fallenließ.
Das ohnehin angeschlagene Ansehen der Republik von Salò

10 Generalfeldmarschall Albert Kesselring, vom 21. November 1943 bis 11. März 1945 Oberbefehlshaber Südwest.

11 General Rudolf Toussaint, bis zum 20. Juli 1944 Bevollmächtigter General der Deutschen Wehrmacht in Italien.

12 Generalfeldmarschall Erwin Rommel, seit 18. August 1943 Oberbefehlshaber der Heeresgruppe B, vom 1. Dezember 1943 bis 17. Juli 1944 Oberbefehlshaber West (rechts).

13 General Oberst Heinrich von Vietinghoff, der Nachfolger Kesselrings als Oberbefehlshaber der deutschen Streitkräfte in Italien.

14 General Enno von Rintelen, Militärattaché und »der deutsche General im Hauptquartier der italienischen Wehrmacht«, der unmittelbar nach dem Sturz des Duce abgelöst wird.

15 SS-General Karl Wolff, »Höchster SS- und Polizeiführer in Italien«, der nach dem 20. Juli 1944 als Bevollmächtigter General der Deutschen Wehrmacht die Regierung von Salò »kontrolliert« (rechts).

16 Galeazzo Ciano, der italienische Außenminister und Schwiegersohn Mussolinis, stimmt am 25. Juli 1943 im Großrat für die Entmachtung Mussolinis. Er wird am 11. Januar 1944 in Verona hingerichtet.

17 Roberto Farinacci, enger Vertrauter des Duce und Mitglied des Faschistischen Großrates, lehnt es zunächst ab, in der Regierung von Salò ein Amt zu übernehmen.

18 Renato Ricci, der Oberbefehlshaber der Nationalgarde nach der Errichtung der Republik von Salò, befürwortet die Erschießung von Galeazzo Ciano (rechts).

19 Alessandro Pavolini, ein Faschist der ersten Stunde, übernahm in der Republik von Salò den Posten eines Sekretärs der Faschistischen Partei. Zusammen mit Mussolini wird er von Partisanen erschossen.

20 Marschall Rudolfo Graziani, der Verteidigungsminister der Republik von Salò, bei einem Gespräch mit Generalfeldmarschall Kesselring (in der Mitte Eugen Dollmann, der Dolmetscher).

sank im Laufe des Jahres 1944 rapide. Am stärksten bemerkte man diesen Autoritätsverlust in Piemont. Die Überfälle der Partisanen nahmen ständig zu, Widerstand zeigte sich aber auch in der Regierung von Salò.
Concetto Pettinato, Chefredakteur der Turiner Zeitung *La Stampa*, übte in seinem Leitartikel »Wenn ihr mit uns seid – schlagt zu!« heftig Kritik am Machtmonopol der Faschistisch-Republikanischen Partei. Er stellte eine große Untätigkeit in den Reihen der Regierungsmitglieder fest: Sie schauen zu, wie massenweise Italiener desertieren, warf er der Regierung Mussolinis vor. Auch die Unternehmer zeigten keine Begeisterung für die neue Politik des Duce. In Piemont nahm die Teilnahme der Bevölkerung an Organisationen, der Unternehmer an Tagungen sichtlich ab. Pavolini selbst mußte eingestehen, daß die Lage des Faschismus nicht nur in Turin täglich prekärer wurde und daß es den Faschisten an Entschlossenheit, Orientierung, Ideen, ja auch an Mut fehlte[16].
Da kam der Bericht von Anfuso aus Berlin. Man schrieb den 20. September 1944: »Zieht man die Bilanz des ersten Jahres der Sozialen Republik, so muß man mit Bitterkeit feststellen, daß den großen Blutopfern, die die deutsche Wehrmacht für die Abwehr des Feindes vom italienischen Boden gebracht hat, keine entsprechenden ethnisch-politischen Leitbilder bei der deutschen Führung gegenüberstehen, die den italienischen nationalen Gedanken stützen und stärken könnten. Nachdem der neue faschistisch-republikanische Staat errichtet war, haben unsere Bundesgenossen nichts getan, um einem nationalen Organismus, der für die Italiener nur dann ein einigendes Symbol werden konnte, wenn er in der Achtung eines befreundeten Nachbarn wurzelte, natürlichen Charakter zu verleihen.«[17] Das war nun ein öffentlicher Affront gegen die Deutschen. Was viele mit dem Duce heimlich gedacht hatten, sprach der Botschafter in Berlin offen aus: Mit etwas gutem Willen hätte der deutsche Bundesgenosse dem neuen Staat von Salò zumindest das Gepräge einer nationalen Wiedergeburt geben können[18].

Botschafter Rudolf Rahn konterte: »Sie können nicht erwarten, daß die Reichsregierung durch eine verbindliche Anweisung an ihre nachgeordneten Dienststellen in Italien der republikanischen Regierung ein freies Arbeiten ermöglicht. Die republikanische Regierung heißt Mussolini.«[19]
Es wurde erwartet, daß Mussolini in Mailand zum Volk spreche, am besten am Jahrestag des Marsches auf Rom, um an Prestige, Autorität und Souveränität für Salò zu gewinnen. Zunächst zeigte sich Mussolini über den Vorschlag Anfusos nicht sonderlich begeistert. Er glaubte nämlich, daß er keine Befehlsgewalt mehr habe. Dann ließ er sich aber doch überreden, in Mailand eine große Ansprache zu halten, bei der er sogar verkünden wolle, der Regierungssitz werde vom Gardasee nach Mailand verlegt. Die Vertrauenskrise in seinem Verhältnis zu den Deutschen wurde damit offensichtlich. Das Blatt wendete sich jetzt immer mehr: Aus den noch kurz zuvor so oft betonten freundschaftlichen Verbindungen wurde mehr und mehr eine Haltung der Verbitterung, die deutlich genug dazu neigte, für das Versagen des neuen Staates von Salò den Deutschen die Schuld zu geben. Noch ein paar Monate zuvor hätte es Mussolini nie gewagt, von einem derart eigenwilligen Schritt zu sprechen. Es steckte noch mehr dahinter: Hatte Mussolini an Mut und Selbstvertrauen gewonnen oder war die politische Lage derart prekär, daß ein so eigenmächtiger Schritt nicht mehr ins Gewicht fallen konnte?
Im Teatro Lirico in Mailand fand sodann am 16. Dezember 1944 die letzte große faschistische Massenkundgebung in Italien statt. In seiner Rede ging der Duce mit Pathos und erhobenen Hauptes auf den Verrat ein. Auch den Abfall Rumäniens, Bulgariens und Finnlands als Verbündete bezeichnete er als unverzeihlichen Verrat. Noch einmal beschwor der Duce sein Volk und hob mit letzter Kraft und den äußersten rhetorischen Mitteln die Bedeutung seines Staates hervor, jene Bedeutung, die im Grunde zu dieser Zeit längst nur mehr ein Wunschtraum war: »Es ist Zeit, unseren italienischen, deutschen und japanischen Kameraden zu sagen, daß der Beitrag des republikani-

schen Italiens zur gemeinsamen Sache seit dem September 1943 – trotz der zeitweiligen Verkleinerung des Gebietes der Republik – weit größer ist, als gemeinhin angenommen wird.« Mit diesem Beitrag meinte der Duce in erster Linie die rund 786 000 italienischen Soldaten und Arbeiter, die den Deutschen zur Verfügung gestellt worden waren. In seiner Ansprache wies er ferner darauf hin, daß die Einberufung einer Verfassunggebenden Versammlung noch nicht erfolgt war. Solange der Krieg herrsche und solange die Republik noch nicht ihre eigenen Streitkräfte zur Verteidigung habe, sollte das nicht geschehen. Die Soziale Republik von Salò blieb bis zu ihrem kläglichen Ende ihrem Volk eine Verfassung schuldig. Zuletzt noch rief der Duce dazu auf, das Po-Tal mit allen Kräften zu verteidigen. Dabei versprach er zuversichtlich den Sieg und die Konsolidierung seines Staates: »Wir wollen, daß er republikanisch bleibt, bis ganz Italien republikanisch wird.«[20] Graziani, Pavolini, Finanzminister Giampietro Pellegrini, Buffarini Guidi, Barracu und Unterstaatssekretär Serafino Mazzolini suchten Botschafter Rahn auf, um ihm offiziell die Beschwerden der Faschisten zu unterbreiten. Sie verlangten eine Erklärung der Verhältnisse, »da 15 Monate nach der Gründung und feierlichen Anerkennung der republikanischen Regierung nicht länger der Eindruck herrschen darf, daß das Territorium, die Bevölkerung und die Vermögenswerte der Republik noch immer als Kriegsbeute betrachtet werden«. Graziani bemerkte in diesem Zusammenhang, daß die Deutschen ihre Politik, kompromißlos weiterhin die Aufstellung italienischer Streitkräfte zu verhindern, fortführen würden. Er betonte, die Deutschen wollten die Italiener nur als Arbeiter, nicht als Soldaten haben. Rahn protestierte zwar gegen diese Behauptung, das Fanal für den offenen Konflikt war nun aber längst gesetzt, sei es von Mussolini, sei es von den führenden Funktionären der Republik.
Ein anderer kalkulierter Schritt in den politischen Absichten der Deutschen, der zur Ohnmacht der Republik von Salò um ein weiteres beitrug, war die Schaffung von Operationszonen.

Adolf Hitler ließ der Verordnung vom 12. September zwei Tage zuvor eine Anordnung vorausgehen, die keine Zweifel mehr offen ließ: »Das von den deutschen Truppen besetzte italienische Gebiet gliedert sich 1. in Operationszonen, 2. das übrige besetzte Gebiet. Die Aufgaben und Befugnisse der Befehlshaber der Wehrmacht im gesamten besetzten italienischen Gebiet richten sich nach den hiefür allgemein geltenden Grundsätzen. Die Grenzen der Operationszonen werden nach militärischen Gesichtspunkten bestimmt. Das Gebiet des Apennin, die Gebiete südlich davon, sowie die italienischen Küsten- und Alpengebiete sind hiernach Operationszonen. Die obersten Kommissare in der Operationszone ›Adriatisches Küstenland‹, bestehend aus den Provinzen Friaul, Görz, Triest, Istrien, Fiume, Quarnero, Laibach, und in der Operationszone ›Alpenvorland‹, bestehend aus den Provinzen Bozen, Trient und Belluno, erhalten die grundsätzlichen Weisungen für ihre Tätigkeit von mir.«[21] Das übrige Italien, eben das »übrige besetzte Gebiet«, unterstand deutschen Militärbefehlshabern. Das SS-Kommando in Norditalien war verantworlich für die Sicherheit der deutschen Streitkräfte.

So entstanden auf Befehl Hitlers bereits vor der offiziellen Ausrufung des Staates von Salò zwei Verwaltungen in Triest und Innsbruck, die den Gauleitern Friedrich Rainer für die Operationszone Adriatisches Küstenland (Litorale Adriatico) mit mehr als 1 700 000 Einwohnern und Franz Hofer für die Operationszone Alpenvorland (Zona Prealpi) mit rund 850 000 Einwohnern unterstellt waren. Sie waren Hitler direkt verantwortlich. Es ging die Rede, die Gebiete an das Reich anzugliedern, Venetien sollte in einem losen Verband den Anfang bilden. Bezüglich den Grenzen der Operationszone Alpenvorland hieß es, sie verlaufe etwa gemäß der früheren österreichischen Grenze von der schweizerischen Ostgrenze, südlich Riva den Gardasee schneidend, greife dann unter Einschluß von Belluno über die alte österreichische Grenze hinaus und berühre vor Udine das Operationsgebiet Adria. Hier, genau in Triest, betreiben die Deutschen eine proslawische Politik und beabsichtigten, die Italiener und Slowenen gegeneinander auszuspielen. Die italienischen Kommandostellen in Slowenien wurden aufgelöst, die italienische Armee in Nordjugoslawien war von Italien abgeschnitten.

Hitler hatte von diesen seinen politisch-militärischen Absichten in den Rastenburger Septembergesprächen dem Duce gegenüber nichts erwähnt. Zwei Tage vor der Befreiung des Duce hatte Hitler die Schaffung dieser Operationszonen bereits angeordnet. Seit Juli waren die Vorbereitungen in Innsbruck und Klagenfurt im Gange gewesen. Ein Argument für die Schaffung der Operationszone lautete, daß erst dadurch die Verbindung zwischen dem Reich und Mussolinis neuem Staat gewährleistet und gesichert wäre. Ohne diese Zonen würden der Truppennachschub, ebenso Verpflegung und Sicherheit der deutschen Wehrmacht und der Streitkräfte Mussolinis in Bedrängnis geraten.

Es verstand sich von selbst, daß die beiden Gauleiter als oberste Kommissare völlig im Sinn der Deutschen handelten. Neben der politischen Kontrolle oblag ihnen auch die komplette Verwaltungshoheit. Franz Hofer zum Beispiel ersetzte die vom Innenministerium von Salò ernannten Präfekten durch eigene Vertrauensmänner. Italienische Amtsbürgermeister wurden durch örtliche ersetzt, Lehrer wurden ausgewechselt, Familiennamen geändert und eine Grenzpolizei wurde ernannt, die sogar die italienischen Faschisten penibel kontrollierte. Nicht anders agierte Hofers Kollege Rainer. Die Operationszone Alpenvorland stand demgemäß militärisch unter dem Kommando von General Joachim Witthöft. Die 44. Division und die SS-Leibstandarte Adolf Hitler hatten Anfang September die Italiener im Grenzgebiet entwaffnet, ab 9. September auch alle in Südtirol stationierten Streitkräfte. Hier, südlich des Brenners, wurde eine lokale Polizeitruppe eingesetzt, der Südtiroler Ordnungsdienst (SOD). Dementsprechend mißmutig betrachtete der Duce den Gang der Entwicklung. In den Operationszonen nämlich besaß die RSI keine nennenswerten Kompetenzen mehr, wie zum Beispiel zur Einberufung von

Soldaten. Einen schweren Schlag mußte die Republik des Duce hinnehmen, als ihr hier von den Deutschen verboten wurde, für die Faschistisch-Republikanische Partei zu werben und sie zu gründen.
Vergeblich legte der Duce gegen die Schaffung der beiden Operationszonen Protest ein. Vergeblich blieb auch sein Bemühen, die politische Verantwortung italienischen Funktionären und Vertrauenspersonen aus seinen Reihen zu übergeben. Im Gegenteil: Er mußte zur Kenntnis nehmen, daß es den Intentionen Hitlers entsprach, noch zwei weitere solcher Zonen zu schaffen: eine an der italienisch-französischen, eine an der italienisch-schweizerischen Grenze. Sie sollten nach den Plänen führender Vertreter der Wehrmacht im Einvernehmen mit Hitler die Bezeichnungen »Confine Svizzero« (Grenzgebiet Schweiz) und »Confine Francese« (Grenzgebiet Frankreich) erhalten. Mussolini legte energisch Protest ein und argumentierte, dann habe sein Staat keine Souveränität mehr. Diesmal war es Rahn, der ohnehin des öfteren für die Politik des Duce Verständnis aufbrachte, der einlenkte, und zwar nicht um den Beschwerden des Duce stattzugeben, sondern um interne Querelen – man war sich selbst in der Führung der Wehrmacht nicht über die sofortige Aufteilung und Verwaltung im klaren – zu beenden. Der letzte Versuch vom Februar 1944, die Operationszone Nordwest-Alpen zu begründen, blieb bis zum Ende der Achse Berlin-Salò und des Deutschen Reichs im Ansatz stecken.
Der Aufruf des Duce, in der Operationszone Adriatisches Küstenland mit allen Italienern einen großangelegten militärischen Block gegen die Übergriffe der jugoslawischen Befreiungsbewegung auf Venezia Giulia zu schaffen, scheiterte am Einspruch der Kommunisten. Für sie kam eine Kooperation mit Mussolini auf keinen Fall in Frage, obwohl der Duce Konzessionen in Aussicht gestellt hatte. Seine Absicht lag dabei ganz auf der Linie der Politik seines Staates, der in dieser Operationszone ohnehin um einen verstärkten Einfluß und Ausdehnung der Macht besonders auffällig bemüht war. Im

Januar 1945 rief Pavolini zur Gründung eines »blocco italiano« auf; diesmal war von einem »blocco nazionale« die Rede, wieder mit dem Ziel, in dieser Operationszone neue Anhänger und Sympathisanten zu gewinnen, um erfolgreich gegen politische, militärische und paramilitärische Übergriffe, kamen sie nun aus der italienischen Gegnerschaft oder den jugoslawischen Partisanen, agieren zu können. Wieder blieb jede Anstrengung ohne Erfolg.

Trotz aller deutschen Vormundschaft versuchte die Regierung Mussolinis, weiterhin Einfluß auf die Operationszonen zu nehmen, um die politische Konstellation ebenso wie die Grenzfragen, die ohnehin zu ständigen Streitigkeiten führten, nach ihren Vorstellungen zu gestalten beziehungsweise zu verändern. Die Argumente dafür lieferten Mussolini und die faschistisch-republikanische Regierung in den für alle sichtbaren Grenzabschirmungen, durch die der Staat von Salò an Glaubwürdigkeit im In- wie im Ausland stark verlor. Schnell bürgerte sich in der Operationszone Alpenvorland für die RSI der Begriff »Duce-Italien« ein. Diese für Mussolini beleidigende Definition seines Staates wurde alsbald auch im nördlicheren deutschen Sprachraum gebraucht. Parallel wuchs andererseits die Befürchtung, Mussolini würde auf die Operationszonen Anspruch erheben. Die neue faschistische Regierung von Salò mußte sich in die Belange dieser Provinzen einmischen, wollte sie nicht noch mehr isoliert dastehen. Außerdem traf es noch zu, daß ein ständiger Personenwechsel zwischen den einzelnen Gebieten der RSI und den Operationszonen erfolgte. Die obersten Kommissare verlangten Kontrollfunktionen über diese Bevölkerungsbewegung aus dem Staat von Salò. Fortan sollten Grenzschutzbeamte den Personenwechsel kontrollieren. In diesem Zusammenhang entstand schnell die Befürchtung, die italienische Bevölkerung werde daraus schließen, daß diese Gebiete von den Deutschen bereits annektiert seien. Anstelle der beantragten Grenzkontrollkompetenzen gestattete der Reichsbevollmächtigte sporadische Kontrollen, nicht vom deutschen Zollgrenzschutz durchgeführt, sondern

durch einzelne Organe der Obersten Kommissare und polizeiliche Melde- und Überwachungsvorschriften. In der Folge mußte jeder Einreisende den genauen Zweck seiner Einreise, beabsichtigte Aufenthaltsdauer und Unterkunftsmöglichkeit beim jeweiligen Präfekten der Provinz angeben und die Einreisegenehmigung einholen. Verschärft wurde das alles, als 1944 nur mehr wegen »dringender kriegswichtiger Dinge« eine Einreiseerlaubnis ausgestellt wurde.
Durch diese strengen Verordnungen der deutschen Grenzkontrolle an der italienischen Grenze war gewährleistet, daß einerseits niemand unerwünscht nach Italien einreisen konnte und andererseits alle erwünschten Reisen, auch bei Verweigerung des italienischen Sichtvermerks, durchgeführt werden konnten[22].
Es war dann zuletzt im April 1945, ein paar Tage vor seinem gewaltsamen Ende, noch ein Wunsch des Duce, mit den italienischen Streitkräften von Venezia Giulia die letzte Schlacht der Republik auf dem Boden der Provinz Triest, also in der Operationszone Adriatisches Küstenland, zu schlagen. Damit wollte er sich noch ein letztes Mal national und international rechtfertigen: Jeder sollte wissen, mit welchem Schmerz er die Schaffung dieser und auch der anderen Operationszone hatte hinnehmen müssen und daß er bis zum letzten Atemzug um die nationale Einheit Italiens, um die Verteidigung des Landes gegen die Invasoren, in diesem Fall jugoslawische Befreiungstruppen, gekämpft habe. Aber auch das blieb ein Wunsch. Er scheiterte am Veto der Deutschen. Was wunder: Zu dieser Zeit waren beide Staaten, insofern Salò überhaupt als selbständiges Staatssystem bezeichnet werden darf, kurz vor ihrem Ende. Bald jedes Kind wußte, daß es bis zum Zusammenbruch nur mehr wenige Tage dauern konnte.

VI.
Kein Staat ohne Streitmacht

Wie schon erwähnt, beabsichtigte der Generalbevollmächtigte für Arbeitsdienste, Fritz Sauckel, viele Italiener zur Produktion von Kriegsmaterial nach Deutschland zu transferieren, wogegen sich der Duce sträubte. Er sandte seinen Sohn Vittorio nach Berlin, um durch ihn bei den Deutschen eine Abkehr von diesem Plan zu erreichen. Vittorio traf mit Baron Steengracht vom Auswärtigen Amt zusammen. Dieser konnte angesichts der immer verheerender werdenden Situation der Deutschen an der Front für den Italiener nur wenig Verständnis aufbringen. Der Deutsche unterstrich, daß Deutschland sich nicht in die innere Politik des Staates von Salò einzumischen beabsichtige. Nachdem am Gardasee aber kein funktionierendes Verwaltungssystem vorhanden sei, müßten die Deutschen selbst konkrete Schritte unternehmen. Mussolini mußte in der Folge gute Miene zum bösen Spiel zeigen und nach außen hin die Bedeutung dieser italienischen Arbeiter im Deutschen Reichsgebiet für die italienische Volkswirtschaft hervorheben: Diese etwas weniger als 400 000 Landsleute schickten einige Milliarden Lire an ihre Familien, ohne die ihre Angehörigen nicht einmal über das Existenzminimum verfügt hätten.

Der Duce hielt von Anfang bis zuletzt daran fest, die Volksmassen wieder für den Krieg mobilisieren zu müssen. Diese Massen fand er einzig in der italienischen Arbeiterschaft, weshalb er gewillt war, Konzessionen an das Proletariat in Aussicht zu stellen, die in Wahrheit irreal waren. Eines kam dem Duce entgegen: Die Arbeiter waren aufgebracht, mehr als nur ein Hauch von revolutionärer Stimmung trieb sie auf die Straßen. Negativ jedoch wirkte sich die Kriegsmüdigkeit der Italiener aus. Um beiden Rechnung zu tragen, kursierte alsbald die Legitimierung der faschistisch-republikanischen Politik durch den Slogan der »Grundsätze der faschistischen Revolution«. Die Rede war von der Bedeutung dieses Unterfangens, von seiner »historischen Tragweite«. Die Arbeiter sollten mit dem Versprechen, daß dadurch alle sozialen Probleme gelöst würden, geködert werden.

Nichts interessierte Mussolini seit seinem Entschluß, den Staat von Salò zu gründen, mehr als die Aufstellung einer neuen nationalen faschistisch-republikanischen Streitmacht. Noch am Abend des 15. September hatte die Agentur Stefani die Wiederherstellung aller militärischen Truppenabteilungen und der Spezialeinheiten der Freiwilligen Miliz zur Aufrechterhaltung der nationalen Sicherheit im neuen Staat verkündet. General Renato Ricci, Chef der Opera Nazionale Balilla und durch mehrere Skandale belastet, erhielt zuerst vom Duce das Oberkommando des Milizia Volontaria per la Sicurezza Nazionale (MVSN), die immerhin von der RSI neben den Streitkräften errichtet wurde. Das war zwar offiziell die Geburtsstunde der neuen Streitkräfte von Salò, in Wirklichkeit aber die erste Stufe einer langen Leiter des Bittens und Flehens der Italiener bei den Deutschen um uneingeschränkte Kompetenzen in der Frage der Streitkräfte. Mussolini wußte längst, daß Goebbels, Keitel, Rommel und Kesselring energisch gegen die Aufstellung eines unabhängigen Heeres von Salò waren und den Staat als besetztes Land betrachteten, wie es etwa Polen war. Diese erste Stufe auf der Leiter war aber auch der Beginn anhaltender Intrigen, Lügen und Betrügereien; der Anfang eines Machtkampfes, der gleichzeitig den unaufhaltsamen Zerfall einer staatlichen Streitmacht signalisierte, die bis zu ihrem kläglichen Ende nie völlig in das dafür vorgesehene Ordnungssystem integriert werden konnte [1].

Weil Mussolini so schnell wie möglich eine neue Streitmacht haben wollte, stand er von Anfang an vor dem Problem, den besten, geeignetsten und dafür verantwortlichen General zu finden. Er dachte an Rodolfo Graziani. Am 22. September sprach Barracu im Auftrag Mussolinis mit Graziani in Rom und wollte ihn für das Amt des Verteidigungsministers gewinnen.

Anfangs hatte er keinen Erfolg. Zu sehr lebte der alte Haudegen Graziani noch mit der Erinnerung an das abessinische Abenteuer. Erst am folgenden Tag gelang es dem Botschafter Rahn, Graziani umzustimmen. Der Deutsche hatte ihn davon überzeugen können, daß allein eigene militärische Streitkräfte Kesselring und die anderen davon abbringen könnten, den neuen Staat als besetztes Land zu betrachten. In der Folge teilten Graziani und der Duce die Überzeugung, die vorrangige Aufgabe müsse darin bestehen, mit allen Mitteln gegen die Desertion zu arbeiten und die neuen Streitkräfte auf den militärisch neuesten Stand zu bringen, um den Ernst und die unverbrauchte faschistische Substanz innenpolitisch wie außenpolitisch zu demonstrieren.

Die Schaffung einer neuen Streitmacht bedeutete zugleich die Möglichkeit für den neuen Staat, eine neue Autorität und Souveränität zu gewinnen. Mussolini beabsichtigte, die Armee auf der Grundlage der Miliz neu aufzubauen. Himmler entwarf ein »Programm für die Aufstellung der italienischen Miliz-Einheiten«: »1. Dem Wunsch des Duce entsprechend wird die Waffen-SS Einheiten der italienischen Miliz aufstellen. 2. Das Ziel ist die Bildung von zunächst zwei Miliz-Divisionen.«[2] Wolff sollte die Aufstellung der Einheiten beaufsichtigen und beratend zur Seite stehen, allerdings sollten italienische SS-Einheiten nur Polizeiaufgaben nach dem deutschen System übernehmen. Der Duce und Graziani fühlten sich übergangen und protestierten gegen die Errichtung einer Miliz als einziger bewaffneter Macht im neuen Staat. Das Gerangel um die autonomen Kompetenzen in dieser Angelegenheit hatte also längst begonnen.

Wie sollte der Duce seinem Führungsauftrag gerecht werden können, nämlich mit einer eigenen Streitmacht an der Seite Deutschlands und Japans den Krieg zu Ende zu führen, um der Welt, wie er sagte, eine neue Ordnung zu bringen, wenn ihm von Anfang an die Luft zum Atmen abgeschnitten wurde? Er mußte, wollte er Erfolg haben, dem deutschen Führer schmeicheln. In seinen Briefen und Telegrammen wartete er deshalb mit immer neuen Sentimentalitäten auf. Teilweise erwiderte Hitler seine freundschaftlichen Äußerungen: Mussolini lenke mit großem Einfühlungsvermögen den neuen Staat und vergesse nie die Freundschaft und Kameradschaft mit Deutschland. Er schrieb dem Duce: »Ich drücke euch meine unerschütterliche Überzeugung aus, daß unsere beiden Völker, nach Ende dieses fatalen Krieges, einer neuen glücklichen Zukunft gemeinsam entgegentreten.«[3]

Beim Aufbau der neuen Streitkräfte wurde Graziani sehr schnell zum erklärten Kontrahenten Riccis, weil er verlangte, daß die neuen Truppen auf jeden Fall national organisiert und unpolitisch gehalten werden müßten. Die zentrale organisatorische Institution für alle Bereiche des Militärs wie der inneren und äußeren Sicherheit mußte das Innenministerium sein. Das wollte Renato Ricci nicht akzeptieren. In der Folge kam es zu harten Positionskämpfen, bis sich Mussolini endlich, zwar etwas zögernd, aber dennoch deutlich genug, hinter Graziani stellte. Ab November 1943 gab es nicht mehr die Unterscheidung zwischen Miliz, Marine und Luftwaffe, sondern die Aufteilung in Streitkräfte, Marine und Luftwaffe. Ganz im Sinne Grazianis bestimmten Artikel 19 und 20 der Gesetzgebung, daß Offiziere, Unteroffiziere und diensthabende Soldaten keine politische Tätigkeit ausüben dürften, auch nicht in geheimer Mission. Das war ein Sieg Grazianis, für Ricci eine große Niederlage, wollte er doch Oberbefehlshaber aller Streitkräfte der RSI werden. Die »Guardia Nazionale Repubblicana« (GNR) als Nachfolgerin der Miliz zählte aber nicht zu den Streitkräften, deshalb behielt sie ihren politischen Charakter als Polizei des Partito Fascista Repubblicano bei. Das Schwarzhemden-Korps sollte nach den Vorstellungen des Duce dem Heer, die Carabinieri und die Polizia Africana Italiana (P.A.I.) der GNR unterstellt werden, mit Ricci an der Spitze. Das bedeutete soviel, daß er die gesamte uniformierte Polizei befehligte, die nichtuniformierte Polizei jedoch dem Innenministerium unterstand. Insofern hatte auch Ricci gewonnen, weil er Chef der GNR wurde. Alles in allem war es eine Kompro-

mißlösung des Duce, der sowohl Graziani als auch Ricci als Vertrauensleute brauchte, wenn er auch oft gern darauf verzichtet hätte.
Im Hinblick auf die Aufstellung des nationalen faschistisch-republikanischen Heeres gab es mehrere Besprechungen, vor allem zwischen Verteidigungsminister Graziani und den Deutschen. Der italienische Minister erhielt vom Duce den Auftrag, mit den Deutschen über die neue Streitmacht zu verhandeln. Mussolini schrieb Hitler einen Brief, der die Stimmung wiedergibt: »Die große Masse der Bevölkerung ist noch betäubt von den Vorgängen zwischen dem 25. Juli und dem 8. September und schwankt zwischen dem Willen zum Wiederaufbau und einer Art resigniertem Faschismus.« Außerdem erläuterte der Regierungschef die Hauptaufgaben seines Staates, die er neben der Errichtung der neuen Streitmacht in der Bewahrung der Ruhe und der Aufrechterhaltung des zivilen Lebens sah. In diesem Zusammenhang beklagte er sich über die deutschen Militärkommandos, die von Provinz zu Provinz widersprüchliche Befehle gaben. Die Zivilbevölkerung hatte kein Vertrauen in den neuen Staat[4].
Am 9. Oktober traf Graziani in Rastenburg ein und sprach sofort mit Keitel, der ihm unverfroren unterbreitete, daß die Deutschen in Italien jegliche militärische Kontrolle aufrechterhalten wollten. Am Tag darauf sprach er mit Hitler, wobei es zuerst darum ging, die italienischen Gefangenen freizulassen. Hitler teilte nicht die Meinung Keitels und stellte Mussolinis Regierung autonome Kompetenzen bei der Aufstellung eigener Streitkräfte in Aussicht.
Zufrieden und nicht ohne Euphorie meldete Graziani nach Salò: »Die Deutschen sind bereit, uns zwischen vier und zwölf Divisionen zu gewähren.« Viel mehr aber ging es bei diesem Gespräch um die in Deutschland inhaftierten italienischen Soldaten: Seit dem 8. September waren nämlich weit mehr als 600 000 italienische Soldaten nach Deutschland deportiert worden, in Güterwagen gepfercht, schlecht versorgt und unter unerträglichen hygienischen Verhältnissen. Die Italiener wurden

von den Deutschen abschätzend »Badoglioten« genannt und als Kriegsgefangene behandelt.

Im SD-Bericht hieß es: »Seit der Kapitulation Italiens wurden Tausende von badogliohörigen Italienern durch die deutsche Wehrmacht in das Reichsgebiet gebracht. Sie gelten hier als Kriegsinternierte und werden nach den Genfer Bestimmungen behandelt. Im Laufe der letzten Wochen wurden diese kriegsinternierten Italiener über die einzelnen Stalags und Arbeitsämter in großen Massen hauptsächlich der Industrie und Landwirtschaft zur Arbeitsleistung zugeführt.« In der deutschen Bevölkerung stießen diese Italiener immer wieder auf Verachtung und Ablehnung. Denn die Deutschen behandelten sie nicht als Kriegsgefangene oder Internierte, sondern als »Verräter, die keine Schonung verdienten«.

Die nachfolgenden schriftlichen Belege bringen Niedertracht und Haß zum Ausdruck, die diesen Italienern entgegenschlugen: »Endlich ist der Zeitpunkt gekommen, wo wir mit diesen Krüppeln deutsch reden können. Bis jetzt hat man mit diesen Herrschaften sanft umgehen müssen, denn sonst hätte man sich einer Staatsbeleidigung schuldig gemacht. Jetzt wird ein anderer Wind pfeifen«, sagte ein Werksmeister. Ein Abteilungsleiter aus Linz meinte: »Bei mir wird es keine Drückebergerei dieser Katzinger geben. Ich werde sie überall dort einsetzen, wo es die miserabelste Arbeit gibt. Im Winter bei 30 Grad Kälte Schnee schaufeln und Höfe reinigen, das wird gerade die richtige Arbeit für diese Schweine sein.« Aus Berlin kam die Nachricht: »Durchweg werden die Italiener mit starker Verachtung behandelt, die sich besonders in der ersten Zeit in abfälligen Äußerungen und Schimpfworten Luft machte. Man rief ihnen Badoglio-Schweine, Verräter, Schweinebande, Leierkastenmänner und ähnliche Ausdrücke zu. Auch wurden sie mit Schlagen und Aufhängen bedroht. Vielfach wurde auch vor ihnen ausgespuckt.« Ein Kaufmann aus Schwerin meldete: »Dieses Volk hat sich mit seinem Verrat an unserer Sache, an der Sache der Menschheit aus der menschlichen Gesellschaft ausgestoßen. Es verdient mit Juden zusammen genannt zu wer-

den, die für uns als Auswurf der Menschheit gelten. Wir dürfen uns nicht dazu verleiten lassen, aus Sympathie für den Duce die Italiener besser zu behandeln als sie es wirklich verdienen.« Und ein Meister aus Stuttgart: »Wenn mir ein kriegsgefangener Italiener zur Arbeit zugewiesen wird, werde ich mich weigern, denselben in der Arbeit zu unterweisen. Es ist eines Deutschen unwürdig, mit jemand zusammenzuarbeiten, der zuerst mitkämpft und uns nachher den Dolch von rückwärts in den Leib rennt. Mit solchen Verrätern will ich nichts zu tun haben.«[5]
Ganz so, wie es diese hier angeführten menschenverachtenden Aussagen wiedergeben, war es aber dennoch nicht. Viele der in den deutschen Lagern internierten italienischen Soldaten vertauschten ihre Uniform mit der deutschen und schlossen sich der Wehrmacht, Luftwaffe, Kriegsmarine oder SS an. Allerdings waren die Deutschen hinsichtlich ihrer Kriegstauglichkeit, Einsatzbereitschaft, Ausdauer und Verläßlichkeit äußerst skeptisch. Sie wollten es nicht wahrhaben, daß die inzwischen auf rund 60 000 Mann angewachsene Mannschaft für die Errichtung der vier neuen Divisionen »San Marco«, »Monte Rosa«, »L'Italia« und »Littorio« aus den deutschen Lagern freigegeben wurde (vgl. S. 117f.). Im Lauf des Jahres 1944 schickte die Republik von Salò 285 Eisenbahnwaggons mit Lebensmitteln, Medikamenten und Tabak zu den internierten Landsleuten nach Deutschland. Aber nicht alle Waggons des Roten Kreuzes der RSI erreichten das Ziel, auch nicht all jene 53 Ladungen mit Kleidungsstücken.
Im Lauf des Jahres 1944 trachtete Mussolini einerseits immer dringlicher danach, die italienischen Internierten in seine neue Republik zu überführen. Er mußte aber andererseits einsehen, daß ein solches Unternehmen große Probleme in bezug auf Unterbringung in geeigneten Wohnheimen und Lagern und die gesellschaftliche wie militärische Integration aufwerfen mußte. Wie alle wußte auch er, daß diese ehemaligen Soldaten dem Faschismus und dem Krieg abgeschworen hatten. Gäbe sie Deutschland nun frei, und sie kämen nach Italien, stand ernsthaft zu befürchten, daß sie haufenweise auf die Seite des

Widerstandes überlaufen würden. Deshalb betrachtete Mussolini es nicht gerade als Nachteil, wenn Deutschland sie weiterhin behielt. Allerdings setzte er sich mit seinen Diplomaten vehement für eine bessere Behandlung ein.

Es waren immerhin mehr als 620 000 Soldaten, die nach Deutschland gebracht worden waren. Von Tag zu Tag zeigte sich bei vielen immer mehr Apathie gegenüber Krieg und nationalem Patriotismus. Sie lebten in miserablen Verhältnissen; im Lager Schokken in Posen gab es pro Mann täglich nicht mehr als 300 Gramm Brot, einen Teller Gemüsesuppe, 650 Gramm Kartoffeln, 25 Gramm Beinfleisch, 25 Gramm Margarine und ein Löffelchen Zucker. Der Tagesablauf in diesen Internierungslagern war spartanisch: drei Appelle am Tag, um neun Uhr morgens und um vier Uhr nachmittags Aufenthalt im Freien, stets in Reih und Glied, nach 21.30 Uhr absolute Nachtruhe. Es gab keine medizinische Betreuung, es fehlte der religiöse Beistand. Der faschistisch-republikanische Diplomat Luigi Bolla meldete, das Befinden dieser Internierten verschlechtere sich von Tag zu Tag, viele seien an Tuberkulose erkrankt, der Haß dieser Italiener auf Deutschland wachse ständig, ebenso die Wut auf Italien, von dem sie sich vergessen glaubten. Anfuso wandte sich im März 1944 erneut an das Auswärtige Amt und beklagte sich vehement wegen dieser Mißstände. 30 bis 40 Prozent, so schrieb er in seinem Memorandum, litten an Tuberkulose; es sei besser, sie zu erschießen, als sie in diesen hygienisch und medizinisch desolaten Zuständen weiter schmachten zu lassen.

Auch der Duce versuchte während seines letzten Zusammentreffens mit Hitler am 20. Juli, eine Verbesserung der Lage der italienischen Internierten zu erreichen. Mussolini wollte die Deutschen dazu bewegen, die Inhaftierten verstärkt als freiwillige Arbeiter zu beschäftigen. Ferner regte er seine Landsleute dazu an, sich den Arbeitsaufforderungen nicht weiterhin zu widersetzen. Das war dann auch der Fall. Anfang Januar 1945 waren es nur mehr 69 300 Italiener, die jegliche Kooperation mit den Deutschen verweigerten. Die anderen hatten es inzwischen vorgezogen, für Deutschland zu arbeiten. Sie hatten eingesehen, daß es ihnen als »arbeitende Italiener für das Reich«, vor allem in der Landwirtschaft und Industrie, auf jeden Fall besser ging denn als »Internierte in den Lagern«, wo viele mehr vegetierten als lebten. Erst im März 1945 gelang es der Diplomatie von Salò, viele von den internierten Italiener in die Heimat zurückzuführen. Es handelte sich um Schwererkrankte. Zuletzt, nach dem Zusammenbruch des Reichs, waren es weit mehr als 30 000 dieser unglücklichen Italiener, die ihre Heimat nicht mehr wiedersahen. Ein Teil von ihnen mußte das Leben nicht wegen mangelhafter Ernährung oder Krankheit lassen; unter den Trümmern der von den Alliierten bombardierten Städte, Dörfer und Häuser lag auch so mancher Italiener, der vor der Entmachtung des Duce in den Krieg gezogen war, danach aber mit Mussolini nichts mehr hatte zu tun haben wollen.

Nach seinem Treffen im Oktober nach Italien zurückgekehrt, verfaßte Graziani mit Emilio Canevari, einem ehemaligen Geheimdienstoffizier, eine Denkschrift über den Aufbau der italienischen Wehrmacht. Man brauche sie, um einen Bürgerkrieg in Italien zu vermeiden, hieß es darin, die Armee müsse national sein und eine absolut einheitliche Führung haben. Freiwillige sollten als Kader aufgestellt werden, und die Deutschen sollten moderne Waffen zur Verfügung stellen[6]. Die Ausbildung zum Waffen- und Heeresdienst sollte von Deutschen nach deutschen Vorschriften erfolgen, auch die höhere Führung sollte deutsch sein. Wie sehr die neuen Streitkräfte also von den Deutschen abhängig waren, zeigt auch die Eintragung Joseph Goebbels' in sein Tagebuch, in der er deutlich zum Ausdruck bringt, daß auf deutscher Seite von einer Souveränität Italiens in der Frage der Streitkräfte nie die Rede gewesen war[7]. Dennoch schwärmte der Duce von seinen neuen Streitkräften, die nach seiner Einschätzung bis spätestens April 1944 einsatzbereit sein würden und mit denen er Süditalien zurückerobern wollte[8].

Bei den Verhandlungen im Oktober in Berlin hatte Canevari konkrete Zusagen erwirkt: Es sollten gemischte italienisch-deutsche Verbände mit Freiwilligen aufgestellt werden. Als italienische Armee in Deutschland waren vorerst einmal drei Infanteriedivisionen und eine Alpinidivision mit zehn Artillerieabteilungen vorgesehen. Sie sollten von den Deutschen ausgebildet werden. Diese italienischen Rekruten wurden bis zum 15. November in den deutschen Ausbildungslagern erwartet. Bei der zweiten Ministerratssitzung der neuen Regierung von Salò am 27. Oktober stellte sich der Duce diesen mit den Deutschen getroffenen Vereinbarungen nicht entgegen, sondern äußerte sich sogar zuversichtlich. Des weiteren verkündete er, daß die freiwillige Miliz für nationale Sicherheit zuständig sein und als Schwarzhemdenkorps in die Armee integriert werde. Deutlich wurde zum Ausdruck gebracht, daß jene Streitkräfte, die auf der Seite der Verräter vom 25. Juli gestanden hatten, von der neuen Regierung nicht mehr akzeptiert wurden, von den höchsten Militärs der königlichen Streitkräfte, Marine und Luftwaffe bis zum einfachen Soldaten.

Der Verteidigungsminister schloß aber nicht aus, sie in die neuen Streitkräfte der RSI aufzunehmen. Er schätzte die Lage völlig richtig ein, denn wenige der Italiener waren bereit, sich diesen neuen Militärs anzuschließen. So wollte Graziani auf die in Deutschland Internierten zurückgreifen. Er verlangte lediglich, daß sie sich den neuen Bestimmungen unterordneten. Während der Sitzung wurde rückwirkend der 9. September als Gründungstag der neuen nationalen republikanischen Streitkräfte festgelegt. Carabinieri und Finanzbehörden blieben weiterhin im Amt, um die Ordnung aufrechtzuerhalten, wie es hieß[9]. Später, kurz vor Ende des Jahres 1943, beschloß der Ministerrat die Fusion von Miliz, Carabinieri und polizeilichen Hilfstruppen. Das war notwendig geworden, wie der Rat am 16. Dezember erklärte, um die Homogenität und funktionskräftige Struktur der neuen in Aussicht gestellten Verfassung zu garantieren. Die »Polizia Repubblicana«, wie dieses neue Exekutivorgan nun hieß, erhielt erwartungsgemäß eine Reihe von Sonderbefugnissen.

Führende faschistisch-republikanische Funktionäre sprachen

sich sodann gegen eine republikanische Armee aus, weil eine solche, sollte sie auf nichtpolitischer Grundlage, also vorwiegend mit Zivilisten und Freiwilligen besetzt werden, lediglich den Deutschen dienen werde. Solche Leute – immerhin handelte es sich um Freiwillige, also durch und durch zum Duce stehende Italiener – benötigte man vielmehr bei der Polizei. Überdies befürchtete man, daß das italienische Volk empfindlich reagieren würde. Canevari äußerte sich besorgt wegen der großen Divergenzen, die trotz mehreren Gesprächen zwischen Italienern und Deutschen bezüglich der Errichtung der neuen Armee bestanden. Der Duce mußte endlich die mit Graziani vereinbarten Richtlinien realisieren. Das bedeutete, die Einberufung der im letzten Quartal des Jahres 1924 Geborenen auszuschreiben. Anfang November wurde der Gestellungsbefehl für den Jahrgang 1925 und den des letzten Quartals 1924 bekanntgegeben.

Viele leisteten dem Aufruf Folge. Zugleich kam es aber zu Schwierigkeiten, weil in den verschiedenen Provinzen weder genügend Kasernen noch Ausrüstung und Bekleidung vorhanden waren. Es fehlte an allem, von der Rekrutenuniform bis zur Munition, vom Geld bis zu militärisch kompetenten Ausbildern. Einerseits hatten die Deutschen hier für einen reinen Tisch gesorgt und beschlagnahmt, was immer in militärischer Hinsicht von Wert gewesen war. Andererseits raubte und plünderte nach Bekanntwerden des Waffenstillstands die eigene Bevölkerung. Die Italiener bestahlen ihre eigenen Landsleute. Rodolfo Graziani ließ auf dem Schwarzmarkt militärisches Material ankaufen, während italienische Soldaten mit den Deutschen Tauschgeschäfte machten: Granatwerfer für Öl, Munition für Schnaps. Täglich gewann das Leben der Menschen eine größere Bedeutung als der Krieg. Was nützten Gewehr und Munition, wenn der Mittagstisch nicht gedeckt werden konnte!

Parallel kam es aber auch zu einer geradezu systematisch durchgeführten Desertion. Allein in den Monaten März und April 1944 desertierten 25 000 Mann. Private Armeen entstan-

den, private Polizeieinheiten, die ihre eigenen Wege gehen wollten. Das Resümee im Dezember 1943 lautete: »Am Ende des Jahres bot der Mischmasch unkoordinierter bewaffneter Scharen, die nominell der Republik von Salò unterstanden, ein chaotisches Bild.« Das Chaos und der Konkurrenzkampf in den einzelnen militärischen Organisationen wurden täglich größer. Jeder Funktionär beanspruchte eine eigene Polizeitruppe und einen Nachrichtendienst. In dieser Situation trieb Kesselring Hitler an: »Wir müssen all dem ein Ende machen und Italien ohne weiteres Aufhebens zum besetzten Gebiet erklären, so, wie es in Belgien und Holland geschehen ist.«[10]
Jeder neue Soldat der RSI mußte folgenden Eid ablegen: »Ich schwöre, der RSI zu dienen, ihre Verfassung und Gesetze zu verteidigen, in ihrer Ehre, auf ihrem Territorium in Friedens- wie in Kriegszeiten, und mich bis zum äußersten dafür aufzuopfern. Ich schwöre das vor Gott und vor den für die Einheit und Unabhängigkeit der Heimat Gefallenen.« Dieser Eid mußte einzeln geleistet werden. Ein Kollektivschwur wurde ausdrücklich untersagt[11].
So gab es insgesamt noch vor dem Ende dieses Jahres drei Gruppen bei den italienischen Soldaten. Da waren einmal die bündnistreuen italienischen Soldaten, die für Deutschland kämpften; da gab es jene italienischen Soldaten, die nicht für die Deutschen kämpften; und da waren schließlich noch jene, die Widerstand leisteten und mit den Alliierten oder Partisanen paktierten. Allein unter Kesselring dienten über 100 000 italienische Hilfskräfte, rund 51 000 waren beim Bodenpersonal und der Flak eingesetzt. Trotz diesem Durcheinander war der Duce Anfang 1944 recht zuversichtlich. Die in den Bergen verstreuten militärischen Truppen, die tatsächlich schon sehr bald zu einer großen Herausforderung werden sollten, rangen ihm zu diesem Zeitpunkt lediglich ein leises Lächeln ab. Er klassifizierte sie als ein paar orientierungslose süditalienische Soldaten, die keine Gefahr darstellten. Tatsächlich handelte es sich jedoch um Partisanen, die systematisch daran arbeiteten, dem republikanischen Duce-Faschismus den Garaus zu machen. Im

übrigen sah der Duce zuversichtlich den kommenden Monaten entgegen, in denen sich nach seiner Erwartung die Kasernen bald mit den Einberufenen füllen würden. Sollte das eintreffen und sich niemand davor drücken, so würde das das endgültige Zeichen dafür sein, daß die Krise überwunden wäre.
Rahn hatte ihm mitgeteilt, daß die Deutschen über die Zuverlässigkeit bestimmter Offiziere aus dem alten Heer besorgt seien. Sie befürchteten, daß sie die Gewalt in Italien an sich reißen könnten. Besonderen Anlaß zur Besorgnis aber gab das Vorhaben Grazianis, die Ausbildung der Rekruten nicht mehr in Deutschland, sondern in Norditalien durchführen zu wollen. Es blieb also bei den vier in Deutschland aufgestellten Divisionen, wobei der Duce beabsichtigte, die erste Division sofort nach der Ausbildung an die Front zu schicken; die anderen drei sollten folgen, wenn sich die erste im Krieg ausgezeichnet hatte[12]. Der Duce jedoch änderte seine Meinung und erklärte gegenüber dem deutschen Botschafter, die vier Divisionen nicht bloß aus jenen in Deutschland internierten Italienern aufstellen, sondern ab der zweiten Januarhälfte 1944 Italiener aus seinem Staat schicken zu wollen. Zudem versprach er, das Kriegsministerium zu säubern und Canevari wegen antifaschistischer Äußerungen zu entlassen. Noch vor Jahresende, am 4. Dezember, wurde dieses Versprechen des Duce in Gargnano bestätigt. Canevari wurde tatsächlich entlassen, die vier Divisionen wurden nach Deutschland geschickt. Mit der Konferenz vom 4. Dezember wurden nach langen Verhandlungen die sogenannten Berliner Protokolle durch Mussolini angenommen. Er und seine Funktionäre hatten gegenüber den Deutschen nachgeben müssen. Mussolini erhielt somit keine eigene unabhängige Streitmacht[13]. Einmal mehr kam damit deutlich zum Ausdruck, daß die Deutschen nie das Interesse gehabt hatten, eine eigenständige italienische Wehrmacht zu gestatten.
Die vier italienischen Divisionen in Deutschland zeigten Meldungen in den italienischen Medien zufolge Kampfgeist und Einsatzbereitschaft. Nach der Begegnung mit Hitler auf Schloß Kleßheim bei Salzburg im April 1944 besuchte Mussolini das

Ausbildungslager der Division San Marco in Grafenwöhr. Der Duce wurde mit seinem Sohn Vittorio, Graziani und einigen deutschen Beratern von den rund 12 000 Männern und 600 Offizieren mit großem Jubel begrüßt. Zuerst unterhielt sich Mussolini mit den Soldaten, dann bestieg er ein Podium. Er fühlte sich mit einem Male wieder in seinem früheren Element. Zuerst überbrachte er die Grüße der RSI, dann verfiel er in eine heroische Euphorie: »Ihr seid in dieses große mit uns verbündete Land gekommen, das sich nun im fünften Jahr dieses erbitterten Krieges, mehr denn je eisern, entschlossen, unerschütterlich, verwandelt in eine gigantische Werkstatt, in eine einzige Kaserne, präsentiert. Hier kennen die Männer und Frauen, Alten und Kinder keine Zeit mehr, wenn sie arbeiten, während die Soldaten unter dem Banner des Führers kämpfen. Ihr seid hierhergekommen, und hier bleibt ihr die nötige Zeit, um euch in den modernsten Kriegstechniken ausbilden zu lassen. Ihr habt das besondere Privileg, hier lernen zu dürfen, und damit habt ihr die höchste Ehre, an die Front zum Kampf zurückzukehren.« Noch bevor der Duce mit seiner kräftigen Stimme und mit geballter Faust das Wort »Italia« in die Menge schleuderte, schallte es ohrenbetäubend aus den Reihen der Division. Noch Minuten hielt der Widerhall an. Wie die Wellen des aufbrausenden Ozeans toste das inzwischen zum Schlachtruf gewordene »Italia« aus der Menge[14].

Bei seinem nächsten und letzten Treffen mit Hitler am 20. Juli 1944 in der Wolfsschanze in der mückengeplagten Moorlandschaft der Masurischen Seen stattete der Duce den anderen drei italienischen Divisionen im Reich einen Besuch ab. Wieder war die Freude der Soldaten unbeschreiblich. Schließlich kehrten in diesem Sommer 1944 diese rund 55 000 Mann nach Italien zurück, wo sie in den Zonen bei Ventimiglia, am St. Bernhard-Paß und bei Genua und La Spezia stationiert wurden.

Wie sah es nun insgesamt mit den Streitkräften und dem gesamten Militär des Staates von Salò aus? Darüber genaue Angaben zu machen und Zahlen zu liefern ist ein schier unmögliches Unterfangen, wenn auch in der italienischen historischen Forschung zahlreiche, aber immer wieder widersprüchliche Angaben gemacht werden. So viel steht fest, daß viele Männer sich freiwillig meldeten, viele aber desertierten. Es kam deutlich genug zum Ausdruck, daß unter den Italienern von Salò genug Patrioten waren, Faschisten, Gegner des Kapitalismus und der Monarchie, die an die sozialen Versprechungen des Duce glaubten und in seinem Sieg den Weg in eine nationale und bessere Zukunft erblickten. Die Triebfedern für ihren aktiven Beitritt zu irgendeiner militärischen Institution sind gerade darin zu sehen; dazu kam noch, daß sich jeder dieser Männer an der Seite des Duce wie ein kleiner Held der Heimat fühlte. Die Parolen, die Mussolini in der Zeit seiner großen Auftritte diesen Menschen eingehämmert hatte, lebten in ihren Herzen unerschüttert weiter.

Das »Battaglione Bersaglieri Volontari Benito Mussolini« war die erste Truppe der treu gebliebenen Anhänger des Duce, die sich noch vor der offiziellen Proklamierung des Staates von Salò freiwillig auf dessen Seite geschlagen hatte. Sie kam im Isonzotal zum Einsatz, wo sie einen erbitterten Kampf gegen jugoslawische Partisanen führte. Während der knapp 20 Monate der Duce-Republik fielen an die 350 Männer dieser Truppe, rund 180 davon wurden am Kriegsende von den Kommunisten ermordet.

Die Waffen-SS von Salò wurde zu einer Eliteeinheit und zur 29. Waffengrenadierdivision der SS umgebildet. Eine einfache Kompanie bestand aus nicht mehr als 30 Männern. Insgesamt kam diese Waffen-SS nie über eine Stärke von maximal 6000 Mann hinaus. Im Kampf gegen die Alliierten verloren davon einige 100 ihr Leben.

Die Luftwaffe von Salò, die ANR (»Aeronautica Nazionale Repubblicana«), von Mussolini als Eliteeinheit bezeichnet, mit Piloten, deren Moral und Mut, Einsatz und Können er bewunderte, flog ab März 1944 Einsätze gegen die Alliierten. Die Deutschen zollten diesen Jagdbombern Respekt, sprachen lobend von ihren Erfolgen und hoben mitunter in den Wehrmachtsberichten ihre wagemutigen Einsätze hervor. Im

August ordneten die Deutschen die Einbeziehung der ANR in die deutsche Luftwaffe für die Operation »Phönix« gegen alliierte Stützpunkte an. Mussolini protestierte heftig dagegen. Erst nach mehreren Schreiben an Hitler konnte die italienische Luftwaffe wieder eigenständig Einsätze fliegen. Mutig warfen sich viele Italiener in den Kampf und verloren ihr Leben. So wie die 112 Fallschirmjäger am 4. Juni vor den Toren Roms.

Verglichen mit der Luftwaffe von Salò war die Marine weniger erfolgreich. Auch von ihr verlangten die Deutschen Unterstützung. Überhaupt wehte auf mehreren italienischen Kriegsschiffen die deutsche Flagge. Die Besatzung bestand dann aus Deutschen und aus Italienern. Valerio Borghese zeigte sich besonders für die Deutschen aufgeschlossen. Er stand an der Spitze der erwähnenswerten, sich von der allgemeinen Marine deutlich abhebenden Kleinkampfverbände »Decima MAS« (10. Schnellboot-Flottille). Er konnte zunächst erfolgreiche Angriffe auf englische Häfen unternehmen und erhielt von den Deutschen Unterstützung, was die deutsche Marineobrigkeit bemängelte. Sie befürchtete, daß Borghese sich mit seinem Verband zu selbständig machen könnte. Deshalb enthielten die Deutschen im Lauf der folgenden Wochen und Monate Borghese den nötigen Nachschub vor. Es zeigte sich auch hier, daß sie nicht an einer starken militärischen Kraft interessiert waren. Schließlich kursierte das Gerücht, Borghese wolle Mussolini stürzen. Seine Offiziere verhafteten den von der Regierung bestimmten Kommandanten der neuen Marinebataillone. Der Konflikt konnte jetzt nicht mehr beigelegt werden. Borghese wurde auf Befehl Riccis verhaftet. Es kam zum Gerichtsverfahren. Die Truppen Borgheses drückten ihm darin ihre Loyalität aus, indem sie die Drohung aussprachen, sollte Borghese militärgerichtliche Folgen zu erwarten haben, würden sie gegen Salò marschieren. Mussolini ließ das alles ziemlich kalt. Er hatte recht, denn alles versandete in bald unüberschaubaren Streitigkeiten. Borghese durfte sodann wieder auf seinen Posten zurückkehren und den Kampf gegen die Partisanen fortsetzen. Jetzt wurde die Zusammenarbeit zwi-

schen den Deutschen und der Decima MAS wieder besser. Die freiwilligen Verbände Borgheses unterstanden als Teil der republikanischen Truppen dem Verteidigungsminister Graziani. Ein gutes Verhältnis konnte sich aber nie entwickeln.
Bevor ich hier noch versuche, Zahlen anzugeben, ist es unumgänglich, noch einmal kurz auf die Polizei, die GNR und sodann auf die »Brigate Nere« einzugehen. Ich habe bereits erwähnt, daß in den größeren Städten der neuen Republik militärische und paramilitärische Truppen, Polizeieinheiten und bewaffnete Bewegungen entstanden, die der Kontrolle der Exekutive Mussolinis entglitten und schon bald auf eigene Faust, oft sogar mit eigenem Faustrecht gegen die Präfekten des Regimes von Salò agierten. Die Deutschen arbeiteten zuweilen mit solchen parapolizeilichen Einheiten zusammen. Über sie wollten sie noch detaillierter in den politischen Status quo von Salò und in die inneren politischen Bewegungen rund um Mussolini herum Einblick und Einfluß gewinnen.
Die GNR bestand aus den Rekruten der MVSN, den Carabinieri und der italienischen Polizei. Nirgends wurde so mit Zahlen übertrieben wie hier. Man sprach Anfang April 1944 von 140 000 Mann, vielleicht waren es so viele auf dem Papier, in Wahrheit waren es aber viel weniger, wie aus den Notizen Riccis hervorgeht. Dazu ist noch zu sagen, daß es sich insgesamt um keine geordnete Mannschaft handelte. So schrieb Ricci Ende Januar 1945, er habe nur mehr 30 000 Männer, mit denen er gegen die Partisanen und den Widerstand kämpfen könne[15]. Auf dem Papier waren es aber noch 81 450[16].
Wenn vorher von Disziplinlosigkeit die Rede war, so muß dem positiv entgegengehalten werden, daß das nicht überall der Fall war. Im Hauptquartier der GNR in Brescia zum Beispiel herrschten Disziplin, Ordnung und Zuversicht. Mussolini lobte diese Guardia wie sein liebstes Kind. Im beginnenden Frühjahr 1945 mußte er aber auch hier einen Rückgang der Begeisterung feststellen. Sofort besuchte er das Kommando und feuerte die Offiziere zum Durchhalten an. Bisher, so rief er ihnen zu, hätten sie aus eigener Kraft den militärischen Auftrag führen kön-

nen, jetzt könnten sie sich nicht mehr auf sich selbst verlassen; jetzt sei es notwendig geworden, mit Legionären, mit den Deutschen zusammenzuarbeiten. Mehr denn je verlange ihr Dienst absoluten Gehorsam. Jeder, der an dem Sieg zweifelte, der gehe bereits vor dem Feind in die Knie. Die Zusammenarbeit mit den Deutschen müsse täglich wachsen, perfekter und unbefangener werden. Verständigungsschwierigkeiten, Unterschiede des Temperaments könnten zwar auftreten, dürften aber nie die zwischenmenschliche Beziehung beeinträchtigen. Täglich müsse man sich daran erinnern, daß Italien und Deutschland im selben Boot säßen und gemeinsam siegreich in dem Hafen einlaufen wollten.»Und«, feuerte Mussolini weiter an, »laßt euch wohl gesagt sein, das Deutsche Reich kann nicht besiegt werden. Das deutsche Volk ist vor der Geschichte und vor Gott in seinem Handeln gerechtfertigt.« Nach diesen Worten brach Beifall aus in den Reihen der Guardia, und die Euphorie steigerte sich um ein Vielfaches, als Mussolini prophezeite, der Faschismus werde niemals aus der Geschichte Italiens gelöscht werden[17].

Neben der offiziellen GNR gab es noch eine Reihe anderer, großteils autonom handelnder bewaffneter Truppen, darunter die Brigate Nere von Pavolini und die bereits erwähnte italienische Waffen-SS Mussolinis, in Ausbildung und Kleidung dem deutschen Vorbild ebenso nachempfunden wie in Anmusterung und Ausbildung, die weitgehend im Reich erfolgte. Diese italienische Spezialeinheit, der insgesamt nicht derartig kompromißlose Einsatzbereitschaft wie dem deutschen Vorbild angelastet werden kann, bestand Ende November aus 13 Bataillonen, die nach Norditalien verlegt wurden, um hier den italienischen Widerstand zu bekämpfen und für die öffentliche Sicherheit zu sorgen. Ab Februar 1944 trug sie den Namen: 1. Italienische Freiwillige Sturm Brigade Milizia Armata.

Die Brigate Nere waren die Polizei der neuen Faschistisch-Republikanischen Partei. Mit der Idee ihrer Gründung entstand auch der Gedanke ihrer Formierung, als direkte Antwort an die Partisanen. In den Brigate Nere sollten sich alle Parteimitglieder vom 18. bis zum 60. Lebensjahr, auch Frauen (»Brigate Nere femminile«) zusammenschließen. Vorbild waren und blieben die »squadriste« (Sturmabteilungen) des Faschismus. Auch hierin wollte der Duce zu den Ursprüngen des Faschismus zurückkehren; zu jenen Aktionen, die seinerzeit angesichts der politischen, wirtschaftlichen und sozialen Krise bei der Bevölkerung Staunen und Bewunderung ausgelöst und dem Faschismus nicht nur viel Sympathie, sondern auch eine Masse von Anhängern verschafft hatte. Es war tatsächlich so, wie Pavolini während des Kongresses von Verona in das Plenum geschrien hatte: Die Zeit der Sturmabteilungen, der Squadristen, um sie beim Namen zu nennen, war der Frühling des Faschismus[18], deshalb bezeichnete er sie als Revolutionstruppen. Was lag da näher, jetzt in der Zeit des Spätherbsts und des anbahnenden Winters, als wieder an die Kraft des Frühlings zu erinnern und das ganze Pathos eines Blütenmeers aufs neue zu beschwören! Die Brigate Nere rekrutierten sich im Spätherbst aus einem hoffnungslosen Haufen faschistischer Extremisten; da waren alte, vom Leben gezeichnete Männer mit weißem Haar, dürr, abgemagert, aber immer noch voller Begeisterung für den Duce; da sammelten sich ehemalige Abenteurer, Tagelöhner, Kriegsinvaliden, ein paar unverbesserliche Squadristen; dazwischen war aber auch der eine oder andere Offizier, dann wurden wieder Jugendliche, ja Kinder gesehen, ehemalige Gruppenführer der Balilla. Pavolini verlangte Ordnung für diesen zusammengewürfelten Haufen: Jede lokale Truppe wurde angehalten, sofort Freiwillige zu rekrutieren. Alle männlichen Italiener zwischen dem 17. und 37. Lebensjahr, die nicht schon rekrutiert worden waren, mußten sich anmustern lassen. Die Brigate Nere führten die Organisation dieser Einberufungen durch. Der Erfolg war mäßig. Viele Italiener erfanden tausend Ausreden, von der Unabkömmlichkeit von zu Hause bis zur totalen Unlust, um der Rekrutierung zu entgehen. So waren in Wahrheit die Brigate Nere Ausdruck eines letzten Hilfeschreis einer von Schwäche und politischer Aussichtslosigkeit gekennzeichneten Partei.

Oft protzte Pavolini mit dem Wort Überzeugung, das er auch im Zusammenhang mit den Brigate Nere gebrauchte. Sie stünden mit voller Begeisterung und eben mit Überzeugung hinter dem Duce und dem neuen Staat und könnten es kaum erwarten, für ihn zu sterben. Dieses Wort Überzeugung machte oft die Runde und zählte zu den großen Lügen des Parteisekretärs. Da traf aus Verona die Nachricht ein, in den Reihen der Parteimitglieder und der Faschisten sei der Geist der Freiwilligkeit äußerst dürftig. Da hieß es aus Venedig, eine Gruppe militanter Extremisten protestiere dagegen, daß der kleine Haufen der römischen Squadristen es sich in der Lagunenstadt gutgehen lasse, statt uniformiert aufzumarschieren und für Ruhe und Ordnung zu sorgen. Der Bericht aus dieser Provinz durfte nicht verwundern: Von 1200 in den Brigate Nere Eingeschriebenen hatten über 700 das 37. Lebensjahr überschritten; von diesen 700 besaßen lediglich 355 Waffen und waren einsatzbereit. Ähnliche Zustände herrschten in anderen Provinzen[18].

Pavolini erklärte, es würden sich 30 000 Freiwillige für die Brigate Nere melden; später gab es etwas mehr als 20 000. Wolff betrachtete sie zunächst als vorteilhaft für die deutsche Politik, weil damit die Faschistisch-Republikanische Partei einer gewissen militärischen Kontrolle unterworfen war. Rahn glaubte, damit einen Widersacher gegen die Partisanen aufgestellt zu haben. Pavolini erwies sich folgerichtig im Partisanenkampf mit seinen Brigaden als skrupellos und fanatisch, in der Bevölkerung wurden die Beschwerden dagegen immer lauter. Im Grunde aber blieb ihnen der Erfolg versagt: Wo sie operierten, wurden die Partisanen stärker. Die Bevölkerung verachtete sie zunehmend, und Disziplinlosigkeit trat ein. Pavolini machte sich in seinen Aktionen immer selbständiger, so daß die Deutschen sie nicht mehr kontrollieren konnten. Der Parteisekretär war stolz auf seine Leistung, stolz eben deshalb, weil er selbständig und seiner persönlichen Eigenart gemäß handeln konnte. Aufgrund dieser Entwicklung ließ Wolff ihnen keine Waffen und Munition mehr zuteilen. Damit war das Ende der Brigate Nere vorgezeichnet.

Noch im Juli hatte Mussolini das Dekret zur Militarisierung des PFR erlassen. Auf Rat Pavolinis löste er die Partei als zivilen Verband auf. Ab dem 1. Juli mußten sich nun offiziell alle Parteimitglieder, insofern sie nicht den Streitkräften der Republik angehörten, bei den Brigate Nere melden[19]. Die Organisation der Partei sollte dadurch militarisiert und neu belebt werden. Wegen des inneren Widerstands, wegen der deutschen Interventionen, letztendlich auch wegen des unverkennbar herannahenden Endes blieb das alles ein Wunschdenken Mussolinis und Pavolinis.

Um jetzt auf die Zahlen der gesamten Streitkräfte des Militärs von Salò in ihrer Glanzzeit zu sprechen zu kommen, sei nochmals erwähnt, daß es sich um eine Annäherung handelt, die aber dem neuesten Stand der Forschung am nächsten kommt[20]. Das Heer bestand aus rund 143 000 Mann, die Marine aus 26 000, die Luftwaffe aus 79 000. Andere bewaffnete Truppen, die zum Teil auch deutschen Einheiten zugeordnet waren, wie zum Beispiel die Organisation Todt aus etwa 120 000, die Organisation Paladino aus 40 000, die »Militarisierten Arbeiter« in Deutschland aus 100 000, die Guardia Nazionale Repubblicana aus 150 000, die Brigate Nere aus 22 000 und die italienische Waffen-SS aus 6000 Mann[21].

VII.
Zurück zum Sozialismus?

Dem Sozialisierungsprogramm Mussolinis im Staat von Salò muß ein besonderes Augenmerk gelten: Inwieweit hat Mussolini einen sozioökonomischen Wandel eingeleitet und durchgeführt, und wie ernst konnte und kann dieser Aspekt seines politischen Programms gewertet werden? Zuerst aber zum Begriff der Sozialisierung, der im Italienischen mit dem Verb »socializzare« konziser und inhaltskräftiger vorhanden ist. Dieses Verb leitet sich ab vom französischen »socialiser«. Zumeist bedeutet es die Überführung des Besitzes der privaten Produktionsmittel in den Besitz einer Gemeinschaft, die nicht dem Staat, sondern den Arbeitern, die diese Produktionsmittel benützen, entspricht. Das Substantiv »socializzazione«, das zugleich den Akt und die Wirkung des »socializzare« beinhaltet, hat im Lauf der Zeit die fälschliche Bedeutung von Nationalisierung und Verstaatlichung angenommen. Der Duce und die Funktionäre seines Staates verstanden »socializzazione« und »socializzare« im obengenannten Sinn. Im Deutschen gebrauche und verwende ich die Begriffe Sozialisierung und sozialisieren in der gleichen Bedeutung, wie der Duce sie im Italienischen anwandte.

Weit mehr als vor seiner Entmachtung sprach Mussolini nun von den Italienern als Opfer der kapitalistischen Ausbeutung. Er verlangte eine Umgestaltung der italienischen Wirtschaft, die nun aber wegen der Kriegswirren mehr als zuvor von einer schweren Krise heimgesucht wurde. Im Zuge seiner Forderungen konstatierte er, daß die wahre Diktatur, der eigentliche Tyrann des Volkes der Kapitalismus sei. Jetzt, so warnte er, müsse darauf geachtet werden, daß diese Tyrannei nicht unterschwellig in die neue Struktur seiner Sozialisierung Eingang finde. Deutlich genug machte er darauf aufmerksam, daß in seinem Staat nicht nur in politischer, sondern vor allem in wirtschaftlicher und sozialer Hinsicht eine Gewissenserforschung angestellt werden müsse. Damit kehrte der Duce gewissermaßen zu jenen ursprünglichen Prinzipien, die die sozialistischen Anfänge seiner Karriere charakterisiert hatten, zurück. Jetzt, angesichts der verzweifelten Lage, wollte er vor allem durch die angekündigte Sozialisierung auf sich aufmerksam machen und gleichzeitig eine Entschuldigung für das Scheitern seiner vorangegangenen Politik finden. Mit aller Härte mußte er deshalb das gehobene Bürgertum und die Monarchisten verfluchen. Den Beobachtern konnte dabei aber nicht entgehen, daß es sich immer wieder um Alibiaktionen handelte, wie sie nur der Duce propagieren konnte.

Die Alternative war nun die Rückbesinnung auf die alten Werte, die ihm einmal so großen Zulauf verschafft hatten. Um sie wieder zu aktualisieren, mußte er mit dem Faschismus und dem alten Drumherum vor 1943 brechen. Das war notwendig, wollte er nicht nur beim Volk, sondern auch bei den Intellektuellen seines Staates, auch über die Grenzen von Salò hinaus, wieder an Glaubwürdigkeit gewinnen.

Ich habe schon mehrmals darauf verwiesen, daß Mussolini mit seinem Kriegseintritt bei der Mehrheit der italienischen Bevölkerung keinen überzeugenden Rückhalt fand. Solange es galt, Italien national, auch nationalistisch hochzustilisieren, einen festen Platz in der Weltpolitik zu besetzen, waren die meisten Italiener zutiefst patriotische Anhänger der Politik des Duce. Nach Italiens Eintritt in den Krieg, und mehr noch angesichts dessen für das Land unglücklichen Verlaufs, wechselten sie immer deutlicher die Gesinnung: Aus den schreienden Nationalisten wurden nachdenkliche Zögerer. Mussolini, weiterhin von seiner politischen Sendung überzeugt, mußte zusehen, wie im Kriegsverlauf die italienische Bourgeoisie auf die Seite der Westalliierten überging. Jetzt mußte er reagieren, sich etwas einfallen lassen, ihm kam die Sozialisierung in den Sinn. Er kündigte die Verstaatlichung der Großindustrie an und nannte dementsprechend seine Republik eine Soziale Republik.

Damit kehrte er zu seinen Jugendträumen zurück. Mit Schlagwörtern der Ersten Internationalen wollte er das verarmte, teilweise hungernde italienische Volk radikal für sich gewinnen. Vieles erinnerte jetzt wieder an die stürmische Zeit von 1919, an die Zeit nach dem Ersten Weltkrieg, die chaotischen Jahre vor dem Marsch auf Rom. Der Duce machte jetzt wieder Propaganda mit sozialrevolutionären und antikapitalistischen Parolen. Er wollte die Uhr um gut zwei Jahrzehnte zurückdrehen und war zumindest eine Zeitlang wieder von seiner Mission, Italien zu neuer Größe zu führen, zutiefst überzeugt. Lenin, den Mussolini persönlich in dessen Schweizer Exil kennengelernt hatte, kam wieder zur Geltung; von Produktionskontrolle durch Fabrikräte war die Rede, das utopische Wort von der »Neuen Klasse« kursierte wieder, Wörter wie Klasseninteressen und Klassenprivilegien waren wieder en vogue, vor Betriebsführern wurde gewarnt, denn sie beuteten die Klassen aus, ihnen dürfe man nicht trauen. Die Industriebetriebe sollten den Richtlinien der noch immer nicht ausgearbeiteten neuen Verfassung gemäß der direkten Leitung durch den Staat unterstellt werden.

Die Idee der Verfassunggebenden Nationalversammlung zur Konstituierung der neuen »Sozialen Republik« gab er bald auf. Jetzt versteifte er sich auf eine soziale Neuordnung, die für die Welt beispielgebend werden sollte. Rasch ließ er Sozialisierungsgesetze ausarbeiten und veröffentlichen, zum Entsetzen der italienischen Industriellen wie der deutschen Rüstungsindustrie. Das Kapital der Großbetriebe sollte von einem staatlichen Finanzamt verwaltet werden. Lediglich kleine, wirtschaftlich unbedeutende Betriebe durften weiterhin in Privatbesitz verbleiben. Allerdings behielt sich der Duce auch hier eine Beteiligung durch den Staat vor[1].

Die Abkehr des Duce vom Kapitalismus hatte zur Folge, daß er keine Gelegenheit mehr versäumen durfte, dagegen ins Feld zu ziehen. Der italienische Laie mag sich ebenso wie der eingefleischte Faschist in ein sozialistisches Land versetzt geglaubt haben: »Wer im kapitalistischen Regime von Verteilung des

Reichtums spricht, ignoriert die Entwicklung der Beziehungen zwischen Kapital und Arbeit, denn die Profite des Unternehmers werden nicht verteilt, sondern zur Gänze dem Kapital gegeben, das sich bemüht, den Arbeiter mit einem Lohn abzuspeisen, der hauptsächlich aufgrund von Angebot und Nachfrage im Kampf zwischen Kapital und Arbeit geregelt wird«, schrieb das Blatt *Popolo Repubblicano*. Die letzte Stunde des Kapitalismus habe geschlagen, prognostizierte der Duce und sprach damit den überzeugten Marxisten, für die das Verhältnis zwischen Kapital, Lohn und Mehrwert noch immer ein echtes Anliegen war, aus dem Herzen.

Das neue Regime nannte sich oft genug offiziell republikanisch-sozial, in der Regel wurde aber nur der republikanische Charakter betont. Damit Partei und Regime eine Konsistenz gewännen, sollte der neue Staat sozial, ja sozial-revolutionär sein. Auf diesen Grundkonsens hatte Mussolini 1922 aus Rücksicht auf die Monarchie verzichten müssen. Jetzt bot sich ihm endlich die große Chance, zu diesen früheren politischen Impulsen zurückzukehren. Und jetzt begann erst die breite Diskussion zu den konkreten Inhalten solcher sozial-revolutionärer Phrasen. Gewiß: Die Zeit, die dem Duce und seinem Staat noch gegeben war, reichte nie und nimmer aus, Theorien in die Tat umzusetzen, Impulse in Realitäten umzuwandeln. Zudem war Krieg. Dennoch: Über kein Thema ist im Staat von Salò mehr gesprochen und diskutiert worden als über das Modell der Sozialisierung.

Der republikanische Faschismus wollte durch die neue Betonung der Sozialisierung privater Betriebe seine neue, vom früheren faschistischen Kurs abgewandte Gewichtung artikulieren. Das Wort »Politik der Masse« fiel. Die Massen aber hatte der Duce seit jeher im Visier gehabt. Nun sollten sie in eine politisch und gesellschaftlich höhere Rangordnung treten, als effektive Partizipationsfaktoren der neuen Politik. Über die Sozialisierung wollte der Duce die breite Volksschicht schnell und überzeugend gewinnen. De facto sollte das auch heißen, daß damit diese Italiener direkt oder indirekt zu den Waffen

greifen und als Soldaten in den Krieg ziehen oder in der Heimat gegen den Widerstand kämpfen sollten.
Die Regierung ging daran, sämtliche Arbeiter, die irgendwie mit dem Staat in Verbindung gebracht werden konnten, direkt der staatlichen Verwaltung zu unterstellen. In den Staatsbetrieben, halbstaatlichen Unternehmen und in den privaten Fabriken wurden durch staatliche Verordnung Facharbeiter eingesetzt, die gemeinsam mit dem Arbeitspersonal für die Produktion mitverantwortlich zeichneten.
Mussolini beauftragte Angelo Tarchi, das Programm der Sozialisierung zu verwirklichen. Er verfaßte das Dokument »Grundsätze für die Neuordnung der italienischen Wirtschaft«, ein eigenes Ministerium wurde dafür errichtet. Zunächst einmal mußten die Deutschen dafür begeistert werden. Tarchi traf am 10. Februar 1944 mit Botschafter Rahn zusammen, der das Programm sofort guthieß, aber auf die verschiedenen Auffassungen der anderen Politiker verwies. Die Gauleiter in den beiden Operationszonen, Rainer und Hofer, waren von Anfang an dagegen. Von der Sozialisierung betroffen waren alle italienischen Unternehmen, wenn sie mindestens eine Million Lire investiert hatten oder mindestens 100 Arbeiter beschäftigten. Mussolini wollte die Genehmigung der Deutschen gar nicht erst abwarten, sondern gab das Dekret sofort bekannt, so sehr war er davon überzeugt, daß bestimmte Unternehmen wie etwa die Kriegsindustrie unter staatlichen Einfluß gehörten. Damit wollte er der Gefahr vorbeugen, daß kriegswichtige und die aus Deutschland gelieferten Rohstoffe von den Industriellen zurückgehalten werden könnten, um sie bei Kriegsende sofort zur Verfügung zu haben[2].
Bei der Ministerratssitzung vom 13. Januar in der Villa delle Orsoline in Gargnano stand die Sozialisierung auf der Tagesordnung. Lange wurde darüber diskutiert und debattiert. Viele einzelne Punkte wurden angesprochen. Vor allem über die Problematik der Arbeiterräte, Fabrikräte, über die Kompetenzen der Facharbeiter und über die verschiedenen konkreten Inhalte und Ziele der Sozialisierung herrschte lange kein

Konsens. Mussolini wollte ins Detail gehen, sprach nicht nur von den Großbetrieben. Die Sozialisierung sollte überall Leistung und Produktion steigern, so zum Beispiel auch in der Elektrizitätswirtschaft. Diese Steigerung konnte nur erzielt werden, indem der Arbeiter stärker in den Produktionsprozeß und in das Unternehmen eingebunden wurde.

Gemäß der Grundsatzerklärung sollten in der Republik von Salò ab Januar überall Arbeiterräte, »Consigli dei Lavoratori« genannt, an der Betriebsführung beteiligt werden. Diese neuen Räte hatten mit der politischen und wirtschaftlichen Mitbestimmung im Geiste des Rätesozialismus nichts gemein als den Namen. Es zeigte sich deutlich genug der Widerspruch im Programm des Duce, denn die Belegschaft und ihre Vertretung hatten de facto keine Kompetenz. Der Betriebsdirektor eines Staatsbetriebes, Betriebsführer genannt, war allein dem Staat gegenüber verantwortlich; nicht die Arbeiter wählten ihn, sondern die Regierung ernannte ihn. Der Chef eines Privatbetriebes war gleichzeitig der Unternehmer oder ein vom Betriebsrat gewählter Facharbeiter. Neu war die Bestimmung, daß jeder Betrieb einen von der gesamten Arbeiterschaft gewählten Fabrikrat haben mußte. Dieses Gremium informierte die Arbeiterschaft über Arbeitsprozeß und Produktion des Betriebes. Zugleich konnte sie über diesen Rat ihre Anliegen vorbringen.

Mussolini sprach in diesem Zusammenhang immer wieder von sozialrevolutionären Errungenschaften. Das Mussolini-Blatt *Popolo Repubblicano* veröffentlichte dazu eine verlogene Behauptung: »Die Aristokratie und der Kapitalismus haben, gemeinsam mit den Angelsachsen, Klasseninteressen und Klassenprivilegien zu verteidigen. Der Faschismus ist die Gefahr Nummer 1 für das Kapital, weil die Verwirklichung seiner Grundsätze unvermeidlich eine tiefgreifende wirtschaftliche und soziale Revolution in die ganze Welt trägt. Aus diesem Grunde konnte sich das plutokratische England mit dem italienischen Kapitalismus so leicht verbinden.«[3]

Das Blatt gestand hier unbeabsichtigt das völlige Versagen der

Politik des Duce ein, denn immerhin hatte er an der Spitze Italiens gestanden, als sich diese angebliche Verbindung zwischen dem plutokratischen England und dem italienischen Kapitalismus vollzog. Sehr wohl aber hatte der Duce während der vergangenen 20 Jahre vom Ende des Großkapitalismus und der Gleichheit der Menschen gesprochen, während er in Wahrheit auch vom Kapital und der Aristokratie zuerst hochfinanziert, dann getragen und zuletzt fallengelassen worden war. Das Blatt schrieb weiter: »Das ganze bürgerliche kapitalistische Gebäude bricht elend zusammen.«[4]

Die Verordnung über das Mitbestimmungsrecht in Großbetrieben wurde wegen des deutschen Vetos nicht genehmigt. Auch in den eigenen Reihen fand der Duce wenig Zustimmung. Selbst Arbeiter entlarvten das Dekret vielfach als Propagandamittel für den neuen Faschismus von Salò. Außerdem waren die Arbeiter ohne die nötige Ausbildung zumeist nicht in der Lage, die Verantwortung für die entscheidenden Posten in der Wirtschaft zu übernehmen. Sozialisierung bedeutete, einen emanzipatorischen Prozeß einzuleiten und durchzuführen, wobei auf bürokratische Einrichtungen verzichtet werden sollte. Das alles war politische Utopie, auch die Voraussetzung der sozialen Gerechtigkeit, nämlich durch eine gleichmäßigere Verteilung des Reichtums und eine Beteiligung der Arbeiter am Leben des Staates diesen ewigen Traum der Menschheit zu verwirklichen. Der utopische Charakter kam auch in dem oft zitierten Widerspruch in bezug auf Arbeit und Privatbesitz zum Ausdruck. Es hieß, was übrigens schon im Manifest von Verona festgehalten worden war, daß der Privatbesitz als Frucht der Arbeit und des persönlichen Sparens geschützt werde und vermehrt werden solle, daß aber durch den Privatbesitz andere Personen nicht Schaden nehmen, daß sich niemand durch die Arbeit anderer bereichern dürfe und diesem dadurch moralischen und physischen Schaden zufügen.

Der Duce wußte genau, daß er beides brauchte: das Kapital und die Arbeiterschaft. Beiden machte er Zugeständnisse; wenn es um einzelne Personen ging, erfuhr die Gegenpartei Abstriche.

Allerdings konnten Verbesserungen im sozialen Bereich erreicht werden. Im kleinen also hatte die Sozialisierung eher Erfolg, zum Beispiel bei der Einrichtung eines Hilfswerks für Arbeitsinvaliden, der Anhebung der Renten, der Umstrukturierung von Restaurants in Gemeinschaftskantinen oder in der Anpeilung der Preisstabilität[5]. Schnell aber erkannte die Arbeiterschaft, was da im Programm der Sozialisierung auf dem Papier stand, daß all das nicht in die Tat umgesetzt wurde. Zuhauf schlossen sich die Arbeiter den Partisanen an. In der Regierung wurde das so interpretiert, daß diese Menschen nicht bereit waren, ernsthaft Hand anzulegen, um die Produktion zu steigern. Auf jeden Fall wußte jeder Interessierte, daß die Soziale Republik des Duce wirtschaftlich in einer äußerst schwierigen Situation war. Am Einsatz der Arbeiter sollte es liegen, »die Grundlagen einer neuen Wirtschaft zur Verbesserung der Lebensbedingungen des Volkes und zur Erhöhung der Produktivität der Nation« zu schaffen[6].
Enttäuscht waren die Arbeiter auch darüber, daß die Wohnungsnot nicht behoben werden konnte. Jedem Arbeiter war das Recht auf eine Wohnung zugesichert worden. In der »Confederazione Generale del Lavoro« sollten alle Arbeiter gewerkschaftseinheitlich erfaßt werden. Das Motto lautete: Arbeit steht nicht mehr im Dienste des Kapitals, das Kapital steht im Dienste der Arbeit. Der Bourgeoisie war also der Kampf angesagt. Nun war es aber nicht so, daß sie in ihrer Gesamtheit zu den Alliierten übergewechselt war, wie zuweilen behauptet wurde. Das wußte Mussolini. Und er wußte auch, daß er sich mit den ihm verbliebenen bürgerlichen Anhängern gutstellen mußte. Da paßten die wirtschaftlichen Postulate, die Profite seien zwischen Arbeitern und Kapital zu teilen, nicht ins politische Programm. Mussolini beschwichtigte. Im Widerspruch zu früheren Aussagen erklärte er, das Privateigentum bleibe die Grundlage der italienischen Wirtschaftsordnung; wenn schon ein sozialer Strukturwandel erfolgen werde, so geschehe das nach wohlüberlegten Schritten[7].
Andererseits aber mußte er schon wegen seiner Versprechen

daran festhalten, die Großindustrie zu verstaatlichen. Wollte er die Masse der Arbeiter für den Krieg mobilisieren, konnte er nicht davon absehen, sie in die Verantwortung für die Produktion zu integrieren. Demzufolge wurden zu Anfang des Jahres 1945 Unternehmen, unter anderem die FIAT, Alfa Romeo, die Eisenbahn der Lombardei und einzelne Zweige der Stahlproduktion, namhafte Verlage, darunter Zanichelli, Mondadori und Ricordi, sozialisiert.

Dabei hatte Mussolini seit der Proklamierung des neuen Staates gerade in dieser Hinsicht mit einer starken Opposition zu kämpfen. Erwartungsgemäß kamen aus den Reihen der linientreuen Faschisten starke Einwände. Allen voran aber lehnten die Nationalsozialisten diese linkstendierenden Projekte entschieden ab, vielleicht auch deshalb, weil sie gerade bei einem möglichen Erfolg den Duce ernsthaft zu fürchten hatten. Bombacci sah in Mussolini den Vollstrecker des nationalitalienischen Sozialismus. Es wundert nicht, daß da die Deutschen nicht zu begeistern waren. Wurde doch davon gesprochen, daß Mussolini, falls er ein neues Heer schaffe, auch eine Revolution durchführen werde, die ihm bislang nicht geglückt war[8].

Die Verantwortlichen der Rüstungs- und Kriegsindustrie (RUK) drohten norditalienischen Industriellen und Wirtschaftstreibenden, sollten sie dem Sozialisierungsprogramm des Duce keinen Widerstand leisten. Die Großindustriellen befürchteten den Abbau, ja das Ende ihrer Lobby, ihrer Privilegien und ihres Einflusses auf die Politik. Sie wehrten sich energisch gegen den Abbau der Hierarchie in ihren Betrieben. Den Deutschen ging es außerdem um eine Verlegung der großen italienischen Industriekomplexe nach Deutschland. Rahn intervenierte bei Arbeitsminister Tarchi und legte ihm die Zurücknahme der Sozialisierungsgesetze nahe. Als fadenscheiniges Argument diente dem deutschen Botschafter der Hinweis auf die Mentalität der deutschen Arbeiterschaft: Sie könne durch die Sozialisierung in Salò politisch verwirrt werden, was man in Berlin gar nicht gern sehe.

Augusto Spinelli folgte Arbeitsminister Angelo Tarchi, der die

Ressorts Industrie und Handel übernahm. Spinelli war früher Arbeiter in einer Druckerei gewesen. Die Deutschen befürchteten nun, daß in Druckereien Werbematerial für die Republik des Duce und Zündstoff gegen sie hergestellt werden könnte. Sie drohten jene Druckereien zu zerstören, die Sozialisierungsdekrete in Auftrag nahmen und vervielfältigten. Diesmal handelte der Duce schnell und verlangte von Spinelli, sich in seiner Handlungsfreiheit nicht weiter einschränken zu lassen. Drohend verwies er auf die Konsequenzen. Die Deutschen lenkten tatsächlich ein und ließen es bei der Einschüchterung bleiben. Hitler hielt im Zusammenhang mit der Sozialisierung insgesamt Mussolini die Stange. Er war gewillt, ihm in dieser Hinsicht freie Hand zu lassen, was aber weder dem Duce noch Tarchi und jetzt Spinelli etwas nützte. Denn solange die deutschen Funktionäre im Staat von Salò in der Sozialisierungspolitik nichts anderes als ein Abrutschen nach links sahen, konnte de facto wenig realisiert werden, sabotierten sie doch tagtäglich die verschiedenen konkreten Maßnahmen. Jeder geplante Schritt mußte den Deutschen gemeldet werden, sie wollten permanent in allen Bereichen der Sozialisierung auf dem laufenden gehalten werden, und für alles bedurfte es der deutschen Bewilligung. Wieder einmal zeigte sich die Ohnmacht der neuen Regierung des Duce; jede von ihr getroffene Entscheidung mußte in Absprache mit Rahn oder seinem Bevollmächtigten getroffen werden.

Eine große Streikwelle erfaßte ab Mitte November 1943 Norditalien. Die Arbeiter in den Industriebetrieben verlangten eine Gehaltserhöhung um hundert Prozent. Da konnten auch die Versprechen des Sozialisierungsprogramms nicht Ruhe in die Betriebe bringen. Das Volk litt Hunger. Auf den Straßen schrien die Streithähne: »Schluß mit der Politik, Schluß mit dem Faschismus; wir wollen Brot, Frieden und Freiheit.« Im Frühjahr des darauffolgenden Jahres nahmen im Staat Mussolinis die Streiks vermehrt zu. Die Opposition gegen den Duce ebenso wie die Deutschen, der Widerstand wie die Alliierten interpretierten diese großangelegten Streikwellen als Ausdruck des

Protests der breiten Arbeitermassen gegen die Sozialisierungspolitik des Duce. Der Turiner Streik Anfang März, dem dann Mailand und Genua folgten, wurde vom »Geheimen Aktionskomitee für Piemont, die Lombardei und Ligurien«, von kommunistischen Widerstandsorganisationen, ausgerufen. Die Turiner Polizei wurde Tage zuvor vom bevorstehenden Generalstreik informiert, an dem sich vor allem Arbeiter der FIAT und Eisenbahnangestellte beteiligten. 60 000 Arbeiter streikten[9]. Rahns Gegenmaßnahmen waren hart. Er verordnete einwöchige Aussperrungen, Besetzung wichtiger Betriebe durch Italiener und rief öffentlich zur Wiederaufnahme der Arbeit auf. Er drohte, wer nicht arbeite, werde zur Zwangsarbeit nach Deutschland gebracht[10].
Mussolini sprach von einem Vertrauensbruch. Dennoch wollte er den eingeschlagenen Weg fortsetzen, indem er am letzten Tag des Junis offiziell die Verwirklichung der Verstaatlichung und der neuen nationalen Wirtschaft bekanntgab. Das war eine maßlose Übertreibung: Neben den obenerwähnten Betrieben waren es insgesamt nicht einmal 70 weitere, in denen die Bestimmungen des Sozialisierungsprogramms eingeführt und in der kurzen Überlebenszeit des Staates von Saló zumindest teilweise angewendet wurden. Die Streiks hatten zur Folge, daß die Dekrete des Sozialisierungsprogramms liegenblieben und nie effektiv in Kraft traten.
Zuletzt, als das Ende des Faschismus unweigerlich bevorstand und der Duce sich allmählich nun auch von Deutschland abwandte, schleuderte er seine letzten verbitterten Worte in Richtung Berlin: Dort habe man auf allen Ebenen versagt, auch was die sozialen Versprechungen betraf. Die vielen ungelösten sozialen Probleme heulten vor dem donnernden Gewitter der Waffen. Alles, was dabei herauskomme, sei am Ende nichts anderes als eine Art Staatssozialismus, eine noch größere Versklavung, als sie schon unter dem Kapitalismus stattgefunden habe. Die Stahlbarone, die Magnaten der Schwerindustrie hätten unter Hitler nichts von ihrer Macht eingebüßt[11].
Jetzt, nach dem Ende dieses kläglich gescheiterten Modells,

stellt sich noch einmal die Frage, wieweit Mussolini im Staat von Salò Sozialist war. Eines steht fest: Er wollte zu den Ursprüngen des Faschismus, zur sozialen Revolutionierung zurückkehren. Der Sekretär Mussolinis, Giovanni Dolfin, resümierte später, »all diese Unternehmen des Duce seien ein einziges Durcheinander gewesen, viele konfuse Gespräche, kaum klare und konstruktive Ideen«. Der Sekretär gebrauchte in diesem Zusammenhang das Wort »kommunistoid«. Mussolini habe die gänzliche Beseitigung des Privatbesitzes verlangt; ein unsinniges Unterfangen, nachdem die Faschisten mehr als 20 Jahre gegen die Kommunisten und deren politisches Programm gekämpft hatten[12].

Da war einmal der Schüler des Philosophen Benedetto Croce, Edmondo Cione, der maßgeblich den Ton in der neu gegründeten Gruppe »Raggruppamento Nazionale Repubblicano Socialista« angab. Cione galt als Verfechter eines sozialrevolutionären Kurses und bei den Deutschen deshalb als kommunistoid. Er war für das Sozialisierungsprogramm des Duce unentbehrlich, weshalb er auch dessen persönlichen Schutz genoß. Cione war klug genug, seine Gruppe entsprechend sozial zu untermauern, damit das Ganze nicht als getarnte faschistische Erfindung entlarvt werden konnte. Er war auch intelligent genug, den Raggruppamento entsprechend zu präsentieren. Dennoch sprach von vornherein vieles gegen einen schnellen Erfolg – am meisten die Zeit. Denn als am 14. Februar 1945 die Gründung des Raggruppamento bekanntgegeben wurde, hatte weder Mussolini noch sonst eine ihm wirklich nahestehende Person die Möglichkeit, auf diesem Gebiet effektiv tätig zu werden. Da brachte es auch nichts mehr, den Titel des Regierungsblattes *Popolo d'Italia* (»Volk Italiens«) in *Italia del Popolo* (»Italien des Volkes«) umzuwandeln oder sogar im offiziellen Auftrag des Duce republikanische und sozialistische Schriften in Druck zu geben, darunter Werke von Friedrich Engels und Lenin.

Cione machte angesichts des sich anbahnenden Endes in der ersten Nummer des Blattes *Italia del Popolo*[13] keinen Hehl

mehr daraus, antikapitalistisch und gleichzeitig antifaschistisch zu sein und verkündete den »Krieg der Arbeit gegen das Kapital«.
Waren nun Mussolinis Besinnung auf sozialistische Werte, seine ausgesprochenen Bekenntnisse für das Proletariat und gegen den Kapitalismus getarnte Argumente oder tiefe innere Überzeugung? Auch hier steht eines von vornherein fest: Es waren und blieben Experimente; es waren auch krampfhafte Versuche des Duce, seine Ehre bei den Italienern und in der öffentlichen politischen Welt wiederherzustellen und erneut in das Rampenlicht der Macht zu gelangen.
Der Ansatz einer sozialen Revolution war auf jeden Fall gegeben, eine Reform, vielmehr noch eine völlige Veränderung der Sozialstrukturen der Gesellschaft und der Besitz- und Arbeitsverhältnisse in der Wirtschaft waren vorhanden; sie hätten für den Kontinent Europa tatsächlich eine Revolution bedeutet. Neben vielen anderen Faktoren scheiterte die Sozialisierung aber an der mangelnden Konsequenz der Realisierung, und dann schlichtweg einfach daran, daß es im gesamten Staat von Salò keine zentralen italienischen Verwaltungsstellen gab. Die Anhänger des Duce betonten deshalb auch fortwährend, daß das Sozialisierungsprogramm das erste tatsächlich für die Arbeiterschaft verfaßte sozialistische Dekret außerhalb der Sowjetunion sei. Einzig sie trauten dem Staat von Salò unter der Führung Mussolinis seine Umsetzung von der Theorie in die Praxis zu. Diese Apologeten des Duce zogen nicht ins Kalkül, daß gerade diese Sozialisierung im Grunde aus kontrarevolutionären Slogans gegen die von den Kommunisten ausgerufenen, forcierten und schließlich in den Betrieben verwirklichten Streiks war.
Im Grunde war Mussolini nie der Sozialist schlechthin gewesen, der im Sinne der revolutionären Sozialisten agierte und als Schüler Sorels bezeichnet werden könnte. Dafür aber war er beseelt von der Idee, ein neues nationales Ich freizusetzen; dazu aber mußte er zuerst einmal Anarchist sein. Um seiner Größe noch weiteren Auftrieb zu verleihen, mußte er das

Bewußtsein des Staates forcieren und erkennen, daß kein Anarchist über den Staat triumphieren kann, wenn er ihn nicht zuerst erobert. Es bleibt weiter dahingestellt, inwieweit die Errichtung der »Sozialen Republik« seine Erfindung war. Auf jeden Fall standen auch andere Männer dahinter. Ferner steht fest, daß mit dem zunehmenden Niedergang des Faschismus Mussolini immer krampfhafter nach einer Legitimation für seinen geschichtlichen Auftrag suchte. Er mußte mitansehen, wie der Faschismus in seinem Land zugrunde ging, er erlebte den Untergang des Nationalsozialismus. Und er mußte wahrhaben, daß vom Osten her Erfolge gemeldet wurden, die unter jenen Zeichen vorangetragen wurden, zu denen er sich einmal bekannt hatte. Was blieb da noch anderes, als sich erneut, allerdings gut 20 Jahre zu spät, zu solchen und ähnlichen Idealen zu bekennen, um nicht völlig an der Geschichte vorbeigelebt zu haben. Der Sozialismus war in diesen letzten Wochen und Monaten sein einziges Alibi für die Nachwelt. Hier, so glaube ich, ist zumindest eine wichtige Ursache für sein soziales und sozialistisches Engagement in Salò zu suchen.

Und um noch einmal die Welt zu täuschen, formte er drei Tage vor seinem Tod seine ausweglose Not in eine frenetische Tugend um: »Es tut mir nur leid, daß jetzt, da es Mussolini nicht mehr gibt, der Haß gegen die von ihm geschaffenen Institutionen fortdauert. Ich möchte die Republik Republikanern und Sozialisten und nicht ausgerechnet Monarchisten und Reaktionären überlassen.«[14]

VIII.
Ohne Geld und Post kein Staat

Münzen und Papiergeld, Briefmarken, Stempel- und Steuermarken repräsentieren die Staatsmacht, dienen der Selbstdarstellung des Regimes und sind bevorzugte Propagandamittel. Vor allem Geld und die verschiedenen Marken müssen im Kontext des gesamten italienischen Faschismus betrachtet werden.
Erst die Vergleiche zwischen dem Faschismus vor 1943 und dem des republikanischen von Salò lassen erkennen, wie komplex einerseits diese Frage war und welche Probleme andererseits der Duce zu bewältigen hatte. Es war nicht zu übersehen, welcher Mittel sich die RSI bediente, um einmal die Versorgung mit Zahlungsmitteln und Wertzeichen zu sichern; zum anderen den Geldumlauf trotz der Kriegskosten im Griff zu behalten; gleichzeitig der republikanischen Staatsform sichtbaren Ausdruck zu verleihen; ferner das Ideengut des »sozialen« Regimes zu vermitteln und schließlich die traditionellen Werte des Faschismus zur Geltung zu bringen. Vor allem bei den Briefmarken sind unerwartete Verschiedenheiten und Abstufungen der Souveränität feststellbar.
Mit Gründung des Staates von Salò herrschte zunächst großes Durcheinander: Der »Rukstab«, die Vertretung des deutschen Ministeriums für Rüstung und Kriegsproduktion, verhandelte mit der italienischen Staatsbank über die Gewährung von Krediten. Die Italiener sollten verstärkt den Krieg finanzieren. Mussolini hatte dagegen keine Einwände und gab grünes Licht. Botschafter Rahn hatte die Aufgabe, die Gelder zu verteilen. Er schloß mit Finanzminister Giampietro Pellegrini ein Abkommen über einen Kriegslastenfonds. Es wurden ein Lohn- und Preisstopp und die Kontrolle des Währungsumlaufs veranlaßt. Botschafter Rahn erreichte damit, daß in Oberitalien die Kauf-

kraft des Geldes nicht in dem katastrophalen Ausmaß deflationär war wie im Süden.
Vom September 1943 bis 25. April 1945 zirkulierten im Staat Mussolinis sämtliche kursgültigen Münzen des Königreichs. Der effektive Umlauf beschränkte sich auf die Wertstufen zu 2 Lire, 1 Lira, 50 und 20 Centesimi in Münzstahl sowie 10 und 15 Centesimi in Kupfer oder »Bronzital«. Vorderseitig Königskopf, rückseitig die Symbole von 1936: römischer Adler, Kopf der Freiheitsgöttin, savoyisches Kreuz (italienisches Staatswappen), stets in Kombination mit dem »fascio«, dem Liktorenbündel, dem Sinnbild der faschistischen Revolution. Die Münzen zu 1 und 2 Lire beziehungsweise 50 und 20 Centesimi dieser »serie imperiale«, ausgegeben zur Feier der Annahme des Titels »Kaiser von Äthiopien«, waren 1936 in Nickel erschienen, doch schon 1939 auf Chromstahl umgestellt worden, so auch die Kupfermünzen zu 10 und 5 Centesimi auf »Bronzital«, einer Legierung aus Kupfer, Aluminium und Zinn. Mit Kriegsbeginn wurden alle Münzen aus dem kriegswichtigen Nickel aus dem Verkehr gezogen.
Dem abnehmenden Kleingeldbedarf der Republik von Salò genügten die Stahlmünzen zu 50 und 20 und die Bronzitalmünze zu 10 Centesimi. Es gab keinen Anlaß, eigene Münzen zu prägen. Der Kleingeldbedarf an 1 und 2 Lire war ja reichlich durch die papierenen »Staatsscheine« gleicher Wertstufen gedeckt. So konnte sich der neue Staat Mussolinis auf die Fortprägung der Stahlmünzen zu 20 Centesimi beschränken. Zu diesem Zweck wurden im Stahlwerk »Cogne« im abgelegenen Aostatal, im Herzen der höchsten Berge Europas, eine Prägewerkstatt eingerichtet und dazu Maschinen aus der staatlichen Münze in Rom herangeschafft[1]. Das Berg- und Hüttenwerk der Gesellschaft »Cogne«, das der Produzent des neuen Münzmetalls »Acmonital«, eines Chromstahls, war, hatte schon seit 1939 die Rohlinge für die Stahlmünzen geliefert. Doch hatten die Prägungen in Aosta keinen Einfluß auf den Geldumlauf, zumal sich das Publikum längst an Scheine gewöhnt hatte.
Mussolini ließ auch den Versuch nicht weiterverfolgen, die

Münze zu 10 Centesimi ebenfalls in Stahl statt in Aluminiumbronze herzustellen, denn die fortschreitende Geldentwertung machte diese Wertstufe rasch entbehrlich. Immerhin bezeugen einige wenige Probestücke auch diesen Versuch, kriegswichtige Metalle einzusparen[2].

Die künstlerisch hochwertigen Silbermünzen zu 5, 10 und 20 Lire der Jahre 1926 bis 1936 hatten zwar noch Kurswert, wurden aber verständlicherweise vom Publikum nicht ausgegeben, sondern gehortet. Im übrigen drängte die massenhafte Ausgabe der noch zu besprechenden Staatsscheine zu 1, 2, 5 und 10 Lire den Hartgeldumlauf wesentlich zurück, machte die Silbermünzen entbehrlich und bewirkte, daß auch die Republik von Salò mit den königlichen Münzen auskam.

Mit Kriegsende verschwanden alle diese Münzen unmerklich, aber rasch aus dem Verkehr. Als kleinste Wertstufe zirkulierte der Schein zu einer Lira, und zwar sowohl in der faschistischen Ausgabe von 1939 wie auch in der neuen Ausgabe der »Luogotenenza« von 1944. Die Stahlmünze zu 1 Lira fand sich noch gelegentlich zum Betrieb von Automaten, beispielsweise der Waagen in Apotheken.

Kraft der Lateranverträge von 1929 durfte dieser neugegründete Zwergstaat bei der italienischen Münzstätte in Rom eigene Münzen prägen lassen. Die vatikanischen Münzen entsprachen in Nominale und Machart vollkommen den italienischen und vermehrten dadurch nicht nur in Rom den italienischen Geldumlauf. Da die Epoche der Republik des Duce in Rom am 4. Juni 1944 endete, ist es schwierig, ihr Münzprägungen des Vatikans zuzuordnen, jenes Kleinstaates, mit dem Mussolini lange Zeit ein gutes Auskommen suchen mußte. Das fiel ihm nicht immer leicht: Rational lehnte er die kirchliche Lehre ab, in seinem Innersten aber war er gläubig. Er wollte Gott nicht mit Worten, sondern mit Taten dienen.

Schon der abessinische Krieg hatte gezeigt, daß ein moderner Staat den effektiven Geldumlauf nicht mehr mit Münzen aus Edelmetall decken kann. 1935 wurden die schönen Silbermünzen zu 10 und 20 Lire durch ein »biglietto di Stato« zu

10 Lire ersetzt. Staatsschein deshalb, weil nicht von der Notenbank, der Banca d'Italia, ausgegeben, sondern von der Generaldirektion des Staatsschatzes, die auch den Druck bei der Staatsdruckerei besorgte. 1939 folgten 1, 2 und 5 Lire, damit wurden nicht nur die Nickelmünzen, sondern auch die schöne, noch weit verbreitete Silbermünze zu 5 Lire entbehrlich. Alle diese Scheine wurden von der Republik von Salò weitergedruckt, die ja über die modernen, leistungsfähigen Maschinen der Staatsdruckerei in Rom verfügte.

Auch bei den Scheinen zu 10 und 5 Lire stieß sich die republikanische Staatsführung nicht am Königsbild: Die Scheine zu 1 und 2 Lire deuteten nur auf der Vorderseite mit »Regno d'Italia« (Königreich Italien) und einem winzigen Staatswappen unauffällig die monarchische Staatsform an. Ihr Erscheinungsbild war geprägt von der »romanità« und den Statuen von Augustus und Caesar, womit das ideologische Programm des Faschismus auf seinem Höhepunkt deutlich genug ausgedrückt wurde.

An der Größe der Republik des alten römischen Reiches wollte der Duce seinen neuen Staat messen. Mit Republik assoziierten viele Italiener immer noch das weltbeherrschende römische Reich. So deutete die Republik nicht nur auf eine völlige Absage an die Monarchie hin, sondern diente, auf jeden Fall unterschwellig, aber psychologisch wohlkalkuliert, als gediegenes Propagandamittel.

Seit 1926 war nur mehr die Banca d'Italia als einzige Notenbank des Staates zur Ausgabe von Banknoten berechtigt. Diese Berechtigung drückte sich durch den sogenannten »contrassegno« aus, einen runden Zudruck in Hochrot (Zinnober) auf Vor- und Rückseite einer jeden Banknote. Das Ministerialdekret vom Juni 1896 hatte für die Vorderseite den nach links gewandten Kopf der Italia festgelegt. Dieses Kennzeichen überdauerte die Republik von Salò und fand sich bis 1947[3]. Anders stand es um das rückseitige Kennzeichen: Von 1926 bis August 1943 war es der Fascio, das Rutenbündel der altrömischen Liktoren mit dem eingebundenen Beil, Symbol der

Macht des römischen Staates über Leben und Tod. Mussolini hatte dieses Symbol als Emblem des Faschismus übernommen. Allerdings hatte das Wort »fascio« in der Frühzeit des Faschismus nur die neulateinische Bedeutung »Bündel«, Bund oder Verband. Das beweisen auch die einzelnen Schlägertrupps, die der faschistischen Revolution zwischen 1921 und 1923 zum Durchbruch verhalfen. Sie nannten sich, wie bereits erwähnt, »fasci di combattimento«. Erst die Hinneigung zur »romanità« in den dreißiger Jahren rückte die altrömische Bedeutung des Wortes als Rutenbündel mit Beil ins allgemeine Bewußtsein.

Sofort nach der Entmachtung Mussolinis im Juli 1943 setzte eine allgemeine, zumeist spontane Demolierung der faschistischen Embleme und Zeichen ein. Deutsche Besucher, Politiker und Diplomaten staunten, mit welchem Eifer die Italiener die Spuren eines Regimes auslöschten, dem sie buchstäblich bis zum Vorabend des Umsturzes widerspruchslos gehorcht hatten. Selbst die faschistische Partei löste sich mancherorts auf wie Schnee an der Sonne. Hätte das den selbstbewußten deutschen Beobachtern nicht ein wertvoller Hinweis auf eine mögliche Entwicklung im Reich sein können?

Eine der ersten Maßnahmen der neuen Regierung Badoglio war es, den Fascio auch im Kennzeichen der Banknoten zu eliminieren. Mit Ministerialdekret vom 7. August 1943 wurde das neue »contrassegno« B I eingeführt: die verschlungenen Anfangsbuchstaben der Banca d'Italia. An dieser Neuerung änderte auch Mussolini nichts. So findet sich das Kennzeichen B I auch auf allen Banknoten, die von der RSI gedruckt und ausgegeben wurden.

Das ist im Zusammenhang mit der bei den Münzen und Staatsscheinen erläuterten Tatsache zu sehen, daß Geld so belassen wurde, wie es war: mit dem Kopf des verhaßten Königs Vittorio Emanuele III. Offenkundig war der Führung des Staates von Salò daran gelegen, nicht an den sichtbaren Zeichen des Geldumlaufs und schon gar nicht am Geldwert zu rütteln, um das Vertrauen der Bevölkerung in die Währung nicht zu erschüttern. Die Mussolini-Republik erlaubte sich hier keine Experimente, sondern wollte über die Kontinuität auf die Stabilität der Staatsmacht verweisen. Bei den Noten der Banca d'Italia fiel das um so leichter, als diese schon zu Friedenszeiten nicht das Bild des Monarchen aufwiesen, sondern unverfängliche, wenn auch komisch-pompöse Allegorien der Italia, antiker Göttinnen, Gestalten aus der Mythologie, aber auch Persönlichkeiten der nationalen Geschichte. Nur so erklärt sich triftig der Verzicht auf die Ausgabe eigener »republikanischer« Geldzeichen.

Die Maßnahmen der RSI hatten zur Folge, daß es in den beiden Teilen des durch den Krieg zerrissenen Landes dieselbe Währung, dieselben Münzen, dieselben Geldscheine und Banknoten gab. Ohne jeden äußerlichen Unterschied, wobei aber nochmals festzuhalten ist, daß die Republik von Salò mit dem Besitz von Rom Druckmaschinen, Organisation, Verteilung, Behördenapparat mit Schatzministerium, Provinzialschatzämtern und Präfekturen des ehemaligen Königreichs und dazu die im harten Kern fortbestehende Partei, jetzt mit dem Vorzeichen republikanisch, zur Verfügung hatte.

Da tat sich die königliche Regierung unter Badoglio viel schwerer. Abgeschnitten von den in Rom beziehungsweise L'Acquila verbliebenen Herstellungsmitteln, konnte sie zunächst keine eigenen Geldzeichen herausgeben. Das war auch nicht dringend, denn die Alliierten gaben laufend, je nach Vorrücken der Front und dem Bedarf ihrer Truppen, jenes Besatzungsgeld heraus, das als »AM-Lire« bekannt ist und einen raschen Verfall der Lira bewirkte. Es waren in Amerika gedruckte Scheine zu 1, 2, 5, 10, 50, 100, 500 und 1000 Lire. Erst die Eroberung von Neapel brachte Badoglio die Verfügbarkeit einer leistungsfähigen Druckerei, des »Stabilimento Richter«, das dann im Spätherbst 1943 wenigstens zum Druck eigener königlicher Briefmarken herangezogen wurde. Die Eroberung Roms durch die Alliierten änderte das und auch die Staatsform: Der glücklose König übergab die Ausübung der monarchischen Gewalt seinem Sohn, dem Kronprinzen und späteren

König Umberto. Dieser kümmerte sich um den Wiederaufbau einer eigenen bewaffneten Macht, mit angloamerikanischer Bewaffnung und Kakiuniformen. Er überließ aber die Leitung des Staatswesens einer Mehrparteienregierung, in welcher der Kommunistenführer Palmiro Togliatti durch Sachkenntnis und Staatsklugheit herausragte. Ihm war dann der kühne Entschluß zu danken, nach den schauerlichen Greueltaten der letzten Kriegstage mit einer umfassenden Generalamnestie den Schlußstrich unter die Vergangenheit zu ziehen und ohne Denunziationen und Entnazifizierungen einen echten Neubeginn zu wagen.

Diese Ära, von der Einnahme Roms bis zum Tod des alten Königs im Mai 1946, wurde und wird noch heute allgemein Luogotenenza genannt: Die Statthalterschaft des Kronprinzen, de facto eine demokratische Allparteienregierung, war der politische, aber nicht militärische Gegenspieler des Duce in seiner Politik. Es sei hier gesagt, daß die Luogotenenza ihre Geldprobleme durch Neuausgabe von Staatsscheinen und Banknoten ganz neuer Art löste, jeder Hinweis auf die Monarchie wurde vermieden und so schlichtweg der künftige Volksentscheid nach Ende des Zweiten Weltkriegs für die Republik vorweggenommen.

Die Frage der Finanzierung der Außenpolitik von Salò blieb kontrovers. Von den 500 Millionen Franc in Gold aus dem italienischen Konsulat in Nizza konnte Mussolini nicht voll schöpfen. Gegen Ende 1944 sequestrierten sodann die Deutschen einen Teil dieses Geldes. Die Luogotenenza druckte weiter mit den Relikten der Staatsdruckerei und Notendruckerei der Banca d'Italia eigene Strukturen für die Ausgabe von Geld und Wertzeichen; sie druckte damit neue Staatsscheine zu 1, 2, 5 und 10 Lire und neuartige Banknoten zu 50 und 100 Lire. Für die hohen Nominale zu 500 und 1000 Lire bediente man sich wie die Republik von Salò der alten, vorfaschistischen Typen, während dem Druck der Inflation durch die Ausgabe von Scheinen zu 5000 und 10 000 Lire nachgegeben wurde. Diese waren im Erscheinungsbild den beliebten Zirkularschecks der größeren Banken angepaßt; man wollte sie wohl als eine vorübergehende Zwischenlösung anbieten, doch machte der rapide Wertverfall der Währung nach dem Krieg solche Versuche illusorisch.

Finanzminister Giampietro Pellegrini hatte bereits im Oktober 1943 die Einbeziehung des deutschen Besatzungsgeldes erreicht. Sofort verkündete er die Verlegung der Notendruckerei nach Wien, wozu es aber nicht kam. Hingegen brachte er Gold und Platinreserven vor den Deutschen in Sicherheit. Rahn war es gewesen, der sich um die Goldvorräte der Banca d'Italia, etwa 2 Milliarden in Gold, 1 Milliarde in Devisen, zu kümmern hatte. Die Deutschen wollten sie vor der Badoglio-Regierung gesichert wissen. Der deutsche Botschafter war gegen einen Transport dieses Kapitals nach Deutschland und beließ es im Mussolini-Staat. Das Gold kam tatsächlich nach Mailand, wo es Mussolini sicherstellen, später an einem geheimgehaltenen Ort deponieren ließ.

Die Republik von Salò hatte zumindest auf einem Gebiet keine großen Probleme. Sie konnte mit den vorhandenen, teilweise nach L'Acquila, später nach Novara ausgelagerten Maschinen jede Menge Banknoten ohne Minderung von Qualität und Präzision herstellen. Wie bereits erwähnt, beließ man es bei den herkömmlichen Wertstufen zu 50, 100, 500 und 1000 Lire, doch wurden die bunten und phantasievollen Scheine der dreißiger Jahre rasch durch die älteren vorfaschistischen Typen ersetzt. Zwar findet der heutige Beschauer an den gefälligen »florealen« Banknoten der eigentlichen Faschistenzeit wenig Anstößiges, zumal die reiche Blumen- und Kranzdekoration im Zusammenwirken mit schöngestalteten Figuren einen durchaus künstlerischen Eindruck erweckt; der frühere Faschismus verstand sich ja als Ausdruck moderner Kunstrichtungen und lehnte den steifen Klassizismus ab; die faschistischen Ideen äußerten sich eher indirekt in flotten Anklängen an das alte Rom, was man heute durchwegs als bombastisch, nicht aber als unästhetisch empfinden darf. Am aufdringlichsten faschistisch wirkte wohl die »floreale« Banknote zu 50 Lire, die das häufigste Nominale war: vorderseitig der typische, eben florale Blumenkranz, symmetrisch wiederholt und die Wasserzeichen umrundend, rückseitig in ähnlicher Art die »kapitolinische Wölfin«, an deren Zitzen eifrig die wohlgenährten Brüder Romulus und Remus, die mythologischen Gründer der Stadt Rom, saugen.

Die Banca d'Italia veranstaltete schon im Frühjahr 1943, also vor dem Umsturz, Emissionen von Banknoten der alten Typen. Faschistische Zeichnungen verschwanden, eine Rückkehr zu den Banknoten der vorfaschistischen Zeichnung, zuerst mit Kennzeichen »fascio«, dann ab August 1943 ausschließlich unter Verwendung des neuen Kennzeichens B I, folgte. Wie ist diese Rückkehr zu den unzeitgemäß-pompösen, steifen Typen der Jahre 1896 bis 1900, deren künstlerische Gestaltung sich im einfallslosen Rahmen des Historismus des 19. Jahrhunderts bewegte, zu erklären? Diese Rückkehr markierte nicht nur einen Rückschritt in künstlerischer Hinsicht, sondern bezeugte auch den Verzicht auf jedes faschistische Symbol. Das muß die Absicht der Staatsführung gewesen sein, denn die Druckzylinder der ansprechenden Scheine »florealer« Zeichnung waren ja vorhanden. Man hätte damit auf den vorzüglichsten Maschinen der staatlichen Druckanstalten jederzeit jede Menge herstellen können.

Nun, man hatte eben den Geldwert, das Vertrauen der Bevölkerung in die alte nationale Währung und wollte alles vermeiden, was Anstoß erregen konnte. Wenn sich der faschistische Geist der Republik von Salò irgendwo austobte, dann auf den Briefmarken, aber auch da nur hintergründig. Übrigens mußte die Banknotenproduktion nach dem Fall von Rom nach Novara in die Poebene verlegt werden, wo mit den Druckereimaschinen von Rom eine perfekt funktionierende Staatsdruckerei errichtet wurde.

Die Herstellung der Banknoten erfuhr durch den Umsturz vom Juli 1943 und die Abschaffung des Liktorenbündels am 7. August keine Unterbrechung. Der Staatsapparat arbeitete weiter, unbeirrt vom Wechsel des Regierungschefs und den Kriegsereignissen. Erst die Befreiung des Duce und die Ausrufung der Sozialen Republik zwang zu neuen Staats- und Regierungsformen, schon deshalb, um sich vom AM-Lire überfluteten Königreich im Süden abzuheben. Es war nicht zu übersehen, wie konservativ die an sich überkritischen Italiener in wesentlichen Fragen sein konnten und wie beharrlich sich die Struktur der Banca d'Italia als Hüterin des Geldumlaufs erhielt.

In bezug auf Daten zum Geldumlauf muß festgestellt werden, daß es überaus schwierig ist, hierzu eindeutige Angaben zu machen, und zwar deshalb, weil die Quellen der Friedenszeiten, ausgedrückt vor allem durch Ministerialdekrete, in Notzeiten – wenn überhaupt etwas in den Gesetzesanzeigen veröffentlicht wurde – lügenhaft sind oder bestenfalls gute Absichten verkünden. Man kann sich schwer vorstellen, daß die beiden Regierungen im kritischen Jahr 1944, als es um Sieg oder Untergang ging, sich im laufenden Druck der Geldscheine gesetzesmäßig verhalten hätten. Die Streitkräfte und die Kriegswirtschaft verschlangen Unmengen an Geld, das eben einfach herbeigeschafft werden mußte, wie die AM-Lire der Amerikaner im Süden beweist.

Durch die Währungspolitik der Republik von Salò blieb die Einheit der italienischen Währung nach außen hin erhalten, wenn auch die quer durch Italien ziehende Front keine Durchlässigkeit zwischen den beiden unterschiedlichen Staats- und Wirtschaftsgebieten und somit keinen nennenswerten Geldaustausch erlaubte. So blieb dem Publikum weitgehend verborgen, daß sich der innere Wert, die Kaufkraft der Lira, unterschiedlich entwickelte: Während sie sich im Norden langsam und unmerklich verminderte, sackte sie im Süden wegen der Massenausgabe von AM-Liren rasch ab. Im Königreich Italien sank die Kaufkraft der Lira zwischen 1940 und 1945 von 100 auf 5,1. Für die Republik von Salò sind derlei präzise Angaben nicht verfügbar, doch kann gesagt werden, daß die Inflation nicht dieses Ausmaß erreichte.

Von den Deutschen wurde angedroht, eine eigene deutsche Besatzungsmark in der Duce-Republik einzuführen. Die Gauleiter Hofer und Rainer wünschten die Einführung einer neuen Währung in ihren Operationszonen. Im Adriatischen Küstenland sollte allein die Reichsmark die neue Währungseinheit werden. Hitler aber wollte eine offizielle Zerschlagung der italienischen Souveränität vermeiden. Den Italienern zu dieser Zeit ihren Stolz zu nehmen, der ohnehin beschnitten war, lag ihm bis zuletzt, solange er noch den Funken eines Vorteils für sein Reich sah, fern. Die deutsche Reichsmark wurde in Salò deshalb auch nicht eingeführt, weil sich Mussolini verpflichtete, den deutschen Stellen alle Beträge in Lire zur Verfügung zu stellen, deren sie bedurfte. Ab Anfang Oktober 1943 waren aber in der Operationszone Alpenvorland die Scheine der Reichskreditkassen als Zahlungsmittel zugelassen, ihre Annahme war Pflicht. Dagegen waren Reichsbanknoten, Rentenmarkscheine oder deutsches Hartgeld verboten.

Mit Vertrag vom 23. Oktober 1943 verpflichtete sich die RSI, einen monatlichen Kriegslastenbeitrag von 10 Milliarden Lire bereitzustellen. Dadurch wurden die genannten Scheine der Reichskreditkassen überflüssig. Ab 25. Oktober 1943 war demzufolge die italienische Lira das einzige Zahlungsmittel in Italien einschließlich der Operationszone Alpenvorland. Die Einziehung der Reichskreditkassenscheine erfolgte durch die Banca d'Italia. Ab 11. September galt als Umrechnungskurs 10 Lire = 1 RM, vorher brauchte es dazu 13,5 Lire.

Beide Diktaturen erkannten sehr rasch den ungeheuren Propagandawert der Briefmarke, der sich aus der Zusammenwirkung folgender Umstände ergibt: Milliarden Postsendungen pro Tag verweisen auf den Massenbedarf; durch Postämter, Postablagen, Tabakläden, Zeitungsstände und Buchhandlungen erfolgt eine rasche Verbreitung; selbst in den schlimmsten Zeitläuften kann es der Philatelist nicht lassen, sich die neuesten Briefmarken zu besorgen.

So gesehen, war von der Republik des Duce einiges zu erwarten, zumal sechs der 21 Werte der kursierenden Briefmarken den Kopf des verhaßten Königs aufweisen. Dennoch war der Duce entschlossen, es bei diesen Briefmarken zu belassen, um die legitime Kontinuität des Staates zu unterstreichen[4]. Tatsächlich gingen die Werte mit dem Königskopf erst an den Iden des März des Jahres 1944 außer Kurs. Dieses bewußte Abzielen auf Kontinuität wurde im Dezember 1943 zunichte gemacht, als der Kommandant der neugeschaffenen GNR in Brescia postgültige Marken mit den Buchstaben »G.N.R.« überdrucken ließ. Die örtliche Druckerei war dieser Aufgabe nicht gewachsen und erzeugte zahlreiche Fehler – wie immer zur Freude der Händler und Sammler, die auch in den schwierigsten Zeiten vermeintliche Raritäten mit Aussicht auf Gewinn suchen.

Ein Schreiben des Verkehrsministers des Duce, Augusto Liverani, drückt die Problematik aus: »Zur Frage des Überdruckens der Briefmarken habe ich schon seit den ersten Tagen nach meiner Aufnahme in das Amt berichtet, zu dem mich Euer Vertrauen ehrenhaft berufen hat. Ich habe hierzu drei Möglichkeiten vorgeschlagen, um das Bild des ehemaligen Souveräns auf den Postwertzeichen (Briefmarken und Postkarten) zu eliminieren, und zwar:

1. Jene Werte aus dem Verkauf zu ziehen, die sein Bild tragen, und nur jene im Gebrauch zu belassen, die andere Zeichnungen und Symbole aufweisen;

2. dieselben Werte mit geeigneten Aufdrucken zu überstempeln, die dem Geist und der Ausrichtung der neuen politischen Ordnung Rechnung tragen;

3. neue Werte mit Sinnbildern auszugeben, die der Erneuerung entsprechen, welche durch die Schaffung der Sozialen Republik eingetreten ist.

Es wäre nichts dagegen einzuwenden, wenn die mit G.N.R. überstempelten Briefmarken als eine Sonderserie zu Ehren des neuen Defensivorgans der Republik (eben der Guardia Nazionale Repubblicana, A. d. V.) herauskämen, doch wäre es gut, wenn die Postwertzeichen, welche die Autorität des Staates normalerweise auszudrücken haben, mit Worten und Symbolen bedruckt würden, die besser verständlich und nicht so partikularistisch wären.«[5]

Offenkundig paßte dem Minister die Eigenmächtigkeit der

GNR nicht. Er fand, daß die vorhandenen Marken, wenn schon, so überdruckt werden müßten, daß für den Benutzer, den Postkunden ebenso wie den Sammler, die neue Staatsform eindeutig ersichtlich wäre. Im weiteren Absätzen dieses Briefes unterschob der Minister dem Duce frühere Spekulationen mit Briefmarken. Gewiß: Mussolini rühmte sich gern seiner Allwissenheit; vielleicht kannte er bei seiner Neugier für alles, was mit dem Prestige seines Regimes zusammenhing, tatsächlich auch die Machenschaften hoher Staats- und Parteifunktionäre – auch im Zusammenhang mit Briefmarken.

Die Bahn war frei. Die G.N.R.-Marken von Brescia kamen ab 12. Dezember 1943 heraus, die von Verona im Februar des darauffolgenden Jahres. Ab 22. Januar gab es aber schon die definitiven Aufdruckmarken aller Werte, mit Aufdruck: Liktorenbündel und/oder Repubblica Sociale Italiana. Der höchste Wert zu 50 Lire wurde nur betuchten Sammlern zuliebe in minimalen Auflagen gedruckt, auch für die überdruckten Luftpostwerte bestand mangels Flugverkehrs kaum Bedarf. Wie üblich konnten örtliche Funktionäre der Versuchung zur Spekulation nicht widerstehen und veranstalteten eigene Ausgaben.

Überdruckt wurden alle Marken der »serie imperiale« von 1929/30, die dazugehörigen Expreß- und Rohrpostmarken, Paketpostmarken und so weiter. Auch die der Luftpost, obwohl es einen zivilen Luftpostdienst kaum mehr gab. Schließlich die Marken der Kriegspropaganda vom 14. August 1942 zu 25, 30 und 50 Centesimi mit dem Königskopf und einem Anhängsel, auf dem die vier Waffengattungen samt kernigen Sprüchen zu sehen waren (Schiffsgeschütze, Fallschirmjäger, Bombenflugzeuge, Helm und Bajonett). Ähnliche Propagandamarken der Luftpost waren für 1943 vorgesehen gewesen, kamen aber nie heraus, da die schlechte Kriegslage solche Ausgaben nicht mehr als sinnvoll erscheinen ließ.

Am 6. Juni 1944 kamen fünf Briefmarken heraus, die wohl jenen Worten und Symbolen zur Erneuerung des Staates passend Rechnung tragen sollten, wie es Minister Liverani, den der

Duce schätzte, weil er Eisenbahnwaggons vor den Deutschen versteckt hielt, Mussolini vorgeschlagen hatte. Markenbilder: zerstörte Baudenkmäler, nämlich die Loggia dei Mercanti, die mittelalterliche Warenbörse in Bologna, die frührömische Basilika San Lorenzo in Rom und auf der Expreßmarke der Dom von Palermo, der gar nicht zerbombt worden war. Hier war nicht mehr zu übersehen, was der Duce damit beabsichtigte. Das Hauptanliegen dieser Marken bestand darin, im Staatsbürger Wut und Haß auf die amerikanischen Bomber hervorzurufen, wie es auf der Expreßmarke zu lesen war: *Hostium rabies diruit* – das hat der Haß der Feinde zerstört.

Im Juli erschien die Postkarte mit dem Bild Giuseppe Mazzinis. Ein passendes Motiv, denn dieser Freiheitsheld des italienischen Risorgimento hatte mit Erfolg in ganz Europa republikanische und sozialreformerische Ideen verbreitet. Auch hatte er zukunftweisend Selbsthilfegenossenschaften von Arbeitern und Handwerkern, Konsumgesellschaften und Gewerkschaftsbewegungen entwickelt und war so die politisch-soziale Alternative von Lassalle, Raiffeisen und Schultze-Delitz geworden. Das richtige Vorbild für die Soziale Republik des Duce! Diese Postkarte bot außerdem Gelegenheit, das neue Staatswappen der RSI zu präsentieren. Auf den Marken kam es nämlich nicht vor.

Der Herbst 1944 brachte weitere Werte mit Abbildungen von zerstörten Bauwerken, diesmal auch eine romanische Kirche in Ancona und die Abtei von Montecassino, Wiege des abendländischen Mönchtums, aber auch Schauplatz erbitterten Widerstands der Wehrmacht zur Verteidigung Roms. Im Dezember 1944 kam eine Serie von drei hochformatigen Marken zu Ehren der Brüder Attilio und Emilio Bandiera heraus – Söhne eines Konteradmirals der österreichischen Marine, Mitglieder von Mazzinis »Giovane Italia«, gelandet in Kalabrien, um einen Aufstand gegen das Königtum der Bourbonen in Neapel anzuzetteln, erschossen am 25. Juli 1844. Ein patriotisches Motiv also aus der Zeit der Freiheitskriege!

Die letzten Briefmarken der Republik von Salò erschienen im

Januar 1945 als Nachtrag zur Serie »zerstörte Baudenkmäler«: die Kirche Santa Maria delle Grazie in Mailand.
Seit dem Sommer 1944 wurden die Briefmarken in Novara gedruckt, wohin man, wie bereits erwähnt, die wertvollen Druckmaschinen der römischen Staatsdruckerei gebracht hatte. Dies hatte auch zur Folge, daß das nachrückende Königreich beziehungsweise die Luogotenenza in Rom nur unvollkommene Marken drucken konnten. Die republikanischen Briefmarken von Salò wurden zwar mit dem Ende der Kampfhandlungen und der Übernahme der Regierung durch die örtlichen Befreiungskomitees außer Kurs gesetzt, doch wegen des drückenden Markenmangels noch durch das ganze Jahr 1945 hindurch zur Freimachung von Postsendungen jeder Art toleriert. Schwärzungen und Unkenntlichmachung wie bei den deutschen Hitlermarken kamen nicht vor und waren auch nicht notwendig, weil sich Mussolinis Republik, bewußt oder unbewußt, jeder provokatorischen Briefmarkengestaltung enthalten hatte. Als einziger Hinweis war nur das »fascio« zu sehen. Hier wird ein Widerspruch deutlich, denn zuvor hatte Mussolini dies absichtlich unterlassen. Aber gerade Widersprüche sind typisch für die oft zwiespältige Gesinnung der RSI.
Immer wieder, vor allem gegen Kriegsende, trat Markenmangel ein, obwohl die Staatsdruckerei laufend Postwertzeichen produzierte. Markenmangel und Materialschwierigkeiten bei Druck und Papierbeschaffung waren sicher auch ein Grund dafür, daß man solange wie möglich mit den königlichen Marken auszukommen trachtete, auch wenn sie das Bild des verhaßten Königs aufwiesen. In dieser Notlage tolerierte die Post jede nur denkbare Frankatur, auch mit ungeeigneten Marken, zum Beispiel mit Steuermarken jeder Art.
Bekanntlich umfaßte das Staatsgebiet der RSI nur Italien mit Istrien, jedoch ohne Dalmatien. Wie bereits beschrieben, gehörten die Provinzen Bozen, Trient und Belluno als von den Deutschen besetzte Operationszone Alpenvorland zwar staatsrechtlich zur Republik von Salò und waren von ihr budgetär abhängig, ihre Verwaltung aber unterstand dem Gaulei-

ter Hofer. Indem die Lira einziges Zahlungsmittel in dieser Operationszone war, wurde einmal mehr zum Ausdruck gebracht, daß sie nicht vom übrigen Staatsgebiet abgetrennt war. Ähnlich waren die Verhältnisse in der Operationszone Adriatisches Küstenland. In diesen Provinzen galten die italienische Währung mit den Münzen, Geldscheinen und Banknoten des Königreichs und alle Briefmarken der Republik von Salò.
Die ersten republikanischen Briefmarken erschienen am 11. Oktober 1943 in Bordeaux, und zwar zur Verwendung für die dort stationierten Soldaten der italienischen U-Bootbasis. Der Kommandant dieser recht erfolgreich operierenden U-Bootflotte, Enzo Grossi, hatte sich nämlich geweigert, die Waffenbrüderschaft mit dem Deutschen Reich aufzugeben, und sich sofort Mussolinis Republik unterstellt. Dieser Sonderausgabe im Westen entsprachen Briefmarkenausgaben im östlichen Mittelmeer. Auch der Gouverneur der Inseln im Agäischen Meer hatte sich der RSI unterstellt. Den Umständen entsprechend hatten die dort stationierten deutschen Truppen das Sagen; wie die auf Kreta konnten sie nur durch die Luft versorgt werden. Immerhin blieben die Lira und damit die bestehenden Briefmarkenausgaben für Rhodos und die zwölf Inseln in Verwendung. Übrigens herrschte Mangel an Geldscheinen, dem eine Sendung aus Rom nicht abhelfen konnte. Der Gouverneur sah sich daher genötigt, an Ort und Stelle eigene Scheine zu 50 und 100 Lire drucken zu lassen. Sie lauteten auf italienische Lire und zeigten den Hirsch als Wappentier von Rhodos. Es darf in diesem Zusammenhang nicht vergessen werden, daß noch bis zum 6. Mai 1945 die Ägäischen Inseln Teil der Republik von Salò waren. Wenn man diese Überlegung weiter verfolgt, kann man im italienischen Gouverneur den letzten Vertreter faschistischer Staatsmacht erblicken.
Es ist unumgänglich, noch kurz auf San Marino, die Partisanenmarken und die damit zusammenhängenden Probleme zu verweisen:
Die selbständige Republik San Marino im Bergland zwischen

der Romagna und den Marken war zwar effektiv unabhängig und souverän, lehnte sich jedoch währungsmäßig und postalisch an Italien an und machte sozusagen jede italienische Entwicklung mit. So wurden hier bis 1943 Marken mit faschistischen Motiven und markanten Sinnsprüchen herausgegeben, ungleich aufdringlicher als in Italien selbst. Nach dem 25. Juli wurde der Faschismus auch auf den Briefmarken eliminiert, indem man eine bereits vorbereitete Serie zur Verherrlichung der »faschistischen Presse San Marinos« so überdruckte, daß Fascio und Sprüche unkenntlich wurden. Während der Zeit der Republik von Salò, zu der Beziehungen unterhalten wurden, verhielt man sich in San Marino ruhig und unterließ neue Ausgaben von Briefmarken, obwohl gerade diese für den Zwergstaat mit etwa 12 000 Einwohnern eine Haupteinnahmequelle waren.

Auf die Aktivitäten der Partisanen und deren Auswirkungen gehe ich im nächsten Kapitel ein. Hier sei vorweggenommen, daß die militärisch gut gerüsteten Formationen mancherorts sogar eine kurze Souveränität ausübten, wie beispielsweise in den Gebirgstälern um den Monte Rosa. In solchen Fällen wurde sofort ein eigener Postdienst eingerichtet, der naturgemäß nur der internen Kommunikation dienen konnte, höchstens noch dem Briefschmuggel in die benachbarte Schweiz. Es gab sogar Marken, so von Castiglione d'Intelvi, einer Gemeinde der Provinz Como, angrenzend an das schweizerische Staatsgebiet um den Luganersee, mit Ausgaben vom Februar und April 1945, zwei Werte »Gemeindewappen« sogar in einer Mailänder Druckerei hergestellt; dann Aosta, acht Werte der Sozialen Republik überdruckt mit »CLN Zona Aosta«. Hierzu muß man wissen, daß die Befreiungskomitees aufgrund alliierter Anerkennung in Oberitalien von der Befreiung und bis zum 2. Mai 1945 offiziell in jenen Gebieten die Regierungsgewalt ausüben durften, die sie befreit hatten.

Trotz dieser staatsrechtlichen Autorität werden die Partisanenmarken mit größtem Mißtrauen betrachtet. Zwar mögen unzweifelhaft echt gelaufene Briefe die Authentizität solcher

Ausgaben untermauern, wenn auch nicht beweisen, doch es gibt Sammler, Händler und Spekulanten, die wissen, daß die Versuchung zu groß war, durch Schaffung eigener Briefmarken der Organisation oder Partei ein Denkmal für die Zukunft zu errichten.

Nach der Stabilisierung des Frontverlaufs im Jahr 1944/45 über den Hauptkamm des Apennins war das restliche Staatsgebiet der RSI schutzlos den täglichen Luftangriffen der Alliierten preisgegeben. Dies führte zur siebzigprozentigen Zerstörung der Eisenbahn und zu schwersten Behinderungen des Schienenverkehrs. Zum Beispiel wurde die Brennerbahn beinahe täglich an neuralgischen Stellen unterbrochen. Doch gelang es den deutschen Pionieren immer wieder, diese einzige Nachschublinie nach Italien stets in kürzester Zeit befahrbar zu machen. Es erscheint heutzutage wie ein Wunder, daß die ganze Ausrüstung und der Nachschub für die deutsche Italienarmee über diese schwierige Alpenstrecke mit altertümlicher Elektrifizierung, dem Drehstrom, abgewickelt werden konnten.

Für den Zivilverkehr wirkten sich die Brückenzerstörungen der Hauptstrecken in der Poebene verheerend aus, vor allem die der dampfbetriebenen Strecke Mailand-Verona-Venedig-Udine, die das Rückgrat des kleingewordenen Eisenbahnnetzes der Sozialen Republik von Salò bildete. Und die eleganten, leistungsfähigen Autobusse der zahlreichen privaten Autobuslinien waren zumeist ins Deutsche Reich abgefahren oder lagen aus Treibstoffmangel still. Der nach deutschem Vorbild versuchte Umbau auf »Holzgas« brachte weder bei den Triebwagen der Staatsbahn noch bei den Autobussen eine zufriedenstellende zuverlässige Lösung. Dazu kamen die täglichen Angriffe der amerikanischen Tiefflieger. Nur die Nebenstrecken zwischen Mantua-Rovigo-Ferrara konnten einigermaßen regelmäßig betrieben werden, weil sich die schönen und schnellen FIAT-Triebwagen der Staatsbahn, die »Littorine«, zur Umrüstung auf Methangas eigneten, das in der Gegend von Legnano reichlich gewonnen wurde. Auch konnte der Dampfbetrieb auf den Nebenstrecken dank deutscher Kohlelieferun-

gen einigermaßen aufrechterhalten werden. Der italienische Staatshaushalt war durch die deutsche Ausbeutung zur Errichtung von Verteidigungslinien stark unter Druck geraten. Die Kohlelieferungen aus Deutschland fielen immer öfter aus, so daß sich die Wirtschaft ebenso wie die Versorgungsinstitutionen immer mehr auf Braunkohle und Torf umstellen mußten. Gegenüber diesen Problemen verhielt sich die Regierung von Salò ziemlich teilnahmslos.
Auch der Postverkehr litt außerordentlich durch die hier geschilderten Behinderungen des Verkehrswesens, besonders im Winter 1944/45, als die täglich bombardierte Brennerbahn an der Grenze ihrer Leistungsfähigkeit angelangt war und gerade noch den Nachschub für die Wehrmacht bewältigen konnte.[6]
Am 15. Dezember dieses Winters brachte die venezianische Zeitung Il gazzettino die Anregung, die Postmisere durch Heranziehung der Privatinitiative zu beheben. Vorgeschlagen wurden Radfahrstaffetten zwischen wichtigen Städten des restlichen Staatsgebietes; eine Art Streckennetz, das von briefbefördernden Radfahrern regelmäßig befahren werden sollte. Nur so könne die drohende Isolierung der Bevölkerung durch die Mängel des staatlichen Postwesens verhindert werden. Initiator war offenbar Carlo Stupar aus Fiume, vormals Sekretär des Marineministers Host-Venturi. Er hatte am 23. November jene Gesellschaft mit beschränkter Haftung »Corrieri Alta Italia« (Chor. Al. It. oder Coralit) gegründet, der dann im Februar des darauf folgenden Jahres die Konzession zur Briefbeförderung auf folgenden Strecken erteilt wurde: Turin-Novara-Mailand-Brescia-Verona-Vicenza-Treviso-Padua-Rovigo-Ferrara-Venedig-Triest. Die Radfahrer befuhren also effektiv das gesamte eigentliche Wirtschaftsgebiet der Republik von Salò[7].
Um zu verhindern, daß sich die gefürchteten Partisanen in dieses Unternehmen einschlichen, wurde von jedem Radfahrer eine Erklärung abverlangt, die Bestimmungen zur Briefbeförderung und der Zensur einzuhalten und sich bei strenger Strafe den Kriegsnormen zu unterwerfen. Zum Schutz vor deutschen

Straßensperren wurden den Fahrern italienisch-deutsche Passierscheine ausgehändigt.

Die durch »Coralit« beförderten Briefe mußten mit der passenden Staatsbriefmarke, zu 1 Lira pro 15 Gramm, frankiert sein, dazu wurden die speziellen Marken der Coralit geklebt, nämlich 14 Lire pro 10 Gramm. Außerdem brauchte es am Zielort noch die Einschreibegebühr von 2,50 Lire. So kostete ein Brief von 30 Gramm 46 Lire und 50 Centesimi. Zum Vergleich sei gesagt, daß damals ein Journalist 1500 Lire im Monat verdiente.

Der eingeschriebene Brief beim Postamt des Zielortes der Coralit hatte noch den Vorteil, daß jeder Brief dadurch automatisch in das staatliche Postwesen eingeschleust und damit, sofern erforderlich, der Zensur unterworfen wurde. Die Zustellung der Briefe an die Empfänger erfolgte natürlich durch den Briefträger des Postamts, in dessen Zustellungsbereich der Adressat wohnte. Somit bewältigte die Coralit nur den Ferntransport, während die Feinverteilung und Zustellung bei der staatlichen Postverwaltung blieb.

Mit der Kapitulation der deutschen Italienarmee endete die Tätigkeit der Coralit einstweilen am 28. April 1945, doch genehmigte am 21. Mai die neue Postverwaltung der Luogotenenza mit Zustimmung des alliierten Oberkommandos eine Wiederaufnahme dieser nützlichen, ja unentbehrlichen Privatinitiative. Erst Ende Juni stellte sie ihre Tätigkeit endgültig ein, nachdem sie unter schwierigsten Verhältnissen und mit einfachen Mitteln – man bedenke die unzähligen Reifenpannen! – 200000 Briefe befördert hatte.

21 Der Duce in seinem Amtssitz nach Gründung der »Repubblica Sociale Italiana«.

22 Die Villa Feltrinelli, der Amts- und Wohnsitz Mussolinis am Gardasee.

23 Dr. Rudolf Rahn, deutscher Botschafter in Italien, zuständig für den neuen Staat von Salò.

24 Konsul Eitel Friedrich Moellhausen, zwischen 1943 und 1944 Leiter der Außenstelle Roms des deutschen Botschafters (rechts).

25 Im Namen seiner Regierung erklärt Marschall Badoglio am 15. Oktober 1943 Deutschland den Krieg (links General M. Taylor).

26 Der Duce bei einer Ansprache an seine Truppen. Hinter ihm Marschall Graziani.

27 Die Bildung einer eigenen Streitmacht der RSI – hier eine Abteilung von Fallschirmjägern – zählt zu den vorrangigen Zielen Mussolinis Politik.

28 Mussolini besucht seine Truppen in Mailand und verspricht ihnen an der Seite Deutschlands den Endsieg.

29 Am 11. Januar 1944 wird Graf Ciano zusammen mit vier anderen Altfaschisten auf dem Schießstand von Verona hingerichtet (erster von rechts).

IX.
Das Blut des Widerstands

Der Streik ist eine Form des Widerstands. Die italienischen Streikaktionen dürfen als maßgebend für den zunehmend größer werdenden chaotischen Zustand im Innern der Republik von Salò bezeichnet werden. Sie trugen neben den systematisch geplanten Partisanenübergriffen und dem allgemeinen Widerstand in der Bevölkerung, ausgerufen und unterstützt von Parteien und Aktionsgruppen, zum Zusammenbruch des Mussolini-Staates bei.
Das Komitee der Mailänder Industrie rief Anfang März 1944 die Arbeiter, Angestellten und Fachkräfte auf, von den sich ausbreitenden Streiks in und um Mailand abzusehen. Der Appell richtete sich im Geist Mussolinis an den Patriotismus, die Intelligenz und an das Vertrauen der breiten Arbeiterschaft. Vehement wurde darauf verwiesen, daß die Streiks in Wahrheit allein dem Landesfeind dienten. Der angloamerikanische Invasor hetze das italienische Volk auf, verlange von ihm heimtückische und bestialische Mordanschläge gegen die eigenen Landsleute; nichts wollten die Eindringlinge mehr als Leichen republikanischer Soldaten, deutscher Soldaten, faschistisch-republikanischer Funktionäre. Nichts schade Italien mehr als Streiks und ein Bürgerkrieg. Die einzigen Nutznießer seien die Alliierten. Sie wollten ein Blutbad unter den Italienern, soviel Blut, um einen See damit zu speisen – Blut, nichts als Blut und Zwietracht unter den Arbeitern der Sozialen Republik von Salò auf Kosten der Italiener und der italienischen Heimat. Sie wollten den Tod der Proletarier der RSI, die hier endlich den besten Schutz gefunden hatten[1].
Palmiro Togliatti war über die Schweiz nach Italien gekommen. Als Chef der Kommunistischen Partei Italiens trommelte er alle seine Fraktionen und deren führende Funktionäre zusam-

men, zudem Sozialisten und Christdemokraten, und gründete ein Komitee zur Ausrufung und Durchführung von Generalstreiks. Die Beteiligung daran sollte zeigen, ob die italienische Arbeiterschaft noch treu hinter dem Duce stand oder für einen politischen Umsturz zu motivieren war. Der Generalstreik wurde am 1. März 1944 mit Beginn um 10.00 Uhr ausgerufen. Damit begann der in die Geschichte eingegangene »Weiße Streik«, so genannt, weil die Arbeiter weiterhin an ihrem Arbeitsplatz vor den Produktionsmaschinen blieben, diese aber nicht betätigten. Die Tageszeitung *Corriere della Sera* bezeichnete spontan die Streikbeteiligung als eine einzige Niederlage für das Streikkomitee um Togliatti. Von mehreren Millionen Fabrikarbeitern streikten von Bergamo über Bologna, Brescia, Como, Cuneo, Florenz, Genua, La Spezia bis Mailand, von Novara über Padua, Pavia, Savona, Torino und Varese bis Vicenza über 207 000 Arbeiter. Die Dauer der Streiks erstreckte sich von mindestens 15 Minuten bis zu maximal vier Tagen[2]. Das war erst der Anfang, und jeder Beobachter konnte erahnen, was da auf die Politik des Duce und die Wirtschaft seines Staates zukommen werde.

Vor und in vielen Fabriken kam es zu wilden Tumulten. Partisanen unterstützten die Streikenden, Polizei und republikanische Miliz versuchten, sie am Verlassen der Betriebe zu hindern. Faschisten griffen zu den Waffen, Schüsse fielen, Menschen stürzten zu Boden, es gab Verletzte. Und überall im Land mehrten sich die Verhaftungen.

Die Arbeiter in Mailand wie in der gesamten Provinz hatten schon im Januar für eine Woche die Arbeit niedergelegt. Es war ein von allen Arbeitern getragener Generalstreik, organisiert und geführt von illegalen Gewerkschaftskomitees und der Kommunistischen Partei. Eine Woche lang wurden in dieser Provinz keine Waffen mehr produziert, ohne Scheu vor politischer Verfolgung verkündeten streikende Arbeiter ihre Unterstützung für die Partisanen. Die Lage war ohnehin angespannt: Viele Industrielle hatten sich geweigert, den Arbeitern den ausgehandelten Lohn zu zahlen. Zunehmend verschlechterte sich die Lebensmittelversorgung. Entlassung um Entlassung häufte sich in den Betrieben. Immer wieder wurden in der Nacht Plakate an Wände geklebt, heimlich Transparente aufgehängt und Flugzettel verteilt, auf denen der Kampf, Sabotage und Guerillakrieg gegen das Regime von Salò ausgerufen wurden[3]. Vergeblich versuchten die Unternehmer, die Wiederaufnahme der Arbeit zu erzwingen. Sie wandten sich verzweifelt an deutsche Kommandos, die umgehend versicherten, alle Forderungen zu erfüllen, wenn wieder gearbeitet werde. Die Deutschen wollten die Arbeitermassen mit Panzerwagen und SS-Einheiten abschrecken – die demagogische Einschüchterung war aber weitgehend erfolglos, bis schließlich Festnahmen erfolgten, wobei es wiederholt vorkam, daß Arbeiter die Verhaftung der Kollegen verhinderten. Hitler reagierte energisch. Er befahl, die streikenden Arbeiter zusammenzutreiben und als Zwangsarbeiter nach Deutschland zu bringen. Botschafter Rahn befürchtete sogleich, daß durch diese Androhung die Arbeiter massenweise zu den Partisanen überlaufen würden. Außerdem fehlten die technischen Voraussetzungen für einen Transport ins Deutsche Reich. Immerhin sollten sofort 70 000 Männer inhaftiert und überführt werden. Auch Kesselring lehnte die Überführung der desertierten italienischen Soldaten als Kriegsgefangene nach Deutschland ab. Rahn setzte sich schließlich durch und konnte nun den geplanten Transport verhindern. Damit riskierte er die Absetzung von seinem Posten. Er hatte es jedoch verstanden, in einem Telegramm auf das Produktionsprogramm von Rüstungsgütern zu verweisen, das nach einer Abziehung der Arbeiter ins Stocken geraten wäre – Rahn blieb im Amt. Gleichzeitig versuchten die Deutschen mit den streikenden Arbeitern zu reden, sie dazu zu bewegen, wieder an ihren Arbeitsplatz zurückzukehren. Sie wollten nicht zur Gewalt greifen, um keine Massenaufstände zu provozieren. Dennoch griffen die Deutschen gemeinsam mit den Faschisten der Republik von Salò zu überstürzten Maßnahmen. Eiligst wurden deutsche Truppenkontingente unter Brigadegeneral Otto Zimmermann nach Turin entsandt. Überall aber wehrten sich nun die Arbeiter, so daß ihre Arbeitsniederlegungen, ihre Protestaktionen, zuweilen auch ihre gewalttätigen Übergriffe auch von den Deutschen nicht mehr kontrolliert werden konnten. Es war nicht mehr zu übersehen, daß die Arbeitermassen mit ihren Organisationen einen militanten Charakter gewannen. Obwohl Zimmermann auf Arbeiter schießen und zahlreiche Verhaftungen vornehmen ließ, konnte er die Massen nicht mehr einschüchtern.

Die Streiks erreichten in der ersten Märzwoche des Jahres 1944 in Piemont, Ligurien und der Lombardei einen noch nie dagewesenen Höhepunkt. Zimmermann ließ die bestreikten Fabriken durch die Miliz besetzen. Dennoch konnte er die Massen nicht mehr in Schach halten. Selbst Bauern und Frauen demonstrierten. Sie forderten in der Region Emilia, ihre Produkte frei verkaufen zu dürfen und akzeptierten nicht mehr die Zwangsablieferung. Proteste gegen die Einberufung zum Militär, die Forderung nach Abschaffung der Todesstrafe für Wehrdienstverweigerer, die Forderung des deutschen Abzugs, die Forderung nach der Freilassung der Inhaftierten wurden in den Städten und in den größeren und kleineren Ortschaften der Provinzen täglich lauter.

Dieser Generalstreik war nichts anderes als eine gewaltige Demonstration, organisiert und geleitet von geheimen Kampfkomitees, unterstützt von den Parteien des Volkes – ein Streik »gegen alle demagogischen Schwätzereien und Betrugsmanöver der sogenannten Sozialen Faschistischen Republik. Es war in Europa der erste Generalstreik unter dem nazistischen Besatzungsregime«[4].

Und die Parteien wurden jetzt immer stärker. Sie versteckten sich nicht mehr im Untergrund, ihre Sekretäre und Funktionäre trauten sich jetzt wieder auf die Straße, sprachen in aller Öffentlichkeit mit den Leuten, hetzten die Massen auf, organisierten und demonstrierten den aktiven Widerstand. Kommunisten, Sozialisten, Mitglieder der Aktionspartei, jene linksbürgerliche demokratische Partei, die sich aus der Bewegung »Gerechtigkeit und Freiheit« gebildet hatte, Gewerkschaften,

kleinbürgerliche Gruppen – sie alle standen jetzt voll hinter dem Widerstand. Die »resistenza« war in aller Munde, der Widerstand also, von dem sich die Masse der Italiener am schnellsten das Ende des Krieges und auch das Ende des Duce und seines Regimes erwartete.
Zunächst waren die Parteien nur unscheinbar vertreten gewesen, wie zum Beispiel die Kommunistische Partei beim Kampf der Turiner Arbeiter. Jetzt startete sie eine großangelegte Werbekampagne für den Aufstand. Unerwartet schnell schoß die Mitgliederzahl dieser Partei in die Höhe. Ein Arbeiter bewog den anderen, in die Partei einzutreten. Als nunmehr anerkannte und mitgliederstarke Bewegung warf sie sich mit aller Kraft in die Resistenza, veranstaltete in den Städten patriotische Aktionen, organisierte Verbindungen zwischen den einzelnen Widerstandsbewegungen wie den Garibaldi-Sturmbrigaden und den Befreiungskomitees. Palmiro Togliatti schrie in die Menge: Der Aufstand dürfe nicht der Aufstand einer Partei oder nur eines Teiles der antifaschistischen Front sein, sondern er müsse der Aufstand des ganzen Volkes, der ganzen Nation sein.
Jetzt entlud sich die gesamte Aggressivität des Volkes am Staat von Salò. Mussolini hätte wissen müssen, wieviel Wut und Haßgefühle in seinen Italienern steckten, war es doch schon nach seiner Entmachtung im Juli in vielen Städten Italiens zu tumultartigen Aufständen gekommen. Damals hatte die Stunde für die Kommunisten geschlagen, die Resistenza wurde geboren. Aufgebrachte Extremisten hatten stadtbekannte Faschisten durch die Straßen gejagt. Völlig verängstigt verschanzten sich damals die kleinen faschistischen Gruppen in Häusern und leisteten bewaffneten Widerstand. In Mailand standen Ende Juli sämtliche öffentlichen Verkehrsmittel still, während der Nacht dröhnten ununterbrochen dumpfe Schüsse durch den schwülen Dunst der heimlichen Hauptstadt Italiens. Am nächsten Tag fanden Hausdurchsuchungen, Plünderungen und Hinrichtungen eingefleischter Faschisten statt.
Jetzt sollte nach den Vorstellungen der Resistenza an diese

fürchterlichen Ereignisse angeknüpft werden. Es war allen Italienern bekannt, daß die Kommunisten den Faschismus radikal niederschlagen wollten und eine vollkommene Erneuerung der sozialen und politischen Struktur herbeisehnten; sie wußten, daß Togliatti und seine Funktionäre eine Revolution nach leninistischem Prinzip anpeilten. Es war aber nicht einfach, den Faschismus zu bekämpfen, immerhin war er weiterhin, auch dank der gründlichen und perfekten deutschen Organisation, stark und stabil und stellte eine nicht zu unterschätzende militärische Macht dar. Deshalb eben verlangte Togliatti den totalen Widerstand. Katholiken glaubten sich aufgerufen und inszenierten katholische Widerstandsaktionen, getragen von den Christlichen Demokraten, der Nachfolgepartei des früheren »Partito Popolare Italiano«. Die Liberalen formierten sich in kleinen Organisationen. Ihr Sprecher war Benedetto Croce, der Kulturphilosoph der Nation. In der Zeitschrift *La Critica* bezog er eine ablehnende Stellung gegen Mussolini. Sein Fazit lautete: Der Faschismus ist wie eine Krankheit.

Auch die Sozialisten standen überzeugt in den Reihen der Resistenza, waren aber schlechter organisiert als die Kommunisten. Als traditionsreiche Partei, die bis ins neunzehnte Jahrhundert zurückreichte, plädierte sie für eine neue Republik, nicht aber im Sinne der Kommunisten, und lehnte eine Verbindung ihrer Ideologie mit der kommunistischen Revolution kategorisch ab.

Etwas anders, aber nicht ohne Einfluß war die Aktionspartei, die auch im Ausland vertreten war. Theoretiker und Demagogen führten sie an. Carlo Raselli schrieb in seinem Buch *Socialismo liberale* von einer neuen Freiheit, von der Geburt eines neuen Sozialismus, der den marxistischen Fatalismus, den Klassenkampf und die Endrevolution ablösen werde. Weil dieser Partei vor allem Intellektuelle und Freiberufler angehörten, die aber auf allen Ebenen des Staatslebens im antimonarchistischen Sinne Erneuerung verlangten, konnte sie die breite Volksmasse nicht hinter sich bringen.

Das »Comitato di liberazione nazionale« (CLN), das bereits einen Tag nach Bekanntwerden des Waffenstillstands am 9. September in Rom von Kommunisten, Christdemokraten, Sozialisten, Aktionspartei und Liberalen gegründete Nationale Befreiungskomitee, gewann seit den Streiks in Turin immer mehr Anhänger. Dieses Komitee, eine zivile und militärische Opposition, wurde sehr schnell eine landesweit organisierte patriotische Bewegung, die über den militärischen Widerstand in erster Linie die deutsche Besatzungsmacht, dann aber auch alle mit ihr verbündeten Militärs und Institutionen zerschlagen wollte. Alle großen politischen und zur Ducepartei in Opposition stehenden Parteien Norditaliens erkannten dieses Befreiungskomitee an. Gewerkschaften, Vertreter aus Kultur und Politik, Politiker, Frauen und Jugendliche agierten in seinem Zeichen gegen die nationalsozialistische und faschistische Unterdrückung[5]. Mit den großen Streikbeteiligungen und den andauernden Bürgerprotesten wollte das CLN den Alliierten und dem italienischen Volk vor Augen führen, wie überzeugt und geschlossen die Bewegung gegen die Deutschen und gegen die Faschisten Mussolinis eingestellt war. Das Nationale Befreiungskomitee unterstützte, wo immer es konnte, die Aktionen der Partisanen. Die Kamarilla der Monarcho-Faschisten, die gegen das CLN und die ihm nahestehenden Resistenza-Gruppen agierte, aber auch das Ende des Mussolini-Staates anpeilte und an deren Spitze der König und Badoglio standen, geriet alsbald als Widerstand gegen die Deutschen in Salò ins Hintertreffen.

In einem Rundschreiben von Ende März 1944 hieß es: Erstens mußte den Partisanen eingeschärft werden, daß sie Soldaten eines neuen und revolutionären Heeres, des Nationalen Befreiungsheeres, waren, das mit der alten königlichen Armee, die kläglich versagt hatte, weder etwas zu tun haben noch sich als deren Erbe und Nachfolger fühlen durfte. Zweitens mußte ihnen klargemacht werden, was das Komitee zur Nationalen Befreiung eigentlich war. Nämlich das einzige Organ, das nach der Flucht des Königs und seiner Minister die Flagge des aktiven Widerstands gegen die Deutschen und die Faschisten hißte, zum Kampf gegen sie aufrief, ihn begann und fortführte. So war dieses Komitee alsbald die eigentliche rechtmäßige Regierung im besetzten Italien, somit konnten die Partisanenformationen auch nur von dieser Regierung Anordnungen und Befehle empfangen. Die Regierung Badoglio und die Kamarilla verloren dadurch völlig ihre Bedeutung, vor allem schon deshalb, weil es Anfang 1944 in Bari zum Zusammenschluß der verschiedenen Gruppen des CLN gegen die Herrschaft Vittorio Emanueles III. und Badoglios kam. Was das Wesen, die Aufgabe und die Ziele des CLN betraf, hieß es, daß die Soldaten dieses Heeres nicht so sehr oder zumindest nicht ausschließlich Verfechter eines generellen und vagen Patriotismus wären, der lediglich den »Eindringling vom heiligen Boden des Vaterlandes verjagen« wolle, sondern daß diese Bewegung den bewaffneten Arm und die entschlossene Vorhut einer Erneuerungsbewegung darstelle, eines revolutionären Prozesses, »der die gesamte politische und soziale Struktur des Landes verändern und dem von der faschistischen Tyrannei erniedrigten und entehrten Italien das neue Antlitz einer freien, demokratischen Nation geben soll«[6].

Neben diesem CLN und den Widerstandsparteien und den Partisanenbewegungen gab es noch eine Reihe anderer Organe des Widerstands. So wurden die Tage von Salò immer mehr zu einer kontinuierlichen Folge von bewaffneten Aktionen, ausgelöst von diesen Gruppen oder auch von illegalen Militärs, die gegen die Einrichtungen des Staatssystems gewaltsam agierten. Die Bevölkerung erlebte täglich hautnah diesen Terror. Die öffentliche Ordnung und Sicherheit konnten vom Staatsapparat zusehends nicht mehr gewährleistet werden. Die Berge des Apennins, die feuchten Ulmenwälder am Po, die Hinterhäuser in den Großstädten, die vielen Verstecke in der italienischen Hochgebirgslandschaft wurden immer systematischer durchkämmt von illegalen Banden, die sich zumeist aus desertierten Soldaten zusammengeschlossen hatten. Die Partisanen zogen stets den Angriff aus dem Hinterhalt vor und stellten sich selten dem offenen Kampf.

Zuerst waren diese kleinen Widerstandsgruppen kein ernsthaftes Problem und wurden dementsprechend auch gar nicht so ernstgenommen, auch dann noch nicht, als sie Sabotageakte an Wehrmachtseinrichtungen, Bahnen, Straßen, Brücken und Nachrichtenanlagen verübten. Dann aber wuchsen sie rapide an. Besonders bedenklich für den Staat des Duce war, daß immer mehr Tote verzeichnet werden mußten. Tote auf beiden Seiten, bei der Resistenza und bei seinen Faschisten. Schon im Spätsommer griffen Partisanenverbände Gefängnisse an und befreiten ihnen nahestehende Patrioten. In Verona wurde Giovanni Roveda befreit, trotz verstärkter Bewachung. Er war der Führer des Allgemeinen Gewerkschaftsbundes; diese Aktion kostete zwei Tote. Es zeichnete sich alsbald ab, daß der Aufstand der Arbeiter und die Resistenza zunehmend Erfolge hatten: Der militärische Kampf der Partisanenformationen und der anderen Organe des Widerstands, zum Beispiel die »SAP«, »Squadre di azione patriotica«, Stoßtrupps der patriotischen Aktion, bekam durch die ökonomische und politische Aktion in den Städten und auf dem Land bedeutenden Aufwind[7].

Der Duce hatte anfangs den Widerstand gegen sein Regime nicht als allzu gefährlich gewertet. Zunächst waren es ja auch nur kleine, unorganisierte Gruppen gewesen, die mit einzelnen Aktionen Anschläge auf Einrichtungen des Staates verübten. Alsbald aber zeigte er sich äußerst besorgt. Er befürchtete zu Recht, daß die Deutschen, falls diese Untergrundbewegungen nicht umgehend zerschlagen würden, sehr schnell großangelegte militärische Aktionen gegen diese Widerstandszellen in der Bevölkerung starten würden. Er dachte sogar daran, vom Alleinvertretungsanspruch des PFR abzusehen und eine Oppositionspartei unter Edmondo Cione zuzulassen, um einen Bürgerkrieg zu vermeiden. Die Partisanen waren aber von ihrer Idee und ihrem Massenterror derart überzeugt, daß sie keinerlei Möglichkeit eines Konsens mit dem Duce und seiner Politik sahen. Sie forderten Blut und Vergeltung, einen Kampf, der alle Widersacher liquidierte.

Schleunigst stellte die Faschistisch-Republikanische Partei von Salò eigene Verbände zur Bekämpfung der Partisanen auf. Mussolini hatte dazu einen Erlaß unterschrieben. Es waren die Brigate Nere, die jetzt, angeführt von Parteisekretär Pavolini, den Partisanen skrupellos mit jenen Mitteln antworteten, die diese selbst anwendeten. Pavolini avancierte zum regelrechten Partisanenjäger. Mit unerbittlicher Härte schickte er Todesschwadronen in die Peripherie der Städte und Dörfer, ließ Wohnungen und Häuser räumen und beim geringsten Anschein eines Widerstands oder Fluchtversuchs auf die Menschen schießen. Gefangengenommene Partisanen zogen den sofortigen Tod einem Verhör vor, derart gefürchtet waren die Methoden der Brigate Nere und des Parteisekretärs. Vergeltungsmaßnahmen folgten ständig auf beiden Seiten. Es gab wiederholt keine Gerichtsverfahren, Exekutionskommandos agierten willkürlich. Die Leichen der Ermordeten wurden nicht selten zur Abschreckung öffentlich ausgestellt. Ricci beklagte sich zur gleichen Zeit, daß er nur 3000 Mann für die Partisanenbekämpfung habe. Die Zustände im Militär des Salò-Staates wurden zusehends verworrener, es gab keine anerkannte Leitung im Kampf gegen die Partisanen. Die SS schritt ein, Kesselring sprach davon, die deutsche Wehrmacht müsse dort eingesetzt werden, wo es an Polizeikräften fehle. Immerhin unterstanden seinem Oberbefehl rund 100 000 Italiener. Er stellte zwei in Deutschland stationierte italienische Divisionen zur Partisanenbekämpfung bereit. Das einzige, was dem Duce-Regime sowie den Deutschen zum Vorteil gereichte, war die Tatsache, daß in der gesamten Widerstandsbewegung Norditaliens keine Einheit herrschte. Zu viele Gruppen und zu viele Vertreter verschiedener sozialer Schichten hatten sich der Resistenza angeschlossen. Bedrohlich war die Tatsache, daß die Alliierten seit dem Frühjahr 1944 unaufhaltsam der Republik von Salò näher kamen und deren Territorium verkleinerten. Im Juni zählten die Partisanen rund 82 000 Mann. In diesem Monat gab es insgesamt 2200 bewaffnete Zusammenstöße mit ihnen.

Graziani hatte den Auftrag zur Koordination aller Truppen des Mussolini-Staates gegen die Partisanen übernommen. Für ihn waren die Städte die gefährlichsten Brutstätten dieser Guerillabewegungen, die, wie er eingestehen mußte, immer stärker wurden und für den Staat eine echte Bedrohung darstellten. In einem Schreiben an Rahn wies Mussolini darauf hin, daß von Partisanenbanden nicht mehr die Rede sein könne, es müsse vielmehr von bewaffneten Brigaden und Divisionen gesprochen werden, insgesamt über 100 000 Mann, die unter zentralem Oberkommando stünden. Jetzt, im September 1944, war die Lage bitterernst geworden[8]. Immer mehr italienische Soldaten flohen, Kriminelle, Kriegsgefangene auf der Flucht, ein Gemisch aus Soldaten vom Balkan, aus Italien, Männer und Frauen aus verschiedensten Berufen und Altersstufen mit unterschiedlichsten moralischen Einstellungen, aber zutiefst beseelt vom vaterländischen Auftrag und von der Begeisterung der Revolution gegen den Duce, verstärkten die Partisanen.
Kesselring nahm diese ganze Widerstandsbewegung immer noch nicht ernst genug. Er bezeichnete diesen Bandenkrieg, wie er ihn nannte, zwar als völkerrechtswidrig, traute den Partisanen aber kein Durchhaltevermögen zu. War er doch überzeugt, daß ihre Mitglieder wie die italienischen Truppen im Vergleich zu den deutschen nicht annähernd so hart kämpften. Erst im Sommer sprach der Oberbefehlshaber erstmals von einem Störfaktor, gegen den die Deutschen Gegenmaßnahmen einleiten müßten.
Rahn hingegen schätzte die Resistenza und insbesondere die Partisanenbewegung politisch und militärisch als bedeutsam ein. Aber auch er traute ihnen nicht den großen Umsturz zu. Wörtlich schrieb er später: »Soweit ich es beurteilen kann, waren uns nur wenige unter ihnen feindlich gesinnt. Sie wollten ihr Land von der drückenden Besetzung frei und den Krieg beendet sehen. Ich kann es ihnen nicht verdenken.«[9] Der Duce erfuhr von Wolff von dessen Plänen zur Partisanenbekämpfung. Seit Juli war Wolff nicht nur höchster SS- und Polizeiführer in Italien, sondern auch Nachfolger von Rudolf Toussaint, also

Militärbefehlshaber. Damit waren die militärische und die polizeiliche Führung vereinheitlicht worden, um so künftig größere Divergenzen zu vermeiden[10].
Wolff unterbreitete dem Duce, er wolle italienische SS-Divisionen aufstellen. Dahinter verbarg sich der Wunsch der deutschen SS- und Wehrmachtführung, die bewaffneten Kräfte der italienischen Republik zu zersplittern[11]. Die Bekämpfung der Partisanen kostete die Deutschen immer mehr Energie. Waren anfangs nur Infanterieeinheiten im Einsatz, so benötigte man bald Artillerie, Granat- und Minenwerfer, gutausgebildete Männer, formiert zu Jagdkommandos, Kampfwagen, Flammenwerfer und Sonderformationen. Die Divisionen stellten die gefürchteten Überfallkommandos.
Die Alliierten unterstützten die Partisanen nicht sonderlich, weil sie als revolutionäre politische Bewegung galten: Eine solche Bewegung öffentlich zu unterstützen lag den Angloamerikanern fern. Aber noch vor dem Eintreffen der Alliierten konnten die Partisanen Florenz befreien und halten[12]. Die 36. Garibaldi-Brigade eroberte den Monte Battaglia, um ihn dann den Alliierten zu übergeben. Trotz der unterschiedlichen Auffassungen von Alliierten und Partisanen kam es doch immer wieder zu gemeinsamen Aktionen. Vor allem auf dem Apenninenhauptkamm agierten sie Seite an Seite gegen die Deutschen. Wie viele Soldaten der italienischen Divisionen, die in Deutschland ausgebildet worden waren, desertiert und zu den Partisanen übergelaufen waren, ließ sich erahnen, als bekannt wurde, daß mehrere Garibaldi-Einheiten mit den Waffen ausgerüstet waren, welche die Soldaten der Divisionen San Marco und Monte Rosa mitgebracht hatten.
Am 7. Dezember kam es dann zu einem Abkommen zwischen den Alliierten und dem CLN: Vier Delegierte des oberitalienischen Komitees der Nationalen Befreiung (CLNAI = Comitato di liberazione nazionale dell'Alta Italia) und General Maitland Wilson schlossen in Rom den Pakt. Damit sollten alle in der Widerstandsbewegung aktiv Tätigen erfaßt werden, unabhängig davon, ob sie antifaschistischen Parteien des CLNAI oder

anderen antifaschistischen Organisationen angehörten. Viele Partisanen kamen ohnehin nicht aus den Reihen des CLN, allerdings ließen sie sich von der Zentralorganisation des CLNAI koordinieren. Sie erhielten von ihm eine weitgehende Selbständigkeit im militärischen Bereich, in der Verwaltung, in der Verordnungsgewalt und auch in der Rechtsprechung. Das Abkommen zwischen den Alliierten und dem CLN führte dazu, daß die Partisanen in Zukunft von einem General der regulären italienischen Armee befehligt werden sollten, und zwar von General Raffaele Cadorna. In dem Abkommen wurde ferner vereinbart: »Für die Zeit der feindlichen Besetzung hat das Generalkommando des Freiwilligenkorps alle Instruktionen des alliierten Oberkommandos zu befolgen. Das alliierte Oberkommando wünscht in erster Linie, daß alle nur möglichen Maßnahmen zum Schutze der Industrieanlagen des Landes gegen Sabotage, Zerstörungen und so weiter ergriffen werden.« Das Befreiungskomitee verpflichtete sich, die alliierte Militärregierung anzuerkennen und dieser seine gesamten bisherigen Befugnisse der Lokalregierung und der Verwaltung abzutreten[13]. In der Folge erkannte auch die Regierung Badoglio vertraglich das CLNAI an, als Organ der antifaschistischen Parteien in dem vom Feind besetzten Gebiet. Es darf nicht verwundern, daß diese italienische Regierung im Süden weiterhin als »rechtmäßige Autorität« galt, zumal die alliierte Militärregierung in diesem Teil Italiens ihr die politische Macht, wie dieser Vertrag zeigt, bereits restituiert hatte.

Der Abwehrkampf der Deutschen und der Getreuen um den Duce und seiner Partei wurde indessen in Norditalien immer erbitterter. Aber auch das Überlaufen Getreuer aus der Republikanischen Nationalgarde und den in Mittelitalien stationierten Truppen nahm im Spätwinter des Jahres 1945 ein ungeheures Ausmaß an. Überall wurden Befehle des Duce ignoriert und einfach nicht mehr ausgeführt. Am Comer See waren Mitglieder der Brigate Nere stationiert. Es zeigte sich immer deutlicher, daß sich vor dem Hintergrund des Veltlins das Ende des Dramas der Sozialen Republik von Salò abspielen würde.

Pavolini sah in der Aufstellung einer größeren Verteidigungsstreitmacht für das Veltlin seine letzte Aufgabe im treuen Dienst für den Duce und seinen Staat. Mussolini, der täglich verbitterter, entmutigter und verzweifelter wurde, pflichtete seinem Parteisekretär bei. Seine Gedanken kreisen bereits um die Vision eines tragischen Endes im Veltlin. Zu Pavolini meinte er: »Schließlich soll der Faschismus an einem Ort wie diesem heroisch fallen.«[14]

In Mailand hatte er Mitte April noch stundenlang mit seinen Mitarbeitern über andere Möglichkeiten des Abwehrkampfes diskutiert. Dazwischen wurde der Vorschlag laut, den Duce heimlich über die Grenze ins Ausland, nach Spanien, zu bringen. Mussolini lehnte derlei Erwägungen kategorisch ab. Am 20. April erhielt er den Besuch Rahns, es war das letzte Zusammentreffen zwischen dem deutschen Botschafter und dem Duce. Rahn versuchte mit aller Beredsamkeit, Mussolini davon abzubringen, an den Gardasee zurückzukehren; er wollte ihn für Tirol begeistern. Doch Mussolinis Entschluß stand fest: Hier in Italien, hier, wo er politisch groß geworden war und jetzt täglich hautnah den Zusammenbruch seiner Ideologie und seines politischen Systems erfahren mußte, hier wollte er bleiben, hier wollte er sterben.

Der 10. April des Jahres 1945 ist das entscheidende Datum für den Beginn des allgemeinen Aufstands in Norditalien. In einer Direktive hieß es, daß die Partisanenformationen nun die deutschen und faschistischen Besatzungstruppen vernichten müßten. Alle Gebiete des ehemaligen italienischen Staates, wie er vor 1943 vom Duce geführt worden war, sollten baldigst befreit werden. Der Generalstreik wurde ausgerufen, und die Partisanen griffen mit den SAP-Organisationen gezielt Industriezentren und Verkehrsknotenpunkte an.

Am 25. April brach dann der eigentliche totale Aufstand los. Die Deutschen leisteten mit 50 Panzern vom Typ »Tiger« in Turin erbitterten Widerstand. Arbeiter und SAP warfen selbstgefertigte Bomben auf die deutschen Soldaten. Dann brachen Partisanenformationen von allen Seiten der Peripherie in den

Stadtbezirk ein: Garibaldi-Divisionen, autonome Divisionen, eine Formation, die sich »Giustizia e Libertà« nannte, eine linksbürgerliche, demokratisch-antifaschistische Bewegung. In Bologna war der Partisanenaufstand längst schon zur Massenerhebung geworden. Schon ein paar Tage zuvor eroberten die Aufständischen hier in einer Großoffensive die Stadt, so daß bereits am 20. April die Alliierten einziehen konnten. Nach und nach wurden die italienischen Städte Brescia, Verona, Vicenza, Venedig, Udine und Triest befreit. In Padua zum Beispiel gab es einen zweitägigen, harten Kampf. Erst am 28. April ergaben sich hier die Faschisten, die Deutschen kämpften noch weiter, bis die Garibaldi-Brigade »Sabatucci« den Kommandanten eines Panzerkorps gefangennahm. Vier Tage vorher griff die 3. Garibaldi-Brigade die Kaserne der Brigate Nere an, die Besatzung wurde gefangengenommen. Die Deutschen setzten Panzer ein, um ihre Kameraden zu befreien. In der Folge erkämpften die Partisanen rasch zahlreiche öffentliche Gebäude, die Präfektur und die Rundfunkstation, sodann alle Kasernen und Industriebetriebe, in denen sich die Deutschen verschanzt hatten. Am 26. April wurde Mailand befreit. Die namhaftesten Faschisten, darunter der Duce, hatten zuvor fluchtartig die Stadt verlassen. Viele waren getarnt, als Pfarrer oder sogar als Partisanen, auch Pavolini, Farinacci, Graziani und Zerbino.

Die Kirche versuchte zu intervenieren: Der Duce wollte vor seiner Flucht im Erzbischöflichen Palast mit dem CLN verhandeln. Dazu kam es aber nicht mehr. Der Kardinal von Mailand, Ildefonso Schuster, versuchte beim Rückzug der Deutschen zwischen den Nazis und Mussolini auf der einen Seite und den Alliierten und dem Oberkommando der Partisanen auf der anderen Seite zu vermitteln. Vergeblich, wie sich sehr schnell herausstellte! Zu unterschiedlich waren die Vorstellungen von der Politik der Zukunft, und zuviel war schon geschehen, als daß jetzt noch ein friedlicher Kompromiß hätte gefunden werden können.

Anfang Mai waren die Partisanen bis weit in den Norden hinauf vorgedrungen, der Osten war völlig in ihren Händen. Einzig die Provinz Udine konnte dem gewaltsamen Ansturm standhalten. Aufgebrachte Partisanenhorden zogen grölend und schreiend in die Dörfer und Städte ein. Sie mordeten und brandschatzten, was immer mit Faschismus und Nationalsozialismus zu tun hatte. Sie mißhandelten Frauen, verjagten Kinder, erschossen Menschen, feuerten oft wahllos auf der Piazza herum, töteten politische Feinde, nicht selten Angehörige und Freunde ehemaliger faschistischer Funktionäre, zerstörten Kommunikationszentren und vernichteten wichtige politische und soziale Einrichtungen.

Schier unzählig waren die Toten, die Ermordeten und Gefallenen auf beiden Seiten. Es floß viel Blut seit der Entmachtung des Duce und dem damals verheißenen friedlichen Ende des Faschismus und der gesamten Zeit des Salò-Staates am Gardasee. Nicht, daß zuvor Italien eine Zeit des Friedens, ohne Gewalt und Terror verbracht hätte, es herrschte schon vor dem Sommer 1943 Krieg, und der Faschismus war ein totalitäres System gewesen. Jetzt aber hatte seit den großangelegten Partisanenbewegungen das Morden System angenommen. Viele verbluteten auf der Straße, viel unsagbares Leid mußte die Bevölkerung hinnehmen, auch Prominente fielen den aufgebrachten Horden zum Opfer: Giovanni Gentile – neben Benedetto Croce Italiens bedeutendster Philosoph der ersten Hälfte des zwanzigsten Jahrhunderts – war von jugendlichen Kommunisten ermordet worden.

Gentile hatte viele Jahre das Kulturleben Italiens entscheidend beeinflußt. Als Unterrichtsminister reformierte er im Geiste des Faschismus das Schulwesen. Nie hatte er ein Hehl daraus gemacht, der faschistischen Ideologie nahezustehen und mit dem Duce zu sympathisieren. Dieser würdigte ihn entsprechend nach seinem gewaltsamen Tod. Immerhin war Gentile der erste Erziehungsminister der faschistischen Regierung gewesen.

Der Philosoph sei ermordet worden, trauerte Mussolini, weil er sich für ein Italien, das nicht mehr weiterkämpfte, schämte; weil er sein Leben lang überzeugt davon blieb, Italien sei für eine

glorreiche Zukunft unter dem Faschismus auserlesen: »Sein Blut ist das Pfand für die Wiedergeburt!«[15]
Die Angaben über die Ermordeten auf beiden Seiten gehen, wie gesagt, weit auseinander. Rund 35 000 Frauen kämpften in den Reihen der Partisanen, fungierten als Kuriere, Mitglieder der SAP und verschiedener Formationen. 4633 dieser Frauen wurden verhaftet, gefoltert, von faschistischen Gerichten verurteilt, 2750 nach Deutschland deportiert[16]. Die Zahl der gefallenen kämpfenden Frauen schwankt zwischen 200 und 2000.
Im Widerstand gegen die Deutschen vom 9. September 1943 bis Ende April 1945 dürften an die 72 500 kämpfende Italiener, die Zivilisten inbegriffen, gefallen sein. Es gab an die 40 000 Verletzte[17]. Auf der anderen Seite war die Rache an den Faschisten nicht weniger verheerend. Die Volksjustiz wütete überall dort, wo Faschisten gewirkt hatten. Aber auch hier ist die Zahl der Opfer umstritten. Als Richtlinie kann gelten, daß allein in Como, Reggio Emilia, Bologna, Modena mit Umgebung, in den Provinzen Bologna, Mailand und Turin 11 500 Faschisten erschossen wurden. Das Dreieck Reggio-Modena-Bologna war zu einem Todesdreieck geworden. Von den Soldaten der RSI fielen insgesamt 7000 Soldaten im Kampf gegen die Partisanen, 26 000 an den verschiedenen Fronten, 12 000 wurden Opfer der Resistenza. In Dalmatien, Istrien, Friaul und Giulia Venezia ließen 16 000 Italiener ihr Leben im Kampf gegen jugoslawische Partisanen. Nach dem 25. April verloren noch einmal 12 000 Italiener ihr Leben im Osten des Landes, und dann waren es noch einmal an die 30 000 Faschisten, die entweder erschossen oder hingerichtet wurden[18].

X.
Der Duce und der Führer

»Diese Ausschreitungen, diese Bluttaten, diese Vergeltungsmaßnahmen, diese willkürlichen Verhaftungen, diese Verletzungen des häuslichen Friedens, diesen Mangel an Achtung vor dem Menschenrecht, wie kann ich das alles ohne Widerspruch hinnehmen? Wozu führen diese Übergriffe? Dazu, die Deutschen und mich unbeliebt zu machen und den Widerstand der gegnerischen Gruppen zu stärken.«[1] Der Duce wußte, daß auch die Italiener an den vielen Ausschreitungen und Gewaltausbrüchen Schuld hatten. Aber in den letzten Wochen seines Lebens sah er mehr und mehr die Ursache allen Übels in der Politik der Deutschen in seinem Staat.
Die Männer um Hitler wiederum waren über Mussolini beunruhigt, sie konnten seine schwankende Haltung nicht übersehen, den weiter schwindenden Mut und die vielen widersprüchlichen Handlungen. Es gab aber auch Situationen, in denen er sich gegen den Willen der Deutschen durchzusetzen vermochte: Er entließ Innenminister Guido Buffarini Guidi; er trieb die Sozialisierung voran; er konnte sich immerhin so frei bewegen, daß er schließlich mit seinen Ministern vom Gardasee nach Mailand übersiedelte, wo er den Präfekten Mario Bassi im Amt beließ; und immerhin erreichte er die Absetzung von Generalfeldmarschall Wolfram von Richthofen.
Aber da war die vielfältige seelische Zermürbung, unter der er in der Villa Feltrinelli litt. Er wollte und konnte die tagtägliche Überwachung nicht ertragen. Gegenüber Freunden und Journalisten klagte er zusehends lauter, er könne hier nicht frei atmen, er sei völlig isoliert, selbst sein eigener Atem werde von den Deutschen kontrolliert. Mindestens tausendmal habe er versucht, aus diesem Gefängnis auszubrechen; jeder Fluchtversuch sei gescheitert[2].

Dreimal reiste der Regierungschef von Salò nach Deutschland. Zuerst mehr oder minder erzwungenermaßen, nach seiner Befreiung vom Gran Sasso; die beiden anderen Male zwar in Freundschaft, aber mehr als Bittsteller. Immer ging es um mehr Rechte für seinen Staat, gegen die Vorherrschaft der Deutschen, die er überall feststellen mußte: in der Verwaltung, in der Politik, in den militärischen Angelegenheiten[3].

Am 22. April 1944 begann die Konferenz von Kleßheim im gleichnamigen Schloß. Der Duce lieferte einen Bericht über die Situation in Italien. Er sollte als erster reden, damit dann über die weiteren Schritte entschieden werden konnte. Mussolini sprach deutsch, und er stellte fest, daß sieben Monate zuvor in Italien noch chaotische Zustände geherrscht hätten und daß jetzt immer mehr Ordnung und Zuversicht in seinem Staat einkehrten. Er vergaß es nicht, sogleich auf die italienischen Internierten in Deutschland einzugehen und gegen die Einrichtung der Operationszonen zu protestieren. Nicht ohne Stolz hob er hervor, daß er jetzt durch seine sozialistischen Maßnahmen unweigerlich das Volk gewinnen werde. Einen Beweis dafür sah er darin, daß die Streikbewegung unter Kontrolle war. Danach kam auch das Transportproblem zur Sprache.

In der Sozialen Republik von Salò wollte Mussolini die von ihm besonders protegierte Landwirtschaft wieder in den Mittelpunkt der Wirtschaftspolitik stellen. Er war der Kleinbürger geblieben, als welcher er geboren worden war. Nie hatte er akzeptieren wollen, daß in Industriezentren massenweise produziert wird. Diese Serienproduktionen, die Entfremdung des Produkts vom Hersteller, war ihm zeitlebens verhaßt geblieben. Er wollte sehen, wie das Produkt entsteht, es sollte aus den Händen des Erzeugers herauswachsen. Er lebte jedesmal auf, wenn er Landwirtschaftsbetriebe besuchte und mit den Arbeitern sprach. Aber gerade hier haperte es. Verzweifelt hatte er sich noch in Italien an Botschafter Rahn gewandt:

»Lieber Botschafter, die Vorsehung und das Schicksal meinen es mit meiner Republik gut. In diesem Jahr haben wir eine

überaus ertragreiche Ernte zu erwarten. Es wird der Bevölkerung unseres Staates wieder besser gehen. Zur Zeit fehlen uns ein Dutzend Lastkraftwagen, um die Ernte auch einbringen zu können. Seit Monaten wird dieses Problem ohne das mindeste Resultat diskutiert. Die FIAT stellt täglich 50 Lastkraftwagen her. Wenn ihr uns mindestens in kurzer Zeit drei überlaßt, können wir die Lebensmittel rechtzeitig unter das Volk bringen.«
Nachdem Rahn in dieser Frage nicht eingelenkt hatte, schrieb er an Hitler: »Die Situation in der Landwirtschaft wird immer verheerender. Zufolge der Zerstörung der Eisenbahnlinien durch die Angloamerikaner droht der Verkehr zusammenzubrechen. Seit Monaten bitte ich vergeblich um einige Lastkraftwagen, damit ich die Versorgung in den Provinzen durchführen kann. Wenigstens 500 Lastkraftwagen – die FIAT baut jeden Tag 50 – könnten auf jeden Fall hier Abhilfe schaffen.«
Als auch Hitler auf diese Bitten nicht reagierte, appellierte der Duce an Joseph Goebbels: »Die Landwirtschaft befindet sich in einem Zustand der Agonie, weil keine Lastkraftwagen von Eurer Seite zum Transport zur Verfügung gestellt worden sind. Tausende von Tonnen der reifen Frucht verwesen, weil uns nicht einmal ein einziges armseliges Lastauto zur Verfügung gestellt wird.« Der Duce ersuchte Goebbels ferner, den Bürokratismus der Nationalsozialisten in seinem Staat zu verringern. Die Deutschen hatten ein breitgefächertes Netz behördlicher Institutionen aufgebaut. Allein in Mailand gab es, wie Mussolini sich beschwerte, 73 deutsche Dienststellen, die er als eine Reihe von kleinen Staaten im Staate bezeichnete. Er sah seine Republik immer deutlicher im Schatten dieser Behörden untergehen, denn ihre Bedeutung und Macht wurden von der Bevölkerung viel wichtiger und stärker eingeschätzt als der wirkliche Staat von Salò. Außerdem beklagte sich der Duce, daß viele dieser Beamten schon lange keine richtige Sympathie mehr für seinen Faschismus und auch für den Nationalsozialismus hegten.
Das waren alles Anliegen, die in den Augen der Deutschen nicht einmal zweitrangig waren. Sie spürten nicht wie der Duce

die täglich größer werdende Not und die aufgebrachte Reaktion der Italiener.

Graziani eröffnete seine Ausführungen, wie nicht anders zu erwarten, mit dem Anliegen der Streitkräfte: zuwenig Polizei, mangelhafte Ausrüstung der Soldaten, auch in der Ausbildung fehle es – das alles wirke sich im Kampf gegen die Partisanen sehr nachteilig aus. Mussolini unterbrach ihn und erklärte zuversichtlich, daß es zu einer Spaltung der Alliierten kommen werde, wodurch ohnehin dieses Problem nicht mehr vorrangig wäre.

Hitler hatte zugehört, zuweilen bewegungslos, etwas gelangweilt, oft erweckte er sogar den Anschein der Abwesenheit. Als er zu reden begann, stürzte er sich sofort in medias res, in das Anliegen der Streitkräfte. Es gebe Befürworter, aber auch Gegner. Es sei schon zu bedenken, daß die italienischen Soldaten an der Ostfront die Internationale gesungen und Schmährufe gegen den Duce und gegen ihn ausgestoßen hätten. Mussolini dürfe sich nicht wundern, wenn da Deportationen die Folge wären, handelte es sich doch durchwegs um Kommunisten. Seine Stimme wurde lauter, er empörte sich wieder, jetzt ausfälliger und erregter, daß Mussolini die Auflösung des Faschismus in Italien zugelassen habe: Der Faschismus sei im Juli 1943 keine Realität mehr gewesen. Und wieder fiel er verbal über die Italiener im Reich her. Bei den italienischen Arbeitern in Linz habe es sogar Streiks und Schießereien gegeben; eine kommunistische Untergrundbewegung habe entdeckt werden können. Wie solle er sich für den Aufbau italienischer Streitkräfte einsetzen, wenn so viele italienische Soldaten entschlossen seien, dem Duce abzuschwören. Hitler wörtlich: »Glauben Sie mir, Duce, wie sehr Sie sich für diese Leute auch einsetzen mögen – sie werden es Ihnen nicht danken.«

Trotzdem gestand der Führer ein, daß Italien der einzige durch seine Weltanschauung eng Verbündete geblieben war. Solche Freundschaft mußte verbinden. Zweckmäßigkeit und gegenseitiges Angewiesensein mußten weiterhin verbünden. Dennoch ließ sich Hitler nicht konkret auf Mussolinis Bitten ein.

Der Duce und der Führer

Das Treffen von Kleßheim war für den Duce in keiner Weise ein Erfolg. Enttäuscht kehrte er nach Italien zurück, nachdem er zuvor im Lager Grafenwöhr die Division San Marco besucht hatte.

Am 20. Juli 1944 schlug ein Attentat auf Adolf Hitler fehl. Sofort wurden Mitverschwörer in italienischen Kreisen, bei Beamten des Auswärtigen Amtes, vermutet und gesucht. Vergeblich. Himmler erhielt die Vollmachten für die Verteidigung des Reichs. In den besetzten Gebieten gab er sie weiter, im Falle Italiens an SS-Obergruppenführer Wolff, wodurch dieser noch an Macht gewann. Just an diesem Tage reiste der Duce wiederum nach Deutschland. Es kam zum dritten und letzten Zusammentreffen mit Hitler in der Zeit der Sozialen Republik von Salò. Hitler hatte bei dem Attentat einen Bluterguß erlitten, sein Trommelfell war angeschlagen. In erster Linie ausschlaggebend für diese Deutschlandreise waren die italienischen Divisionen, die Mussolini so bald wie möglich wieder in Italien haben wollte. Er bestieg am 15. Juli einen Sonderzug, begleitet von Graziani, seinem Sohn Vittorio, Mazzolini, Anfuso und dem deutschen Botschafter Rahn. Der Duce mußte bereits in Bayern vor den alliierten Luftangriffen abgeschirmt werden. Am nächsten Tag besuchte er die Division Monte Rosa in Münsingen, am 17. Juli die Division Italia in Paderborn, am nächsten Tag San Marco und danach Littorio in Sennelager. Überall wurde er begeistert empfangen. Das tat dem Duce gut, er schöpfte neuen Optimismus.

Am frühen Nachmittag des 20. Juli wollte man in Rastenburg eintreffen, aber der Zug hielt unerwartet im Bahnhof Görlitz, einer kleinen Eisenbahnstation in der Nähe des Führerhauptquartiers, auf dem Abstellgleis an. Es verging eine Stunde, bis die Fahrt weiterging zur Wolfsschanze. Bei der Ankunft unter strengen Sicherheitsvorkehrungen fand ein kleiner Aufmarsch statt. Ganz vorn am Bahnsteig stand Hitler, dahinter Göring, Ribbentrop, Himmler, Bormann, Keitel und Dönitz. SS-Chef Himmler verließ sofort die Gruppe und begann mit der Jagd nach den Verschwörern. Hitler, bleich im Gesicht und leicht zitternd, ging sofort auf Mussolini zu und sprach mit monotoner Stimme zu ihm: »Duce, man hat eben eine Höllenmaschine auf mich losgelassen.«[4] Der Duce starrte ihn eine kleine Weile mit weitaufgerissenen Augen an. Rahn schrieb später über diese Begrüßung: »Bei unserem Eintreffen stand Hitler im schwarzen Radmantel auf dem Bahnsteig, die rechte Hand leicht zitternd in der Schlinge. Sonst war ihm nichts anzusehen. Unsere Anwesenheit störte sichtlich. Alles drehte sich um den Grafen Stauffenberg und seinen Versuch, das Regime durch einen Gewaltstreich zu stürzen. Und sofort begann die Legende zu spinnen: Ein Wunder war geschehen, die Vorsehung hatte eingegriffen.«[5]

Als Hitler dem Duce und seinem Gefolge den Ort des Attentats zeigte und genau den Hergang schilderte, waren die Italiener bestürzt und malten sich aus, was geschehen wäre, wenn das Attentat Erfolg gehabt hätte. Der Duce wäre vermutlich gefangengenommen worden – es bestand da wohl ein Zusammenhang, daß der Duce gleichzeitig mit Hitler entmachtet werden sollte. Mussolini deutete Hitlers Errettung als »deutlichen Fingerzeig des Allmächtigen«, und Hitler meinte, daß er eine Vorahnung gehabt habe: »Nach meiner heutigen Errettung aus der Todesgefahr bin ich mehr denn je davon überzeugt, daß es mir bestimmt ist, nun auch unsere gemeinsame große Sache zu einem glücklichen Abschluß zu bringen.«[6]

Angesichts dieses Attentatsversuches – Hitler war sichtlich nervös und voller Unruhe – nahm der Duce insofern Rücksicht auf Hitler, als er nur einen kurzen Lagebericht gab: Er beklagte den Fall Roms, bedauerte die Verstärkung der feindlichen Propaganda, dankte für die Ausbildung der italienischen Divisionen, erbat eine Vereinbarung über die Verteidigung Norditaliens und die Rückkehr der italienischen Truppen. Danach kam Hitler auf militärische Pläne zu sprechen: Würden italienische Freiwillige gestellt, so könnten die noch in Deutschland stationierten italienischen Divisionen unangetastet bleiben und würden mit den bereits abtransportierten zwei Divisionen eine neue geschlossene Einheit von vier Divisionen der neuen faschistisch-republikanische Armee bilden, so daß mit einer Verstärkung durch die deutsche Division eine ganze Armee unter dem Befehl Grazianis stehen könne. Führten deutsche Befehlshaber italienische Verbände an, so müßten ausgezeichnete Kampfresultate erzielt werden[7]. Hitler meinte, daß zumindest für kurze Zeit die Deutschen auf italienische Divisionen zurückgreifen müßten.

Mussolini konnte über die immer drückender werdenden Lasten in seinem Staat nicht mehr hinwegtäuschen: Im Januar habe zwar politisch wie wirtschaftlich ein Aufschwung stattgefunden; danach aber habe das Regime eine »Krise der Erwartung« durchmachen müssen. Die Partisanengefahr sei größer geworden, Unsicherheit breite sich bei Polizei und Verwaltungsexekutive aus, dem sollten nun die Brigate Nere abhelfen. Schließlich bekundete er, daß er gegen den Einsatz seiner Divisionen in Deutschland nichts einzuwenden habe.

Hitler verabschiedete sich ohne Diskussionsbeitrag; während der Aussprache waren immer wieder Meldungen eingetroffen; er wirkte zerfahren. Der Abschied der beiden Diktatoren auf dem Bahnsteig war kühl, dennoch aber für den neutralen Beobachter ergreifend. Die Worte Hitlers mußten unter die Haut gehen; jetzt nach dem Attentat, das ihn auf jeden Fall, wie immer er sich auch verstellen mochte, im Inneren getroffen hatte, erkannte er seine Einsamkeit: »Ich weiß, daß ich mich auf Sie verlassen kann, Duce. Glauben Sie mir bitte, wenn ich Ihnen heute sage, daß Sie mein bester und vielleicht mein einziger Freund sind, den ich auf der Welt habe.«[8] Daraufhin wandte er sich an den deutschen Botschafter mit den Worten: »Rahn, passen Sie mir gut auf.«[9] Dieses Wort ist oft und lange diskutiert worden: War es dem Führer tatsächlich ein Anliegen, auf den Duce aufzupassen, für sein Wohlergehen, die Aufrechterhaltung seiner Macht und seiner Position zu sorgen? Oder erhielt Rahn den Auftrag, den Duce nicht aus den Augen zu lassen, damit es ihm nicht gelinge, sich in seinem Staat zu verselbständigen und sich mehr und mehr von der deutschen Autorität zu befreien?

Zur Überraschung auch der Italiener kam es tatsächlich nach der Begegnung in der Wolfsschanze im heutigen Polen zur Verlegung der italienischen Divisionen nach Italien. Der Duce hatte erreicht, was er sich vorgenommen hatte. Am Gardasee gab er ein Rundschreiben heraus, in dem er mitteilte, daß die italienischen Internierten den Status von Zivilarbeitern in Deutschland erhalten oder daß sie in militärische Einheiten eingegliedert würden[10]. Für den Staat von Salò war das alles aber längst zu spät. Das gesunkene Ansehen konnte damit nicht wiederhergestellt werden. Denn auch weiterhin gab es keine wirkliche italienische Souveränität. Mussolini aber blieb nach diesem Treffen in der Wolfsschanze die Illusion, daß die militärische Macht in der Republik sich erheblich zum Bessern wenden werde.

Es wird oft die Frage gestellt, wie die beiden Diktatoren in ihrem politischen Zusammenwirken zu beurteilen sind. Bevor ich im letzten Kapitel dieses Buches noch einmal auf die Person des Duce, vor allem vor dem Hintergrund seines privaten und gesellschaftlichen Lebens, eingehen werde, versuche ich hier einige Aspekte, durch politische Komponenten variiert, vorwegzunehmen. Allgemein herrscht einhellig die Meinung, daß Mussolini als Diktator nicht an Hitlers Format heranreichte. Der Duce blieb bis zu seinem Ende volksverbunden, ja oft wirkte er vulgär, vulgär im positiven Sinne. Er war ein Kenner der italienischen Geschichte und wußte über weltbewegende Kulturereignisse Bescheid. Eine besondere Vorliebe hegte er für die Geschichte der Philosophie. Er konnte stundenlang Aristoteles lesen und sich mit Platons *Politeia* befassen. Er studierte immer wieder römische Geschichtsschreiber: Livius und Tacitus, beschäftigte sich aber auch mit Leopold von Ranke und Heinrich von Treitschke. Hingerissen war er von den großen Revolutionären, seine besondere Vorliebe galt Giuseppe Mazzini. Er sprach gut Deutsch und ließ es sich nicht nehmen, Klopstocks *Messias* ins Italienische zu übersetzen[11]. Auch in der Strategie war er Hitler unterlegen. Das heißt, daß er stets etwas Menschliches in seiner Seele bewahrte und nie der

Dämonie der Macht verfiel, die Hitler von seinen frühesten politischen Jahren an blendete, die ihn fesselte; wenn er auch wie dieser mit allen Mitteln um die Macht kämpfte und jeden anderen Konkurrenten ausschalten wollte. In diesem Zusammenhang war es das Unvermögen des politischen Dilettanten, das Quantum Menschlichkeit in seinem Inneren, woran er scheiterte.
So blieb er bis zuletzt abhängig vom deutschen »Führer«. Trotz allem wurde er aber nie sein Lakai. Er bewahrte zwar nicht jene eines Philosophen würdige Unabhängigkeit, in seiner Persönlichkeit behielt er dennoch ein moralisches Ethos. Einmal hatte sich Mussolini als politischer Lehrmeister Hitlers gefühlt. Spätestens nach Beginn des Krieges mußte ihm bewußt werden, daß er nur mehr sein Schüler war – ein Schüler, der jetzt vom Lehrer abhängig war und ihn sogar fürchten mußte.
Die große Masse der Italiener war bereit gewesen, dem Faschismus Mussolinis einen Vertrauensvorschuß zu geben. Dasselbe taten die deutschen Staatsbürger gegenüber dem Kabinett Hitlers, wie der Historiker Hans Mommsen konstatierte. Dieser Vertrauensvorschuß wurde dem Duce noch mehr zum Verhängnis als dem deutschen »Führer«. Er war es gewesen, der unaufhörlich viele Tage lang faschistische Wunderversprechen abgegeben hatte. Die Massen warteten oft umsonst auf deren Einlösung. Lange Zeit hatte er es vorzüglich verstanden, rhetorisch und ideologisch seinen Landsleuten die Gewißheit zu vermitteln, daß sie auf ihr Land stolz sein dürften, und sie dazu zu bewegen, sich mit seiner Politik und Kultur zu identifizieren. So baute er ein Bewußtsein der Freiheit auf. Macht und Gewalt konnte er zu dieser Zeit, als er im Zenit des italienischen Enthusiasmus stand, geschickt ausbalancieren. Hierin lag ein Geheimnis des oft zitierten Duce-Charismas, über das er zum Mythos avancierte. Seine aufpeitschenden, oft bis zur Ekstase stilisierten Reden täuschten vielen Italienern bis zuletzt eine Scheinwelt vor und verschleierten geradezu perfekt den brisanten Widerspruch des Systems.
Der Einfluß des Duce reichte nie überzeugend über die Gren-

zen des eigenen Landes hinaus. Während Millionen von Italienern auf ihn ihren Eid ablegten, wurde er im Ausland politisch nie so recht ernstgenommen, schon gar nicht dann, als er seinen neuen Staat von Salò präsentierte. Mussolini wollte zwar, aber es gelang ihm nie, mit der Perfektion des Führers die Attitüden eines Heilsbringers anzunehmen. Die schier unheimliche Aura der letzten Tage Hitlers bis zum Selbstmord blieb bei Mussolini ein schlechtinszeniertes Schauspiel, das in dem Aufruf, im Veltlin mit der Sonne im Gesicht zu sterben, seinen Höhepunkt erreichte.

Es kam öfter vor, daß auch dem Duce die Phantasie durchging. Da erhob er sich über die Politik des Alltags und befreite sich aus den dringend anstehenden politischen und sozialen Zwängen. Ähnlich Dante, Machiavelli oder anderen italienischen Staatsdenkern und politischen Humanisten wie Petrarca, Ficino und Salutati dachte er über den politischen Sinn des Seins, über seinen geschichtlichen Auftrag, über Ehre, Größe und Ruhm nach. Den Begriff der Ehre zählte er zu den faszinierendsten der Geschichte, insbesondere seiner Zeit, auch zu den am schwierigsten zu definierenden Inhalten: Menschliche Größe übersteige die überschaubaren alltäglichen Grenzen. Gegenwärtig, so folgerte er, könne man beim Militär wahrhafte Größe, Ruhm und Ehre erreichen; denn der Ruhm sei immer an den Krieg gebunden, und der Krieg sei die höchste Prüfung unter den Völkern. Während in Friedenszeiten die Menschen gemeinhin altruistisch und ehrlich zu sein scheinen, konfrontiere sie der Krieg mit seiner ganzen Essenz. Dann erst zeige sich, wieviel ein Volk wert sei, was es aus der Geschichte übernommen habe: Ein Volk ohne Ruhm ist kein wahres Volk. Denn erst der militärische Ruhm verleiht allen Menschen Sicherheit und Stolz – allen, den kleinen wie den großen, den Hütten wie den Palästen. Dieser Ruhm muß nicht immer an einen militärischen Sieg gebunden sein: Man kann gut verlieren, man kann schlecht gewinnen. Das Volk aber muß stets bereit sein, sich bis zum Äußersten aufzuopfern. Wenn eine Armee bis zum letzten Mann kämpft, bedeutet das Ruhm für die Fahnen,

denn all jene, die gekämpft haben, werden immer die Lieder singen – sind es nun die Lieder des Siegers oder die des Verlierers – und die Achtung vor ihnen wird niemals untergehen"[12].
Giovanni Preziosi beschrieb einmal Mussolini als einen Mann ohne Menschenkenntnis, der immer von Menschen umgeben war, die ihm Unheil brachten und ihn schlecht berieten. Vittorio Mussolini stellte enttäuscht fest, nachdem er in Berlin mit Baron Steengracht gesprochen hatte, daß das italienische Volk der Meinung sein mußte, daß der Duce ein Exekutivorgan und der Staat von Salò nichts anderes als ein deutscher Satellitenstaat sei.
Gegenüber Justizminister Piero Pisenti äußerte sich Mussolini einmal vergrämt: Er wisse sehr wohl, daß ihn die Italiener nicht mehr liebten, weil sie in ihm den Verantwortlichen für den Krieg und für das große persönliche Unglück sähen. Ohne hierbei polemisch zu werden, gestehe er in Wahrheit, daß er nicht mehr in Italien sei, um die Italiener zu verteidigen und zu retten[13]. Der Duce erkannte im Lauf der Monate von Salò zusehends mehr, daß er für viele seiner Landsleute der meistgehaßte Mensch Italiens war. Während dieser Zeit wurde er auch immer mehr zum Asketen. Schon als junger Mann hatte er sehr selten geraucht, nach seinem Antritt als Regierungschef verzichtete er auf jedes alkoholische Getränk. Dabei hatte er in jungen Jahren mit Freunden schöne Frauen und guten Wein geliebt. Eitel blieb er wie ein echter Italiener. Er fiel gern durch extravagante Kleidung auf und war stets bemüht, sportlich und elegant zu wirken. Er schwamm gern, spielte Tennis und übte sich auch noch am Gardasee im Ringkampf. Er blühte jedesmal auf, wenn Journalisten in ihren Gazetten diese Eigenschaften lobend hervorhoben.
In der Villa Feltrinelli am Gardasee gab sich der ehemalige Volksschullehrer aus der Romagna, spätere Journalist, Capo del governo (Regierungschef) und Duce des Faschismus und nunmehriges Oberhaupt der Sozialen Republik von Salò wieder mehr den philosophischen und literarischen Reflexionen hin – der Tatenmensch in ihm verkümmerte. Es wurde immer

deutlicher, daß er nicht mehr der einstige Diktator war, sondern ein Mensch, der sich durch die Irrungen des Lebens zu einer höheren Einsicht durchgerungen hatte und eigentlich schon deswegen nicht jenen gefühlsrohen und widerlichen Abgang, jenen aufdiktierten und unausweichlichen Alltag und jenes bittere Ende hätte erleben dürfen[14].

Dennoch blieb er ein leidenschaftlicher Patriot, der von der Politik nicht lassen konnte. Politik bedeutete ihm aber, an der Spitze des Staates zu stehen und Befehle zu erteilen; die Masse des Volkes zu beherrschen, von ihr begeistert empfangen und aufgenommen zu werden. Um dieses Ziel zu erreichen, hatte er jahrelang alles in Kauf genommen, Betrug, Grausamkeit und Mord. Diese Leidenschaft war es, die ihn die Grenzen des Politischen verkennen und ihn zu einem Statisten auf der Bühne der Politik werden ließ. So wurde er zum Diktator, zu einem einsamen Menschen, der es verlernte, auf Ratschläge anderer zu hören, und das mit der Zeit auch gar nicht mehr wollte. Seine einzigen Freunde blieben Diktatoren anderer Staaten, voran Adolf Hitler, der sein Verhältnis zum Duce folgerichtig eine »brutale Freundschaft« nannte.

Mussolini glaubte aber auch bis zuletzt, ein guter Journalist zu sein: »Man wird als Journalist geboren, wie man als Komponist oder Techniker geboren wird. Eine Zeitung zu begründen setzt voraus, die Heimat in ihrem innersten Wesen zu kennen.« Stets wenn er mit Journalisten und Redakteuren, die geistig mit ihm konform gingen, sprach, freute er sich und interessierte sich spontan für das gesamte Drumherum der Zeitung. Er wollte wissen, wer für die Berichterstattung zuständig war, wer die betreffenden Artikel verfaßte, wieviel jeweils ein Redakteur schrieb, wie die Publikationen bei den Lesern ankamen, er wollte wissen, wie viele Leserzuschriften täglich eingingen und wie hoch die Auflage der jeweiligen Zeitung war. So verbrachte der Duce die letzten einsamen Monate in Salò wieder mit jener Tätigkeit, die ihn in der Jugend und während seiner politischen Laufbahn immer wieder in Bann gezogen hatte: Er kehrte zurück zum Schreiben, verfaßte Aufsätze, Rückblicke, politi-

sche Erwägungen; schrieb Briefe und dachte daran, ein größeres Buch über sein Leben herauszubringen.
Hitler gab ihm zuweilen neuen Mut. Telegramme trafen ein, in denen er ihn seiner weiteren intensiven Freundschaft versicherte: Nach fünf Jahren der andauernden Allianz durch den Freundschaftspakt mit dem Duce unterstrich Hitler die Eintracht zwischen Italien und dem Deutschen Reich: »Ich bin überzeugt, daß, trotz aller Hindernisse, am Ende dieses Krieges der Sieg der Kräfte des Dreibundes stehen wird, der unseren beiden Völkern ein freies und glückliches Morgen bereiten wird.«[15] Hitler glaubte irgendwie bis zuletzt an eine militärische Wende. Er meinte, daß letztendlich der Feind in die Knie gezwungen und Kompromisse anbieten werde. Mussolini dachte eher an einen Sonderfrieden mit der Sowjetunion. Die kameradschaftliche Treue zwischen den beiden Diktatoren blieb bis wenige Tage vor dem Tod erhalten. Für Spekulationen, wonach der Duce angeblich zuletzt ein Doppelspiel mit Hitler getrieben hätte, konnten keine stichhaltigen Beweise erbracht werden.

30 Marschall Graziani nimmt mit SS-General Wolff eine Parade ab.

31/32 Aus Anlaß der Zerstörung des Klosters Monte Cassino bringt die Repubblica Sociale Italiana eine Briefmarke heraus.

33 20. Juli 1944: Hitler zeigt Mussolini die Trümmer der zerstörten Lagebaracke des Führerhauptquartiers.

34 Der unmittelbare Zusammenbruch von Salò steht bevor: Der Duce inmitten seiner deutschen Umgebung im April 1945.

35 Die Vermittlungsversuche des Mailänder Kardinals Ildofonso Schuster zwischen dem Duce und dem CLNAI scheitern.

36 Mussolini mit seiner Frau Rachele.

37 Claretta Petacci, die Geliebte des Duce (rechts).

38 Die Leichen des Duce und seiner Geliebten, die einen Tag nach ihrer Ermordung am 28. April mit 22 anderen Opfern kopfüber am Dach einer Tankstelle aufgehängt werden.

39 Die von der aufgebrachten Menge geschändeten Leichen, die erst gegen Abend auf Veranlassung der Alliierten von der Piazza Loreto entfernt werden.

XI.
Die Front rückt näher

Ende August 1943 standen für die Briten und Amerikaner die Operationspläne für Italien fest: Die Britische 8. Armee unter Sir Bernard Montgomerys Oberbefehl greift die kalabrische Westküste an, die Aktion läuft unter dem Decknamen »Baytown«. Die Amerikanische 5. Armee stößt mit einer Operation unter dem Decknamen »Avalanche« gegen die Küste am Golf von Salerno vor. Bis Mitte August waren die Alliierten Streitkräfte vorrangig auf Sizilien im Einsatz, danach wurden, nordwärts schreitend, zentrale Einrichtungen im Hafengelände bombardiert, zudem Straßen und Bahnhöfe, um den Gegner zu isolieren.

Bis zur Landung der Alliierten war Mussolini noch immer siegessicher gewesen: Der Feind würde bis zum letzten Mann vernichtet werden. Der Angriff der Alliierten am 10. Juli stieß in Sizilien kaum auf Widerstand. Bereits fünf Tage später hatten sie die Küstenebene zwischen Empedocle und Augusta unter ihre Kontrolle gebracht. Dieser geringe Widerstand löste bei Hitler Unverständnis und Mißmut aus – das Verhalten der Italiener mutete ihn verräterisch an. Der deutsche Botschafter Hans Georg von Mackensen überreichte dem Duce die Einladung zu einer Unterredung mit dem »Führer« in Feltre. Am 19. Juli landete Hitler in Treviso; bereits auf der Fahrt nach Feltre sprach er mit dem Duce. Im Palazzo Gaggia war zwar die Rede vom dauerhaften Bündnis zwischen Deutschland und Italien und dem gemeinsamen Endsieg, aber Hitler erzürnte sich zunehmend mehr und kanzelte während der drei Stunden Unterredung in Anwesenheit der italienischen Generale Mussolini regelrecht ab[1].

Gleichzeitig traf die Nachricht ein, Rom werde bombardiert. Mussolini erbat sofort von Hitler Waffen und Munition. Der

Führer hingegen baute mehr darauf, eigene Divisionen nach Italien zu schicken, deren Kampfkraft viel größer sei als jene der Italiener. Den Italienern wurde keine Gelegenheit mehr geboten – derart ausführlich war Hitlers Situationsbericht –, auf ihre mißliche Lage hinzuweisen und darauf, daß sie in absehbarer Zeit würden kapitulieren müssen. Nach dem Treffen gingen der Duce und Hitler uneinig und nicht gerade als Freunde auseinander, dennoch hielt die gemeinsame politische Zielsetzung sie auch künftig zusammen. Nach Bekanntwerden der Entmachtung Mussolinis am 25. Juli hegte Hitler den Plan »Schwarz«, Rom besetzen, die neue Regierung und den König verhaften zu lassen und das faschistische Regime wiedereinzusetzen[2]. Er war wie eh und je überzeugt, daß die Faschistische Partei die einzige war, die eindeutig an seiner Seite weiterkämpfen wollte. Einige Militärs, auch Albert Kesselring, rieten davon ab und empfahlen die Militäraktion vorläufig hinauszuschieben, um die abgesprungenen Italiener nicht vollends zu Gegnern zu machen. Das Unternehmen »Schwarz« wurde zunächst aufgeschoben und schließlich wegen geringer Erfolgsaussicht fallengelassen.

Inzwischen war am 17. August die Besetzung der Alliierten im Süden abgeschlossen. Das Oberkommando der Wehrmacht mußte die planmäßige Räumung Siziliens bekanntgeben. Am 3. September landete die 8. Armee Montgomerys in Kalabrien. Auch hier erlosch der militärische Widerstand der Italiener rasch. Schon vor der Entmachtung Mussolinis war es das politische Ziel der Alliierten gewesen, darauf hinzuarbeiten, Italien in die Knie zu zwingen, damit es vorzeitig aus dem Krieg ausscheiden mußte.

Hitler hatte seit längerem Mussolinis Absetzung geahnt. Der Duce aber hatte es nie gewagt, das Bündnis mit den Deutschen aufzulösen, wie es ihm etwa die Rumänen oder Ungarn empfohlen hatten und was auch Faschisten in seinen eigenen Reihen wünschten. Hitler hatte einmal geschrieben: »Es gibt weder einen englischen noch amerikanischen oder italienischen Staatsmann, der jeweils pro-deutsch eingestellt wäre. Es wird jeder Engländer als Staatsmann natürlich erst recht Engländer sein, jeder Amerikaner Amerikaner, und es wird sich kein Italiener bereit finden, eine andere Politik zu machen als eine pro-italienische. Wer also Bündisse mit fremden Nationen aufbauen zu können glaubt, auf einer prodeutschen Gesinnung der dort leitenden Staatsmänner, ist entweder ein Esel oder ein unwahrer Mensch.«[3] Die Beziehung Mussolini-Hitler war von Anfang an vor dem Hintergrund der Staatsräson aufgebaut worden. Als solche sollte sie bis zuletzt, solange zumindest ein letzter Funken der Hoffnung auf Erfolg glomm, halten.

Auf die Kapitulation König Vittorio Emanueles III. und den Waffenstillstand habe ich bereits verwiesen (vgl. S. 27f.). Soviel sei noch ergänzt, daß die italienischen Truppen sofort von ihren militärischen Einsatzorten abgezogen, nach Italien verlegt, die gefangengenommenen See- und Luftstreitkräfte den Engländern übergeben wurden. Hitler war nach außen hin entrüstet. Er wollte nicht eingestehen, daß dieses Ereignis von ihm und seinen Mitarbeitern vorausgeahnt worden war. In einer Presseerklärung über Badoglios Verrat ließ er sagen:»Badoglio liefert Italien bedingungslos dem Feinde aus. Die deutsche Führung war auf diesen Schritt vorbereitet. Alle notwendigen Maßnahmen sind getroffen. Seit dem verbrecherischen Anschlag auf den Duce am 25. Juli und der Beseitigung der faschistischen Regierung hat die deutsche Regierung ihr besonderes Augenmerk auf die Vorgänge in Italien gelegt.«[4] Rasch erhielten Kesselring für Süd- und Mittelitalien und Rommel für Oberitalien die entsprechenden Befehle zur Besetzung. Hitler war sich aber bereits zu diesem Zeitpunkt sicher, daß der Süden der Apenninenhalbinsel und Rom nicht gehalten werden konnten[5]. Kesselring forderte seit der Kapitulation immer wieder eine einheitliche Führungsspitze für die deutschen Truppen in Italien. Am 21. November schließlich wurde seinem Wunsch stattgegeben: Nicht Rommel, sondern Kesselring erhielt an diesem Tag die Gesamtführung in Italien; er wurde »Oberbefehlshaber Südwest-Heeresgruppe C«. An dieser Stelle unterstreiche ich, daß die deutsche Befehlsführung in Italien nach einem komplizierten System funktionierte: Der Oberbefehlshaber der Front, eben Feldmarschall Albert Kesselring, unterstand dem Oberkommando der Wehrmacht. Der Luftwaffenbefehlshaber General Oswald von Pohl erhielt seine Befehle direkt von Hermann Göring. Obergruppenführer Wolff war als Höchster SS- und Polizeiführer Himmler unterstellt, während er in seiner Eigenschaft als Bevollmächtigter General, der er als Nachfolger von General Rudolf Toussaint war, wie Kesselring dem Oberkommando der Wehrmacht verantwortlich war.

So gesehen, bedeutet eigentlich der 8. September den Anfang des Krieges auf italienischem Boden, des Krieges zwischen den Deutschen und den Alliierten, zwischen den Streitkräften des neuen Staates von Salò und den Alliierten wie der Resistenza und den bewaffneten Banden der Partisanen. Der Bürgerkrieg lief daher parallel mit dem Krieg zwischen den Alliierten und den Faschisten und Deutschen. Die Mehrheit der Italiener war wehrlos, aber nicht tatenlos. Brutaler denn je suchten viele durch Gewalt Freiheit und Unabhängigkeit zu erlangen[6]. Mussolini mußte das einerseits bedauern. Es sei tragisch für das italienische Volk, sagte er zu Botschafter Rahn bei einer Unterredung auf La Rocca delle Caminate, daß Deutschland allein das Schwert in der Hand behalten habe. Nachdem es nun aber einmal so sei, müsse es in allen Fragen der Kriegführung in Italien die absolute Dominanz haben. Er versprach den Deutschen, mit eiserner Konsequenz diese Tatsache zu unterstützen. Andererseits konnte er aber nicht umhin, seiner Verbitterung darüber Ausdruck zu verleihen, daß deutsche Militär- und Zivilstellen sich in alle italienische Lebensbereiche einmischten[7].

Moellhausen äußerte sich besorgt darüber, wie übrigens öfter auch Rahn, daß die neue faschistisch-republikanische Regierung von den Deutschen völlig übergangen wurde. Er befürchtete, daß sie zurücktreten könnte. Kesselring meldete ähnliche Bedenken: »keine Resonanz im Volk, keine Machtmittel, praktische Ausschaltung durch deutsche vollziehende Gewalt«.[8] Hitler verstand es weiterhin gut, den Schwerpunkt seiner

Politik auf seine Beziehung zu Mussolini zu legen. Stolz verkündete er in einer Rede im Münchner Löwenbräukeller über den Duce und den Krieg in Italien: »Ich bin glücklich, daß es uns gelungen ist, aus den Händen der traurigsten Erscheinungen dieses sonst so gewaltigen Zeitalters wenigstens den Mann zu retten, der selbst alles getan hat, nicht nur um sein Volk groß, stark und glücklich zu machen, sondern um es auch teilhaben zu lassen an einer historischen Auseinandersetzung, die am Ende über das Schicksal und die Kultur dieses Kontinents entscheiden wird. Der Sturm zum Brenner ist zu einer Schneckenoffensive weit südlich von Rom verkommen.«[9]
Inzwischen hatte die Regierung Badoglio den Deutschen den Krieg erklärt. Diese Italiener galten nun als »mitkriegführend«. Allerdings leisteten sie den Alliierten nur kleinere Hilfsdienste. Der eigentliche Kampfeswille fehlte ihnen. Von einer Schneckenoffensive im Süden konnte freilich keine Rede sein. Die apulischen Flugbasen gingen schon in diesem Herbst an die Alliierten verloren. Das Oberkommando der Wehrmacht hatte eine Division zur Verstärkung aus Norditalien verweigert. Trotzdem gelang es der 10. Armee, eine Front vom Tyrrhenischen Meer bis zur Adria aufzubauen. In der Folge verzettelten sich die Deutschen immer wieder in ihrem Vormarsch, die Alliierten meldeten zusehends mehr Erfolge.
Innerhalb der deutschen Truppenführung in Italien herrschten Kontroversen. Gemeinsam war nur die Absicht, Italien vor alliierten Angriffen zu bewahren. Streitpunkte waren und blieben die Truppenstärke und die strategische Zielsetzung. Die Maßnahmen der Deutschen nach der Auflösung des Bündnisvertrages durch Italien liefen unter dem Decknamen »Achse«. Sie sahen die Räumung gefährdeter Fronten und Materialverlagerungen vor. Kesselring sprach von Aktionen »defensiver Natur«.
Die Existenz der Sozialen Republik von Salò hing von der Sicherheit der deutschen Verteidigungslinien in Norditalien ab. Und die Front der Alliierten rückte im Lauf des Jahres 1944 unaufhaltsam gegen Norden vor. Der neue Staat des Duce wurde

nolens volens zu einer letzten Bastion des Deutschen Reichs in Norditalien, zu einem Satellitenstaat Hitlers, worüber auch alle proklamierte Selbständigkeit des Duce und seiner Regierung nicht hinwegtäuschen konnte.
Um die Ordnung aufrechtzuerhalten, entwickelten die Nationalsozialisten ein eigenes System, gekennzeichnet durch Repression, Gewalt, Folter und Brutalität. Zu besonders grausamen Aktionen kam es in Rom in der Via Raselli und in den Fosse Adreatine. Ein junger Mann in Uniform der städtischen Straßenreinigung hatte einen Karren vor sich hergeschoben. Auf vereinbarte Zeichen seiner Komplizen hatte er eine Bombe auf einen Lastkraftwagen der Polizei geworfen. Panik war sogleich ausgebrochen, deutsche und italienische Polizei gewaltsam in die umliegenden Privatwohnungen eingedrungen, wo unschuldige Bewohner verhaftet wurden. Die Attentäter konnten entkommen. In der darauffolgenden Nacht, es war der 23. März des Jahres 1944, wurde beschlossen, für jeden toten Deutschen zehn Italiener zu erschießen: So verloren 335 Italiener, es waren politische Häftlinge, darunter 83 Juden, ihr Leben.
Im Apennin wollte der deutsche Offizier Walter Reder die kommunistische Partisanenzelle der »Stella Rossa« ausheben. Er befahl die Zerstörung des Dorfes Marzabotto. An die 600 italienische Zivilisten kamen dabei um. Es wäre aber einseitig und falsch, nur die Deutschen und mit ihnen die Faschisten von Salò grausamer Verbrechen zu bezichtigen. Auch die Alliierten verhielten sich vielfach nicht besser. Vor allem bei Bombardements waren sie rücksichtslos und brutal. Bei einem unnötigen Angriff auf Treviso fielen 2000, zumeist Zivilisten, dem Bombenhagel zum Opfer.
Das alles und noch vieles andere mehr verschlechterte das Verhältnis der Deutschen zu den Italienern zusehends. Rom wurde immer deutlicher als Zentrum des Widerstands erkannt. Die italienische Metropole wurde für die Deutschen immer mehr zur Belastung. Stimmen wurden laut, welche die Räumung Roms forderten. Einen Tag nach dem kommunisti-

schen Attentat in der Via Rasella berief SS-Obergruppenführer Wolff eine Konferenz aller deutschen Dienststellen ins Hotel Exelsior ein und gab in deren Verlauf die Evakuierung der Stadt bekannt. Die Begründung lautete, die Deutschen würden sich dadurch viel ersparen. Himmler erteilte die Zustimmung, Kesselring, der sich offenbar übergangen fühlte, stimmte aus militärischen Überlegungen nicht zu: Die Nachschubstraßen könnten so nicht mehr abgesichert werden. Schließlich sprach aber auch er sich für den Abzug aus Rom aus, nicht aber für die ursprünglich geplante Zerstörung notwendiger Einrichtungen. Mussolini wehrte sich vehement dagegen und verlangte eine konsequente Verteidigung gegen die Alliierten[10].

Rom drohte zum Nadelöhr und zum Fanal für das weitere Schicksal des Staates von Salò und der deutschen Besatzung in Italien zu werden. Hier befand sich ja auch der Vatikan, dessen Politik und politische Rolle nicht nur Mussolini und Hitler suspekt waren. Nach außen hin mußten die Deutschen bemüht sein, Beziehungen mit dem Papst zu pflegen, was auch der Politik Rahns entsprach. Der Botschafter setzte sich wiederholt für verschiedene Priester ein, die im Verdacht der Spionage und der heimlichen Zusammenarbeit mit der Resistenza standen. Etwas zynisch hatte Hitler bei einer Unterredung mit dem vatikanischen Botschafter einmal festgestellt, daß von den drei Männern in Rom, dem König, dem Duce und dem Papst, das Kirchenoberhaupt auf jeden Fall am stärksten sei[11]. Die Republik von Salò erhielt von einigen Intellektuellen des Vatikans Unterstützung, trotzdem distanzierte sich der Staat des Papstes von Anfang an in aller Deutlichkeit von ihr. Es war hinlänglich bekannt, daß Papst Pius XII. als »defensor urbis«, als Verteidiger des Vatikans, agierte. Seit 1943 fanden hier Menschen, die auf der Flucht vor den Deutschen waren, Zuflucht; auch versorgte der Zwergstaat des Papstes viele Oppositionelle mit Lebensmitteln.

Am 22. Januar 1944 war die Amerikanische 5. Armee im Raum Anzio und Nettuno südlich von Rom gelandet. Eine Woche später befanden sich hier 70 000 Mann. Der Kampf an der Südfront wuchs jetzt zu einer gewaltigen Materialschlacht aus. Mit einer weiteren Großlandung mußte gerechnet werden. Die Deutschen konnten zunächst die feindlichen Angriffe auffangen und bewiesen in den Kämpfen, nicht zuletzt auch um Monte Cassino, große Tapferkeit. Die Alliierten hatten mit dem unnötigen Bombenangriff auf das Kloster begonnen. Es gab schwere Verluste unter den Zivilisten, wichtige Kunstschätze konnten zuvor von den Deutschen noch nach Rom gebracht werden. Hier war die Hauptwiderstandslinie, die sogenannte Monte-Cassino-Stellung, der Deutschen und Italiener gegen die Alliierten. Das Kloster befand sich im Niemandsland. Zwischen dem 12. Mai und 4. Juni kam es zur alliierten Großoffensive, zum Sturm auf Rom. Er war mehr aus politischen als aus militärischen Gründen für die Alliierten nötig geworden.

In der Ewigen Stadt konnten schon lange nicht mehr Ruhe, Frieden und Ordnung aufrecht erhalten werden. Seit es den Deutschen nicht gelungen war, den Brückenkopf von Anzio auszuheben, wurde täglich der Einmarsch der Befreier, wie viele Römer die Alliierten nannten, erwartet. Noch kurz vor deren Eintreffen kursierte das Gerücht, in der italienischen Hauptstadt werde eine kommunistische Republik ausgerufen, deren Vertreter Unruhe stiften sollten: »Es war ein schmachvoller, verzweifelter Ausweg, unwürdig einer Regierung, die Achtung vor sich selbst hatte, und zugleich unsagbar kindisch und albern«.[12] Jeder politische Kenner wußte, daß die Kommunisten nie und nimmer nach Einvernehmen mit den Deutschen agieren würden.

Kurz vor dem Einmarsch räumten die Deutschen die Stadt, obwohl das Hitler mißfiel, der nie ein Gebiet kampflos aufgeben wollte. Zunächst waren noch einige Faschisten im Dienst der Republikanischen Regierung zurückgeblieben; beim alliierten Angriff flüchteten auch sie. Auf dem eiligst angetretenen Rückzug beschlagnahmten die Deutschen ihre Autos, es kam zu unerwarteten Zwischenfällen, welche die Hektik und die Anspannung unterstrichen. In der Villa Bassetti am Gardasee begrüßten die extremen Faschisten von Salò den Fall von Rom, »weil damit ein großes antifaschistisches Geschwür entfernt worden war und weil man Lebensmittel und Transportfahrzeuge sparte«; insgesamt aber versank die Regierung von Salò in einer großen Welle der Verzweiflung und Entmutigung[13]. Der Fall von Rom, dieser schicksalsschwere 4. Juni, löste bei Mussolini Resignation und Verzweiflung aus. Erneut rief er zum Kampf auf: Er appellierte an alle Soldaten, Arbeiter, Werktätige und Bauern, daß die Republik in großer Gefahr schwebe. Allgemein verhielt sich zu diesem Zeitpunkt die Bevölkerung am Gardasee ruhig. Der Krieg, so meinten viele, sei fern; die Idylle rund um den See täuschte die Menschen.

Die Deutschen begründeten den Verlust Roms auch ideologisch: »Der Faschismus hat mit der Preisgabe Roms natürlich auch sein geistiges und politisches Zentrum preisgegeben. Es wird behauptet, daß die Autorität Mussolinis mit dem Verlust Roms auf den Nullpunkt sinkt.« Goebbels, der nie vom Duce begeistert gewesen war und kaum eine Gelegenheit versäumte, seine politischen und militärischen Schwächen hervorzuheben, stellte fest: »Der Duce hat kein politisches Renommee mehr. Er kann jetzt sagen und tun, was er will, es wird ihm nicht mehr abgekauft.«[14]

Eine andere Folge des Falls von Rom war der Rücktritt des italienischen Königs; er setzte seinen Sohn Umberto als Statthalter ein; Badoglio machte dem Kabinett Bonomi Platz.

Jetzt drohte der alliierte Vormarsch zum Po-Tal und die unmittelbare Invasion in das Gebiet der RSI. Schon am 19. Juni berichtete Parteisekretär Pavolini, daß nur noch sechs Provinzen in Mittelitalien unter Kontrolle seien. Jetzt fiel eine Provinz nach der anderen. Die Carabinieri desertierten in der Toskana, die Guardia Nazionale Repubblicana brach zusammen. Mussolini mußte hinnehmen, daß jetzt auch Mittelitalien in alliierter Hand war. Seine Republik zerfiel in einzelne, unkontrollierte und voneinander unabhängige Provinzen, die allesamt die politische Zersplitterung Norditaliens deutlich machten. Mussolinis reagierte mit der Gliederung seiner Republik in vier Ver-

waltungsregionen: Emilia-Romagna, Veneto, Ligurien und Piemont. Jedes dieser Gebiete unterstand einem Regionalkommissar, der wiederum dem Duce verantwortlich war.
Das waren letzte verzweifelte Versuche, eine neue Ordnung in den Staat zu bringen, und so den alliierten Vormarsch zu stoppen. Der aber war nicht mehr aufzuhalten: Ende Juli fiel Pisa, im August eroberten die Alliierten, nach Vorarbeit durch die Partisanen, Florenz. Sie standen jetzt auf der Linie Pisa-Pesaro, 275 Kilometer von Mussolinis Wohnort am Gardasee entfernt. Südlich von Bologna kamen sie dann vorübergehend zum Stehen. Forlì und La Rocca delle Caminate wurden erobert, Mussolinis heimlicher Fluchtort, jenes Schloß, in das er sich immer wieder zurückgezogen hatte, um neue politische Kraft zu finden, wurde zerstört und geplündert. Verzweifelt standen jetzt noch die Deutschen in der »Grünen Linie« der Apennin-Stellung und konnten fürs erste den vorrückenden Feind aufhalten.
Für die Deutschen bedeutete der Krieg einen langsamen Rückzug. Strategische Überlegungen, um in diesenausweglosen Situationen die Stellung zumindest noch halten zu können, wurden weiterhin angestellt: Rommel wollte die Verteidigung auf die Alpenfront einschränken, Kesselring war für eine Verteidigungslinie auf dem Apennin oder entlang des Flusses Po. Rahn befürchtete, daß die Alliierten nach der Besetzung italienischer Flughäfen leichter deutsche Städte angreifen und bombardieren könnten. Zudem wollte er wie auch Kesselring wegen der großen Bedeutung für Landwirtschaft und Industrie die Po-Ebene nicht kampflos aufgeben. Hier wurden bei der Errichtung der Verteidigungslinien zahlreiche Italiener zur Zwangsarbeit eingesetzt und körperlich geschunden. Es kristallisierte sich heraus, daß die Deutschen nur mehr den nördlichen Teil Oberitaliens verteidigen konnten, deshalb schirmten sie diese Regionen wie eine Insel ab. Mussolini wollte das nicht wahrhaben und sprach von einer neuen Initiative, die Alliierten zurückzuschlagen. Sie sollte an der italienischen Front beginnen. In einem Brief an Hitler meinte er: »Eine kon-

zentrierte italienisch-deutsche Streitmacht von achtzig- bis hunderttausend Mann würde die Lage wenden, und wenn sie, womit zu rechnen ist, den Feind nötigte, Truppen aus anderen Kampfabschnitten abzuziehen, würde Ihre Wehrmacht entlastet.«[15] In diesen Spätherbsttagen kam so etwas wie Optimismus in den Kreisen um den Duce auf, obwohl die Deutschen die nördlichen und östlichen Grenzprovinzen Italiens, die Operationszonen, weiterhin fest unter deutscher Verwaltung beließen und Hitler auf diesen Appell des Duce nicht reagierte. Immerhin standen Anfang des neuen Jahres noch 20 deutsche Divisionen in Norditalien. Mussolini war hinlänglich darüber informiert worden, daß Hitler mehrere von ihnen abziehen wollte, sie aber wegen der schlechten Straßen und andauernden Bombardierungen der Verbindungswege in ihren Lagern bleiben mußten.

Viele Italiener waren davon überzeugt, daß der Krieg für Deutschland verloren sei. Um die Jahreswende 1944/45 verlief die Front von La Spezia über den Apennin herüber zum Comacchio-See. Gegen Jahresende war eine leichte Frontruhe eingetreten. Bei einem Großangriff mußten nun die Deutschen das Schlimmste befürchten. Seit November führte Rahn erste Verhandlungen mit den Alliierten. Diese aber bestanden auf einer bedingungslosen Kapitulation. Kesselring mußte wegen eines schweren Unfalls bis Januar den Oberbefehl an Heinrich von Vietinghoff abtreten. Zu dieser Zeit waren das norditalienische Eisenbahnnetz und die Po-Brücken ständig Bombardierungen ausgesetzt. Angesichts dieser nicht mehr aufzuhaltenden Niederlagen zerbröckelte immer deutlicher auch die so oft beteuerte Freundschaft zwischen Mussolini und Hitler. Der schob jetzt Mussolini die Schuld am Scheitern des Feldzugs gegen Rußland zu, weil der Duce seinerzeit ohne Absprache mit ihm Griechenland überfallen hatte, weshalb die Deutschen im Frühjahr 1941 den Balkanfeldzug führen mußten. Der Angriff auf Rußland mußte verschoben werden. Hitler erklärte jetzt: »Ich muß zugeben, daß meine unwandelbare Freundschaft für Italien und den Duce zu meinen Fehlern gerechnet werden kann. Das Bündnis mit Italien hat dem Feinde sichtlich mehr genutzt als uns. Unser italienischer Bundesgenosse hat uns überall Schwierigkeiten gemacht. Meine Zuneigung zur Person des Duce ist unverändert. Aber ich bereue, nicht auf die Vernunft gehört zu haben, die mir gegenüber Italien eine brutale Freundschaft gebot.«[16] Am 21. April riß die Front: Der angloamerikanische Vorstoß war nicht mehr aufzuhalten. Aber Hitler hielt daran fest, von einer Kapitulation auf jeden Fall abzusehen.

Botschafter Rahn gelang es im Februar, mit dem persönlichen Vertreter des amerikanischen Präsidenten Franklin Delano Roosevelt, Allan W. Dulles, Kontakte aufzunehmen. Er wollte dem Amerikaner verständlich machen, daß die Deutschen die Allianz der Alliierten nicht zerstören und er mit Wolff den Krieg in Oberitalien sobald wie möglich beenden wolle. Außerdem versuchte er, das Zugeständnis zu erlangen, daß im Falle eines Waffenstillstands jene Italiener, die auf seiten der Deutschen kämpften, nicht schlechter behandelt würden.

Die Verhandlungen zwischen Deutschen und Alliierten, die eine Zeitlang Wolff und Rahn in der Schweiz mit den Amerikanern führten, zogen sich noch bis in die ersten Monate des neuen Jahres hin, wurden aber am 21. April abrupt abgebrochen. Auf Druck Stalins war den amerikanischen Verhandlungspartnern der Befehl erteilt worden, mit Wolff keine weiteren Verhandlungen mehr zu führen. Zudem waren die Alliierten niemals von ihrer Forderung der bedingungslosen Kapitulation abgerückt.

Inzwischen war Graziani von alliierten Offizieren gefangengenommen worden. Als in seinem Wagen eine Bombe explodierte, verlor er sein Augenlicht. Noch vom Gefängnis aus versuchte er vergeblich, eine Kapitulation der italienischen Republikanischen Streitkräfte zu erwirken. Die meisten Italiener von Salò hatten ebenso wie der Duce erst ganz zum Schluß von den Geheimverhandlungen der Deutschen erfahren. Wer darüber informiert war, hüllte sich in Schweigen. Man fürchtete die Rache vieler eingefleischter Faschisten, falls diese in Erfahrung

bringen sollten, daß von Leuten aus den eigenen Reihen Kapitulationsverhandlungen geführt wurden.
Am 29. April 1945 unterzeichneten Bevollmächtigte des Generalobersten von Vietinghoff, des Nachfolgers von Kesselring, der an die Rheinfront versetzt worden war, sowie des höchsten SS- und Polizeiführers in Italien, Wolff, in Caserta bei Neapel die bedingungslose Kapitulation; der Waffenstillstand wurde auf den 2. Mai festgelegt.
Mussolini war in den Tagen zuvor in die Gespräche nicht eingeweiht worden. Er versuchte zwar über Kardinal Schuster mit den Partisanen zu verhandeln (vgl. S. 175), war aber empört über die Politik der Deutschen, die sich der bedingungslosen Kapitulation nicht mehr widersetzen wollten. In einem Schreiben bot der Kardinal an, zwischen dem deutschen Kommando und dem Befreiungskomitee zu vermitteln. Der Kardinal wollte die Deutschen von der Zerstörung der Industrieanlagen abhalten und die Partisanen davon überzeugen, gegenüber der Wehrmacht keine Sabotage auszuüben. Nach dem ergebnislosen Gespräch mit den Führern des CLN reagierte der Duce auf den Affront Hitlers: Die Deutschen hätten die Italiener wie Knechte behandelt und ihn betrogen[17]. Er bedauerte es abermals, daß sie gegen die Faschisten stets zuviel Mißtrauen gehegt hätten. Am 14. April war es in Gargnano zum letzten Treffen italienischer und deutscher Vertreter auf italienischem Boden unter dem Vorsitz des Duce gekommen. Der Veltlin-Plan wurde besprochen, sich hier zu verschanzen, den Invasoren sowie den Partisanen heftigsten Widerstand zu leisten und sich bis zum letzten Atemzug zu verteidigen. Erst angesichts einer totalen Niederlage sollten die letzten zum Duce stehenden Getreuen kapitulieren. Es kam aber zu keiner gemeinsamen Vereinbarung mehr. Am 24. April sandte Hitler an Mussolini die letzten diplomatischen Worte, mit denen er noch einmal ausdrücklich betonte, daß der Sieg erzwungen werden müsse.
Die Aufstände in den Städten nahmen zu, die Partisanen näherten sich den Zentren. Die Illusionen der weiterhin treu zur Republik von Salò stehenden Menschen verflogen. Obwohl

jetzt der Duce in Mailand war, konnte er das Steuer nicht mehr herumreißen. Aus Bologna wurden die Deutschen verjagt, am 25. April wurde in den Straßen von Mailand geschossen. Die Abwehrfront war völlig zusammengebrochen. Die Alliierten waren durch eine vorbereitete, aber nicht besetzte Alpenvorland-Stellung in das Gebirge vorgedrungen und hatten den Zusammenhalt der deutschen Kräfte gesprengt. Sie stießen über den Brenner bis nach Kärnten und in die Steiermark vor[18].

XII.
Der Tod in Dongo

Der Todeskampf der RSI begann mit dem Fall Roms. Unmißverständlich zeichnete sich nun ab, daß der erst knapp ein halbes Jahr zuvor gegründete Staat nicht mehr zu retten war. Auch die Deutschen ahnten den Niedergang: »Die Räumung Roms beeindruckte stimmungsmäßig insofern, als sie der fatalistischen Schlußfolgerung, daß unsere Feinde letztlich alle ihre Ziele erreichen, und wir uns ihrer Übermacht bis zum Ende beugen müßten, neue Nahrung gab.«[1] In den Heeresberichten der italienischen Nachrichten hieß es ohnehin, daß angesichts der erdrückenden Übermacht an Truppen und Material der Alliierten und Partisanen nur eine hinhaltende Verteidigungstaktik geführt werden könne.

Da nützte auch die wieder erneut propagierte Militarisierung des Staates nichts mehr. Die Angst ging in der Republik des Duce überall um: Angst vor den Alliierten, Angst vor den Partisanen, Angst um die Familien, Angst um die Frauen, um die Kinder, auch Angst vor den Deutschen. Ein gescheiterter Anschlag auf die Angehörigen des Innenministers Buffarini Guidi erhitzte zudem die Gemüter. Er, andere Minister und politische Funktionäre zogen daraufhin eine Flucht in die Schweiz in Betracht. Zumindest sollten dorthin ihre Familien in Sicherheit gebracht werden. Dazu bedurfte es aber deutscher Zustimmung. Botschafter Rahn erkundigte sich über die notwendigen Voraussetzungen. Hitler reagierte damit, daß er eine kurzfristige Übersiedlung in den Winterkurort Zürs in Vorarlberg vorschlug. Von dort über die Grenze in die Schweiz ist es nicht mehr weit. Eiligst sollten an die 20 000 sogenannte in Gefahr befindliche Personen nach Zürs gebracht werden. Der Ort eigne sich bestens als Konzentrationslager, wie spöttisch kritisiert wurde, liegt er doch auf 1700 Meter Meereshöhe und war während des Winters wegen der starken Schneefälle wochenlang von der Außenwelt isoliert. Am 28. Oktober 1944 reiste die erste Gruppe dieser privilegierten Familien ab. Weitere folgten. In der Einsamkeit der Zürser Bergwelt überfiel die Italiener alsbald das Heimweh. Aussichtslosigkeit und Lebensangst riefen bei den Menschen eine Stimmung existenzieller Verzweiflung hervor. Wenig später wurden einige von ihnen und neu aus Italien Angereiste in andere Orte übergesiedelt. In Dachau wurden im Dezember die ersten 200 Italiener dieser »Aussiedler« medizinisch untersucht und dann in Arbeitsgruppen integriert.

Inzwischen verbrachte der Duce seine Tage in Gargnano müßig, verbittert und resignierend. Er schrieb jetzt mehr als in den Monaten zuvor, dachte über einen neuen Sozialismus nach, suchte nach einem Kriegsschuldigen und überraschte die politisch interessierten Zeitgenossen mit der Aussage, daß der Krieg nicht mehr zu gewinnen sei, daß sich in der Folge jedoch die europäischen Staaten zu einer neuen politischen Gemeinschaft zusammenschließen würden[2]. Die Völker nannte er rohe Massen, die sich Ideale schaffen, um sie zuerst zu verehren und dann zu zerstören. Ein solches Ideal sei er.

Der Duce klagte jetzt immer mehr über Magenbeschwerden, über Übelkeit, Appetitlosigkeit und Gewichtsverlust. Schnell wurden Spekulationen laut, Mussolini habe Magenkrebs; der englische Rundfunk verkündete schon seinen Tod. Georg Zachariae röntgte den Duce und erkannte deutlich ein großes Zwölffingerdarmgeschwür, das einen teilweisen Verschluß der Gallenwege verursachte. Von Magenkrebs konnte aber keine Rede sein. Lunge, Herz und Blutgefäße waren gesund. Er begann, unabhängig von den Anweisungen Morells, eine Therapie mit Hormonen und Vitaminen. Er verordnete eine andere Diät, strich vor allem die Milch vom Speiseplan, welche die Verdauung hemmte. Schon nach vier Wochen besserte sich Mussolinis Zustand. Die Magenschmerzen hatten nachgelassen, nachts fand er wieder Schlaf; er brauchte keine starken Abführmittel mehr. Jetzt fuhr er wieder Rad und spielte jeden

Der Tod in Dongo

Morgen zwei Stunden Tennis. Aber im Februar 1945 verschlechterte sich sein Gesundheitszustand wieder bedenklich. Mit der sich abzeichnenden militärischen Niederlage mehrten sich wiederum die körperlichen und psychischen Symptome der Krankheit: Wieder war er stundenlang in der Nacht wach, und wiederum klagte er über Gewichtsverlust. Ein Nervenzusammenbruch war die Folge, ein Kollaps. Mussolini aß jetzt kaum mehr etwas, und als er nach Mailand aufbrach, das Ende vorausahnend, glich er einem schwerkranken Mann. Seine Augen, die so oft durch ihren Glanz bei den Frauen Bewunderung und Verehrung ausgelöst hatten, leuchteten nicht mehr, sie waren trüb und teilnahmslos geworden.[4]

Die Zeit war seinem Faschismus davongelaufen. Es war dem Duce nicht gelungen, den Charakter des italienischen Volkes umzugestalten. Was ihm jetzt blieb, war allein die Hoffnung auf die Zukunft, darauf, daß sich die Ideen von Salò später durchsetzen würden. Nicht ohne Stolz blickte er zurück: »Die erste Aufgabe des Faschismus war es, dem Land wieder Ordnung zu geben. Und ich glaube, dies ist gelungen, denn von allen Seiten wurde mir bestätigt, daß das faschistische Italien ein völlig neues Bild bot. Auch im Ausland mußte man diesen Tatbestand feststellen. Das, was der Faschismus leistete, sei es im Straßenbau, sei es beim Bau von Elektrizitätswerken, beim Aufschwung im Wohnungsbau, in der Landwirtschaft, beim moralischen und materiellen Wiederaufbau Italiens; das alles ist geschichtliche Tatsache, und auch wenn der Faschismus eines Tages stürzen sollte, werden meine Nachfolger noch Jahrzehnte von dem zehren können, was der Faschismus auf diesen Gebieten geschaffen hat.«[4]

Einen Tag vor Weihnachten hielt Mussolini in Mailand eine letzte große Rede. Die Menschen jubelten ihm zu, viele unter ihnen gehörten bereits zu jenen, die fünf Monate später seinen Tod feiern und darauf anstoßen sollten. Kundgebungen erfolgten. Rahn mußte später eingestehen: »Er ist entschieden ein großer Mann.«[5] Natürlich mußte sich der Duce vor der Masse des Volkes optimistisch präsentieren und von einem abzeichnenden Sieg der Republik von Salò sprechen. Das konnte aber nicht darüber hinwegtäuschen, daß das Ende dieses Staates bevorstand. Er ließ Ministerposten neu besetzen, der bisherige italienische Botschafter in Berlin, Filippo Anfuso, wurde Staatssekretär des Auswärtigen Amtes. Goebbels notierte: »Der Faschismus und die sozialfaschistische Republik sind so ohnmächtig, daß es ziemlich gleichgültig ist, wer die einzelnen Ministerposten im Kabinett Mussolinis einnimmt.«[6]

Im März 1945 gewährte Mussolini in der Villa delle Orsoline Maddalena Moliere, der Gattin des früheren Verantwortlichen für die Presse in der deutschen Botschaft, ein längeres Interview, bei dem er sich als eine Person bezeichnete, die einmal interessant gewesen war, im Rampenlicht des Geschehens stand. Jetzt, so folgerte er, sei er ein Begrabener. Und weiter bezeichnete er jenen feuchtkalten Morgen im Januar 1944, als sein Schwiegersohn Galeazzo Ciano mit den anderen Verurteilten bei Verona erschossen worden war, als den schicksalsschweren Moment, da er begonnen habe, vor sich hinzusterben: »Mit mir ist es aus. Mein Stern ist untergegangen. Ich arbeite zwar noch und gebe mir auch Mühe, doch ich weiß, daß es alles nur noch eine Farce ist. Ich komme mir vor wie der Kapitän eines Schiffes, das nur noch ein Wrack ist, Spielball der aufgepeitschten See: machtlos, unfähig, das Schiff noch zu retten! Niemand hört auf mich; so ziehe ich mich jetzt in das große Schweigen zurück.«[7]

Am 23. März unterbreitete der Duce den Deutschen, daß er Gargnano verlassen und nach Mailand übrsiedeln werde. Wolff, Rahn und die anderen waren entsetzt und dagegen. Sie befürchteten, daß sich ihre Möglichkeiten, das Tun und Lassen des Duce zu überwachen und seine Handlungsfreiheit einzuschränken, zwangsläufig verringern müßten. Mellini beschwichtigte sie und erklärte, daß nur eine Ministerratssitzung nach Mailand verlegt werden solle. Jetzt war die Macht der Deutschen auch nicht mehr groß genug, um den Willen des Duce noch einmal zu dirigieren. Er nahm von Rachele Abschied. Die Geliebte Clara verließ mit ihm den Gardasee.

An diesem Tag hatte er zum Präfekten Gioacchino Nicoletti, einem der wenigen noch eisern zum Duce stehenden Getreuen, geäußert: »Ich sage euch von vornherein, daß nichts mehr zu machen ist. Es ist zu Ende! Jede Stunde verlieren die Deutschen mehr, jede Idee, jede Schlacht. Sie haben die Geheimwaffe. Auf was warten sie aber, um sie einzusetzen! Das ist wohl ein Geheimnis der hohen teutonischen Strategie.« Die Attacken gegen die Deutschen und die Schuldzuweisungen wurden nun immer deutlicher: Sie, zu denen er gestanden hatte wie eine steinerne Säule; Hitler selbst, dem er immer wieder blindlings vertraut, den er verehrt hatte und hinter dem er gestanden hatte wie ein Paladin, bezichtigte der Duce jetzt mit einem Schlag, er allein trage die Schuld an der bevorstehenden großen Niederlage. »Die Deutschen haben versagt, sie haben gelogen und betrogen, sie sprachen von einer neuen politischen Ordnung Europas, was sie aber wollten, war einzig und allein ihre Vorherrschaft. Die Deutschen tragen für alles die Verantwortung. Sie haben meine Streitkräfte kaltgestellt, meine Polizei, mein Sozialisierungsprogramm, meine gesamte Verwaltung, ja auch mich selbst.«[8]
Mussolini glaubte bis zuletzt an die Geheimwaffe der Deutschen. Das Attentat auf Hitler habe die Fertigstellung und deren Anwendung verzögert, äußerte er gegenüber dem Journalisten Gian Gaetano Cabella.
Am 18. April erfuhren die Deutschen, daß Mussolini nach Mailand abreiste. Er quartierte sich in der Präfektur in der Via Monforte ein. Dieses Haus wurde in diesen letzten Tagen zum Machtzentrum der RSI, sofern man zu dieser Zeit noch von einer Staatsmacht sprechen konnte. In Mailand hielten sich auch viele andere Faschisten der Republik auf: unter anderen Pavolini, Zerbino, Tarchi, Graziani, Ricci, Barracu, Farinacci, Mezzasoma, Pisenti, Liverani. An diesem und am nächsten Tag hielt der Duce noch mehrere Beratungen ab. Es ging um den letzten Versuch, zumindest eine politische Lösung für das Überleben seines Staates zu finden, wobei kurz auch in Erwägung gezogen wurde, sich in Mailand zu verschanzen.

Graziani und andere waren dagegen. Dann wurde wieder vom Veltlin gesprochen: in den Bergen eine Verteidigung aufzubauen und sich zu verschanzen. Anfuso legte dem Duce einen Fluchtversuch in die Schweiz nahe. Der lehnte ab, einmal deshalb, weil er, wie er sagte, sein Vaterland nicht verlassen wolle, zum andern, weil er befürchtete, man würde ihn in der Schweiz gefangennehmen und den Alliierten ausliefern. Nach dem Fall Bolognas vom 20. auf den 21. April löste Mussolini seine Regierung auf. Rahn versuchte ihn noch vergeblich davon zu überzeugen, umgehend an den Gardasee zurückzukehren, um sich von dort aus in Sicherheit zu bringen. Er suchte den Duce in der Präfektur, im angrenzenden Haus. Er war nicht auffindbar. Endlich entdeckte er ihn in einem hinteren Zimmer, mit einem Gedichtband von Eduard Mörike in der Hand. Apathisch lehnte der Duce den Rat des deutschen Botschafters ab.

In den darauffolgenden Tagen sprachen die Faschisten nur mehr von möglichen Fluchtversuchen, von ihrer persönlichen Zukunft, davon, was ihnen geschehen werde, wenn die Alliierten und Partisanen in Mailand einmarschierten. Die Verhandlungen mit den Partisanen mußten ergebnislos abgebrochen werden, hatten die Vertreter der Aktionspartei doch die bedingungslose Kapitulation innerhalb von zwei Stunden gefordert.

Es ist oft die Frage gestellt worden, ab wann Hitler und ab wann Mussolini den Krieg für verloren hielten. Es läßt sich bei beiden keine genaue Antwort geben. Hitler war im Grunde verschwiegen, zudem stets sehr wechselhaft. Einmal hielt er am Endsieg fest, dann konnte er schnell wieder davon absehen und eine andere Meinung haben. Es wird oft gesagt, es sei Hitler seit der Winterkatastrophe 1942/43 immer deutlicher geworden, daß kein Endsieg mehr errungen werden könne. Aus Jodls Aufzeichnungen, die er im Nürnberger Gefängnis verfaßte, geht hervor, wie Hitler nach Stalingrad eingestellt war: »Als dann gegen Ende des Jahres (1942) auch Rommel, vor den Toren Ägyptens geschlagen, auf Tripolis zurückfiel, als die Alliierten in Französisch-Nordafrika landeten (November 1942), da waren sich nicht nur die maßgebenden Soldaten, son-

dern auch Hitler darüber klar, daß der Kriegsgott sich nun auch von Deutschland abgewandt und in das andere Lager begeben hatte.«[9] Am 20. Dezember 1943 hatte Hitler bei einer Abendlagebesprechung gesagt, wenn die Gegner im Westen angriffen, »entscheide dieser Angriff den Krieg«.
Im Frühjahr verdunkelte sich immer deutlicher die Stimmung zwischen Hitler und Mussolini. Der »Führer« stellte unmißverständlich fest, daß der italienische Verbündete fast überall gehemmt habe: »Er hat uns beispielsweise daran gehindert, in Nordafrika eine revolutionäre Politik zu treiben. Überdies ruft der lächerliche Anspruch des Duce, als Schwert des Islam angesehen zu werden, heute das gleiche Gelächter hervor wie vor dem Krieg. Italiens Eintritt in den Krieg hat fast sofort unseren Gegnern die ersten Siege verschafft und Churchill in die Lage versetzt, seinen Landsleuten neuen Mut und den Anglophilen in aller Welt neue Hoffnung einzuflößen. Obwohl die Italiener sich schon unfähig gezeigt hatten, Abessinien und die Cyrenaika zu halten, haben sie die Dreistigkeit gehabt, sich, ohne uns zu fragen, ohne uns auch nur zu unterrichten, in den vollkommen sinnlosen Feldzug gegen Griechenland zu stürzen. Das hat uns gezwungen, entgegen allen unseren Plänen, im Balkan einzugreifen, was wiederum eine katastrophale Verzögerung für den Beginn des Rußlandkrieges zur Folge hatte. Aus Dankbarkeit, weil ich die Haltung des Duce während des Anschlusses nicht vergessen konnte, habe ich immer davon abgesehen, Italien zu kritisieren und zu verurteilen.«[10]
Auch Mussolini ließ in den Ausführungen gegenüber Cabella keine Zweifel mehr offen. In einem ausführlichen Interview, das oft als »Mussolinis politisches Testament« bezeichnet wird, distanzierte er sich schließlich von seinen früheren Vereinbarungen und von den zumindest nach außen hin gezeigten freundschaftlichen Beziehungen zu Hitler und den Deutschen. Cabella, Journalist der Wochenzeitung *Il popolo di Alessandria*, interviewte ihn am Nachmittag des 20. April im Palazzo Monforte in Mailand. Wie viele andere Journalisten der zahlreichen Tages- und Wochenzeitungen, die während der Zeit der

Republik von Salò ins Leben gerufen worden waren, war auch Cabella ein glühender Anhänger des Duce.

Mussolini sprach offen und aufgebracht. Er fühlte sich in seiner politischen Laufbahn neunmal verraten. Im Bewußtsein, nun den Tod vor Augen zu haben, machte er keinen Hehl mehr daraus, sich zum zehntenmal verraten zu wissen: diesmal von Adolf Hitler. Im selben Atemzug wies er jede Schuld von sich und distanzierte sich entschieden von all jenen, die ihm vorgeworfen hatten, die politische Situation verkannt und die Menschen falsch eingeschätzt zu haben. Und wie schon so oft zuvor blickte er in die Zukunft und wollte zum mahnenden Denkmal erhoben werden: Der Faschismus sei die wirkliche und wahre und echte Politik des zwanzigsten Jahrhunderts. Es werde wieder die Zeit kommen, da Führerpersönlichkeiten an der Spitze des Staates stünden, die mit dem Volk dem Kapitalismus den Kampf ansagen und den Staat wirtschaftlich, sozial und politisch neu erobern würden. Die Worte des Duce hörten sich wie eine Prophezeiung an. Er wollte das Himmelreich auf Erden errichten, weshalb die Italiener eines Tages stolz sein würden auf ihn und seine Politik, aber auch wieder stolz sein würden, Italiener zu sein. Er hatte sein Bestes gegeben, doch die Geschichte war noch nicht reif genug für ihn: »Ich bin wie der große Arzt, dem es nicht gelingt, die Krankheit zu heilen.«[11] Doch es werde ein neuer Arzt kommen, der lediglich seine Anweisungen zu befolgen brauche. Dem Duce schwebte die Vision eines mächtigen faschistischen Westeuropas der Zukunft vor, mit freiem Warenaustausch zwischen den Ländern und einer einheitlichen Währung; in dem der Reichtum nach den Bedürfnissen der Länder verteilt werden würde und in dem Meinungs-, Rede-, Presse- und Religionsfreiheit unabdingbare Rechte sein würden. Europa werde schon bald in zwei große Zonen aufgeteilt. Der Norden und Nordwesten unterlägen dann dem deutschen Einfluß, der Süden, Südwesten und Südosten dem italienischen. Mussolini sprach von einem gigantischen Plan, dem hundert Jahre Frieden und Wohlstand folgen würden. Italien werde neu aufblühen und erstarken, der

Bolschewismus in die Knie gezwungen werden. Er war zu diesem Zeitpunkt aber auch davon überzeugt, daß nach dem Vormarsch der Russen im Norden und dem Sieg der Alliierten im Süden und Westen, nach dem Zusammenbruch der Achse Berlin-Rom-Salò ein dritter Weltkrieg ausbrechen würde. Erst der Faschismus werde letztendlich den Frieden herbeiführen. Denn seine Idee und seine Ideologie seien das »Licht und die Hoffnung für die Welt. Und es wird der Tag kommen, da es wieder heißen wird: Mussolini hatte recht«[12]. Der Duce stilisierte sich hier zu einer letzten Hoffnung Europas hoch. Wer erinnert sich da nicht an Hitler, der in den Bormann-Diktaten vom Februar 1945 gesagt hatte: »Ich war Europas letzte Chance.«
Die letzte öffentliche, aber inoffizielle Rede hielt der Duce am 23. April vor den Offizieren der GNR. Sie war kurz und enthielt nichts Neues, darf aber zu den wesentlichen Bekenntnissen des seelisch gebrochenen Duce gezählt werden. Ein letztes Mal legte er Zeugnis für seinen italienischen Patriotismus ab: »Ihr wollt mich sehen und meine Stimme hören. Ich sage euch, die Ereignisse reifen weiter, sie erwarten von euch, daß ihr standhaft und stets bereit seid. Diese unsere verehrungswürdige Heimat darf nicht untergehen: Stirbt Italien, lohnt es für uns nicht mehr zu leben! Wir werden bald das Veltlin erreichen, um die letzte aussichtslose Schlacht zu schlagen: mit der Sonne im Gesicht zu sterben, mit dem Blick hinauf zu den Berggipfeln, mit dem letzten Lächeln der Heimat zugewandt.«[13]
Wieder war es das Veltlin, wieder schwebte dem Duce die Vision des Sterbens mit der Sonne im Gesicht vor. Zu diesem Zeitpunkt hatte er bereits aufgegeben. Am nächsten Tag schrieb er dem englischen Premier Churchill noch einen kurzen Brief, es bleibe ihm angesichts des bevorstehenden politischen und privaten Endes nichts mehr anderes übrig, als ihm und seinen Verbündeten alles Gute zu wünschen. Und er wollte noch einmal betont wissen, was der englische Premier einmal gesagt hatte: »Italien ist eine Brücke, Italien kann nicht geopfert werden!« Die Opfer der italienischen Soldaten, so schloß Mussolini, seien nicht umsonst gewesen[14]. Es verwundert, daß der

Duce zu dieser Zeit noch an Churchill appellierte; war doch längst bekannt, daß der Engländer von der Republik von Salò nichts hielt, ja sie später eine jämmerlich dahinvegetierende neofaschistische Republik nannte.
Am 25. April verließ Mussolini mit einigen Ministern Mailand in Richtung Veltlin. Mit dieser Flucht endete definitiv die Existenz der Repubblica Sociale Italiana. Das Ziel war, wie schon so oft von ihm angedeutet, das italienische Veltlin. Am nächsten Tag besetzten für die Partisanen kämpfende Finanzpolizisten ohne größeren Widerstand die Präfektur in Mailand. In den frühen Morgenstunden hatten die letzten faschistischen Streitkräfte in einer Kolonne die Stadt verlassen und waren nach Como aufgebrochen. In der Stadt blieben als offizielle Vertreter der Salò-Regierung ein halbes Dutzend oberster politischer Funktionäre zurück, unter ihnen Piero Pisenti und Giampietro Pellegrini. Graziani, Mezzasoma, Liverani, Tarchi, Barracu, Gatti, Zerbino und Bombacci begleiteten den Duce. Sie trafen ohne Zwischenfälle in der Präfektur in Como ein. Das Gebäude wurde binnen kurzem in eine improvisierte Kaserne verwandelt. Einige beschworen den Duce, unverzüglich in die Schweiz zu fliehen. Er aber wollte zunächst auf die Truppen Pavolinis warten. Als er von Partisanenbanden hörte, die in Richtung Como unterwegs waren, beschloß er abzureisen.
Zuletzt war noch die Geliebte Clara Petacci, die der Duce zuweilen Claretta genannt hatte, an seine Seite geeilt. Dadurch erhielt das schauerliche Ende den Nimbus der vollkommenen Liebe, die da dauert bis zum Tod. Wie oft hatte Clara in ihrer Leidenschaft für Ehestreit in der Familie des Duce gesorgt. Donna Rachele hatte die Welt nicht mehr verstanden, als sie das Liebesverhältnis ihres Ehegatten wahrnehmen mußte: Ein Mann mit über 60 Jahren auf dem Buckel, zudem noch in der Position eines Staatsführers, läßt sich mit einer Schönheit ein, die um die Hälfte jünger war als er. Das wollte und konnte sie nicht begreifen. Rachele konnte Claras Anwesenheit am Gardasee nicht länger ertragen und hatte sie zur Rede gestellt. Die Begegnung der beiden Frauen artete in einen bösen Streit

aus: Clara verlor das Bewußtsein, Rachele kehrte erzürnt in die Villa Feltrinelli zurück und nahm in ihrer ersten Wut Gift. Zwei Tage hielt sich der Duce nur mehr im Büro der Villa delle Orsoline auf und wagte es nicht, zu Rachele zurückzukehren. Das Ganze führte beinahe zu einer regelrechten Regierungskrise, denn es häuften sich die Kritiken am Innenminister Buffarini, der zu Rachele gestanden hatte. So hatte Mussolini bis zuletzt ein Doppelleben geführt: Hier der Familienvater Benito Mussolini, treu an der Seite Racheles, besorgt um die Kinder ebenso wie um sein Volk; da der Duce, glorios, mit strahlenden und feurigen Augen, ein Liebhaber und Frauenheld wie es jeder echte Italiener zu sein wünscht; ein Heros, heiß begehrt, bewundert, vor dem jede Frau schwach wird.

Mussolini war Frauen gegenüber stets offen und entgegenkommend, aber materiell geizig gewesen. Zuerst verehrte er sie, dann verachtete er sie. Claretta schenkte er schöne Kleider, Schmuck und Geld. Zuletzt erzürnte er sich auch ihr gegenüber und behandelte sie mehrmals nicht mehr wie seine Geliebte.

Diffamierende Gerüchte waren zuletzt im Oktober in Umlauf gebracht worden: Clara sei eine Spionin, sie arbeite mit der Gestapo zusammen, leite geheime Dokumente an die SS weiter. Ein Intrigenspiel hatte Clara auf jeden Fall betrieben. Sie verbreitete Berichte und Anzeigen, die gegen deutsche und italienische Politiker gerichtet waren. Von Spionage konnte jedoch keine Rede sein, allerdings hatte sie den Deutschen Briefe ihres Geliebten übermittelt. Der Duce geriet zuerst in Rage, tobte, schrie seinen Untergebenen Emilio Bigozzi an: Gebe es nur einen Beweis für diesen Verdacht, dann werde er diese Frau unverzüglich einkerkern lassen. Freilich fehlten die Beweise, und die Liebe glühte kurz darauf von neuem auf. Jetzt lieferte Clara Petacci den endgültigen Treuebeweis und eilte in der Vorahnung des Todes zu ihrem Benito.

Am 26. April schrieb der Duce den letzten Brief an seine Frau Rachele, die er so oft gedemütigt und betrogen hatte. Er liest sich wie eine Farce, eine letzte, nochmals bis ins Lächerliche gesteigerte Szene vor dem Ende des Dramas, wenn die Zeilen

auch als ehrliches Bekenntnis eines Mannes anmuten, der kurz vor dem Tod mit den Seinen noch ins reine kommen wollte und seine größte Schuld im familiären sah:
»Liebe Rachele, nun bin ich am Ende des Lebens angelangt, die letzte Seite meines Buches ist aufgeschlagen. Wahrscheinlich werden wir zwei uns nie mehr wiedersehen; deshalb schreibe ich Dir und schicke Dir diesen Brief.
Ich bitte Dich um Verzeihung, für das was ich Dir unabsichtlich angetan habe. Du weißt aber, daß Du für mich die einzige Frau warst, die ich wirklich geliebt habe. Das schwöre ich Dir vor Gott und unserem Bruno in diesem Augenblick der äußersten Not. Du weißt, daß wir in das Veltlin gehen müssen. Versuch Du mit den Kindern die Schweizer Grenze zu erreichen. Dort beginnt ein neues Leben. Ich glaube, daß man euch die Einreise nicht verweigern wird, weil ich ihnen (den Schweizern) immer geholfen habe und ihr politisch ein unbeschriebenes Blatt seid. Gelingt euch das nicht, stellt euch den Alliierten; die sind vielleicht großzügiger als die Italiener. Grüß mir Anna und Romano, vor allem Anna, die es sehr nötig hat. Du weißt, wie sehr ich Dich liebe: Bruno steht uns vom Himmel herunter zur Seite.
Ich küsse Dich und umarme Dich gemeinsam mit den Kindern, Dein Benito.«[15]
Mussolini fuhr in Richtung Menaggio. Pavolini hatte inzwischen das letzte Aufgebot, das noch bereit war, für den Duce zu kämpfen, versammelt, ließ die Truppe aber zurück, als er hörte, daß Mussolini in Menaggio sei und als er erfuhr, daß Rachele die Einreise in die Schweiz verweigert worden war. Von Menaggio fuhr der Duce ins nördlichere Grandola, das 15 Kilometer von der Schweizer Grenze entfernt liegt. Noch immer hielt er nichts von einer Flucht. Im Hotelzimmer hörte er über den Rundfunk, daß die Alliierten Mailand eingenommen hatten, und mußte vernehmen, daß seine Sozialisierungsgesetze für ungültig erklärt wurden. Zudem hörte er von einem Erlaß, dessen Art. 5 lautete: »Mitglieder der Faschistischen Regierung und faschistische Parteifunktionäre, die gegen die Grundsätze

der Verfassung verstoßen, die demokratischen Freiheiten unterdrückt, das faschistische Regime geschaffen und unser Land damit verraten und es in die derzeitige Katastrophe geführt haben, werden mit dem Tode oder, in weniger schweren Fällen, mit lebenslänglichem Zuchthaus bestraft.«[16]
Danach kam es zu einem Zwischenfall: Buffarini, Tarchi und Fabiani wurden beim Durchbruch in die Schweiz von Partisanen festgenommen. Nur Fabiani konnte entkommen und dem Duce darüber berichten. Vergeblich versuchte dieser daraufhin, die Deutschen zu einer Befreiung der beiden ehemaligen Minister zu bewegen. Pavolini traf ein. Der Duce beschloß, sich etwa 200 Deutschen unter Leutnant Fallmayer anzuschließen, die sich nach Tirol durchschlagen wollten. Um 7 Uhr früh am 27. April stießen sie, etwas mehr als zwei Kilometer von Dongo entfernt, auf eine Straßensperre der Partisanen. Der Kommandeur der 52. Garibaldi-Brigade, Pier Luigi Bellini, verhandelte mit den Deutschen. Fallmayer mußte den Partisanenführer in dessen Hauptquartier nach Morbegno begleiten. Nach sechs Stunden kehrte er mit der Nachricht zurück, daß die Deutschen passieren durften. Allerdings wollten die Partisanen die Fahrzeuge zuvor noch kontrollieren. Ohne zu zögern warf sich der Duce in einen deutschen Wehrmachtsmantel und setzte sich einen Stahlhelm auf. Clara wurde in einem Lastwagen versteckt. Die bleiche und zusammengekauerte Gestalt Mussolinis war den Partisanen sofort verdächtig. Allerdings darf nicht unerwähnt bleiben, daß sie zuvor über die Anwesenheit des Duce informiert worden waren.
Mussolini wurde aus dem Wagen gezerrt und mit anderen Gefangenen, unter ihnen Pavolini, auf den Rathausplatz von Dongo gebracht. Die Deutschen durften weiterfahren. Auch Clara und ihr Bruder wurden gefangengesetzt. Das CLN in Mailand erfuhr sofort danach von Mussolinis Verhaftung. In den Reihen der Resistenza herrschte zunächst Unbehagen. Es war nicht klar, was mit dem Duce geschehen sollte. Inzwischen lieferten ihn die Partisanen vom Rathaus in die drei Kilometer von Dongo entfernte Zollkaserne nach Germasino. In einer

Zelle erhielt er ein Abendessen und mußte ein Schriftstück unterzeichnen, mit dem er bestätigte, daß er gut behandelt worden sei. Über Bellini ließ er Clara ausrichten, sie solle nicht mehr an ihn denken. Erst jetzt wußten die Partisanen, daß es sich bei der gefangengenommenen Frau um die Geliebte des Duce handelte. In der Nacht zum 28. April wurde Mussolini verlegt. Er sollte in die Villa San Maurizio gebracht werden. Die Partisanen transportierten ihn zunächst nach Dongo, wo er auf dem Marktplatz aussteigen mußte. Jetzt sah er Clara wieder. Es ging weiter in Richtung Como. Die Partisanen hörten auf dem Weg dorthin von Kämpfen, in die sie nicht verwickelt werden wollten. Sie kehrten um. Von Azzano brachten sie den Duce zu Fuß zu einem Bauern ins Dorf Bonzanigo, wo sie übernachten durften. Inzwischen wurde in Mailand weiter über Mussolinis Schicksal beraten. Deshalb warteten die Partisanen auch ab, bis das definitive Urteil eintraf. Unruhig zogen sie mit dem Duce umher, damit er nicht von eventuellen Freunden und Befreiern lokalisiert werden könnte.

In Mailand sprachen sich die Kommunisten unter Togliatti für die sofortige Hinrichtung aus. Hierfür zuständig waren zwei Mitglieder des Befreiungskomitees: Luigi Longo und Walter Audisio. Sie hatten die Decknamen Giovanbattista di Cesare Magnoli und Oberst Valerio. Letzterer tauchte in Dongo auf und gab beim Präfekten an, er müsse Mussolini nach Mailand bringen. Bellini war darüber nicht erfreut und wollte Mussolini nicht herausgeben. Valerio wurde deutlicher: Er sei gekommen, um Mussolini zu erschießen. Daraufhin wählte er Clara und 15 weitere Gefangene aus. Sodann begab er sich selbst zu Mussolinis Aufenthaltsort. Gegen 16.00 Uhr an diesem 28. April forderte er den Duce und Clara auf, sein Auto zu besteigen. Sie fuhren in Richtung See. Bei Giulino di Mezzegra bei der Villa Belmonte wurde das Auto plötzlich gestoppt. Der Duce und seine Geliebte mußten aussteigen und sich links vom Tor vor die Mauer stellen. Ehe ihnen klar wurde, was ihnen geschah, wurden sie aus nächster Nähe von den Kugeln aus Maschinengewehren niedergestreckt[17].

Die 15 faschistischen Todeskandidaten wurden auf dem Marktplatz von Dongo erschossen. Mit ihnen mußte an diesem Tag des Todes auch Claras Bruder, Marcello Petacci, sein Leben lassen. Die Wut der Partisanen erreichte ihren Höhepunkt. Die Leichen mitsamt denen des Duce und seiner Geliebten wurden am nächsten Tag um vier Uhr morgens zur Piazza Loreto nach Mailand gebracht, wo im August des vergangenen Jahres 15 italienische Geiseln von den Deutschen abgeurteilt und von der GNR erschossen worden waren. Die Leichen wurden kopfüber am Dach einer Tankstelle aufgehängt und von der aufgebrachten Menge bespuckt und geschändet. Erst die Alliierten sorgten dafür, daß sie gegen Abend entfernt wurden. Mussolinis Leichnam wurde in aller Stille auf dem Mailänder Musocco-Friedhof beigesetzt. Erst 1957 konnte Rachele die exhumierten Überreste im Geburtsort des Duce, in Predappio, begraben lassen, wie es der Wunsch Mussolinis gewesen war.

Den meisten anderen führenden Faschisten stand ein hartes Schicksal bevor: Buffarini geriet zweimal in Gefangenschaft und wurde später in Mailand erschossen. Tarchi konnte untertauchen. Giovanni Preziosi stürzte sich mit seiner Frau aus einem Haus in Mailand. Seine letzten Worte hatten gelautet: »Ich kann diese Niederlage nicht ertragen.« Roberto Farinacci wurde auf der Flucht von Partisanen gestellt und erschossen[18]. Und so erging es vielen anderen faschistischen Funktionären und mit ihnen sympathisierenden Anhängern.

XIII.
Kein Platz in der Geschichte

Die unaufhaltsam gegen Norden vorrückenden Alliierten, die stets stärker und verbissener kämpfenden Partisanengruppen, der herannahende Untergang des Deutschen Reichs unter Hitler und nicht zuletzt die Kriegsmüdigkeit der Italiener, ihre größer gewordene Gleichgültigkeit gegenüber dem Faschismus besiegelten schließlich das Experiment Salò. Mussolini hatte seine Mannschaft nie richtig in den Griff bekommen. Das Problem hieß Machtkampf; Kampf gegen die militärische Schwäche, gegen die Desertion, gegen die Korruption, gegen die deutschen Kontrollen, gegen die Unlust der eigenen Landsleute, den Krieg fortzuführen. Die vom Duce so oft beschworenen und heroisierten eigenen Streitkräfte mit dem unerbittlichen Kampfeswillen waren aufgebauschte politisch-militärische Strategien. Im Grunde waren viele Truppen regelrecht zusammengewürfelt, demoralisiert, schlecht ausgerüstet und wollten mit dem Staat von Salò wenig oder nichts mehr zu tun haben.

Dabei hatte im September 1943 alles so vielversprechend ausgesehen. Der Staat von Salò sollte bald das Paradebeispiel eines neuen politischen Systems werden, dem die Quadratur des Kreises gelungen war: ein durch und durch sozialer Staat; faschistisch, wegen der drohenden Gefahr von links; patriotisch, weil Italien neben Deutschland die Zukunft gehörte; republikanisch, damit die Macht in Grenzen bliebe und damit das demokratische Fundament der neuen Größe dieses Staates Gestalt und Wirklichkeit gäbe. Das war der alte Traum der Menschheit, vom besten Staat, von Gerechtigkeit, Ehrlichkeit, Ordnung, Sicherheit und gleichem Recht für alle. Sozialisierung nannte sich der Schlüssel zum neuen Glück. Es sollte jetzt den Menschen besser gehen, mitten im Krieg, an der Seite der

Deutschen, wieder geführt vom neu erstarkten Duce, dem alten überzeugten Faschisten, der sich jetzt allerdings als Republikaner getarnt hatte.
Vom neuen Aufschwung war kaum etwas sichtbar. Die Menschen werkelten zwar weiter, der Großgrundbesitzer in der Po-Ebene etwa oder der Großindustrielle in Mailand oder Turin. Sie blieben de facto weiterhin Herr über die Produktionsmittel.
Vom neuen Sozialgefüge war wenig spürbar. Mercedes-Limousinen bahnten sich zwar den Weg durch das Heer der Lohnempfänger, die nach zwölfstündiger Arbeit in der schwül niederdrückenden Luft der Reisfelder, gebückt und zerschunden, den Heimweg zu Frau und Kind antraten. In diesen Luxuswagen saßen nicht die Arbeiter, sondern die Besitzer der schier endlos scheinenden Felder oder Industrieanlagen. In dem einen oder anderen Auto waren auch Militärbonzen oder Parteifunktionäre. Der große Teil der Bevölkerung blieb vom politischen und wirtschaftlichen Wiederaufbau, von den großen sozialen Versprechungen ausgeschlossen. Zudem war die Arbeit von Anbeginn an sabotiert durch die unbefriedigte Gewalttätigkeit der übriggebliebenen Parteibosse, die weiterhin diktieren wollten, die nun aber bereit waren, selbst Hand anzulegen, zu arbeiten und sich mit den täglich anstehenden Problemen zu befassen. Gerade diese inneren Gegner aber waren es, die nach Badoglios Palastrevolution Italien von der faschistischen Herrschaft weitgehend selbst befreiten.
Bis heute ist der Rechtscharakter der RSI umstritten. Innerhalb der Bevölkerung wurde ihre Autorität nicht abgelehnt, aber auch nicht sonderlich begrüßt. Ich habe hier versucht, den Staat von Salò als Staat mit einer effektiven Regierung nachzuweisen; allerdings nicht als neuen Staat, weil sich der Duce und sein Kabinett als die offizielle Regierung Italiens präsentierten. Egal ob Satellitenstaat oder Marionettenstaat Hitlers – derartige Bezeichnungen spielen in diesem Zusammenhang keine Rolle, weil sich die RSI als Regierungsverwaltung etablierte. Und die Idee zur Gründung dieses Staates ging ja nicht von den Deutschen, sondern von Faschisten um den Duce her-

um aus. Die Deutschen allerdings ermöglichten erst sein Zustandekommen. Bis zum kläglichen Untergang blieb der Ducestaat am Gardasee auf jeden Fall ein »Governo di fatto«, eine faktische Regierung. Insgesamt war die RSI ein »Übergangsstaat«, was aber auch ein eigener Staat ist, wenn er das von sich aus auch gar nicht anstrebte, denn, wie gesagt: Der Duce und sein Kabinett verstanden sich als eigentliche Regierung des italienischen Staates[1].

Marco Picone Chiodo urteilt über die RSI, daß es sich keineswegs um einen unbedeutenden italienischen, politischen Abschnitt gehandelt habe. Salò war viel mehr: Es sollte das Ansehen vieler italienischer Persönlichkeiten retten, das Joch des deutschen Übergriffs auf Italien abschütteln und das Land gegen die Invasion der Alliierten verteidigen. Wenngleich auch nichts davon gelang und die Republik in deutscher Abhängigkeit verblieb, so war Salò doch der Versuch einer zu seiner Zeit alternativen Politik, eines alternativen Staates zum Regime Hitlers[2]. Viele Italiener teilen aber nicht diese Meinung; vielmehr wird bei den Anhängern des Duce im Staat von Salò abwertend von »Repubblichini« gesprochen. Eine Bezeichnung, die weder die eingefleischten faschistischen Funktionäre um den Duce herum noch die freiwilligen wie auch unfreiwilligen Mitläufer verdienen!

Wie wenig aber das Italien der nachfolgenden Jahrzehnte von der Republik des Duce hielt, bezeugt die Tatsache, daß nach dem Zusammenbruch der sogenannten Ersten Republik wegen Korruption und Bestechung im Jahr 1994 nach den Wahlen und dem Sieg der neuen Parteien von einer Zweiten Republik gesprochen wurde. Die Republik des Duce von Salò wird beidesmal völlig übergangen. Würde sie in der italienischen Geschichtsschreibung und Politik ernstgenommen, gäbe es heute die Dritte Republik.

Anhang

Anmerkungen

Vorwort

1 Sinngemäß können diese Worte Mussolinis wie folgt übersetzt werden: »Die Deutschen verpassen immer die Gunst der Stunde, verlieren den Kampf und setzen stets auf die falsche Ideologie.« Vgl. dazu auch im Text, Kap. XII diese Worte des Duce und die Übersetzung, S. 211

I. Kapitulation und kein Ende

1 Vgl. das Interview mit D. Mack Smith, in: Storia illustrata, Nr. 287 (Okt. 1981), 30
2 Grandi, 25 luglio – Quarant'anni dopo, 408
3 Bullock, Hitler. Eine Studie über Tyrannei, 718
4 Vgl. Reichssicherheitshauptamt (RSHA), SS-Obersturmbannführer R. Wagner, Bericht (O. Nr.) v. 19. 7. 1943, an den SS-Obersturmbannführer Legationsrat Wagner, in: Staatssekretär (St. Sekr.) Italien, Bd. 14
5 Vgl. Bericht der Dt. Botschaft, Rom Nr. 3469 vom 22. 7. sowie Nr. 3515 vom 24. 7. 1943, in: St. Sekr. Italien, Bd. 14
6 Tompkins, Verrat auf italienisch, 27 bzw. 30f.
7 Corriere della Sera, 19. 9. 1943
8 Schröder, Italiens Kriegsaustritt 1943, 201
9 Abgedruckt in: Keesings Archiv der Gegenwart für die Zeit vom 1. Januar bis 31. Dezember 1943, Essen-Wien-Zürich 1943, 6026f.
10 Vgl. Bericht des Deutschen Botschafters Rahn, Nr. 3637 v. 29. 7. 1943, in: St. Sekr. Italien, Bd. 14
11 Lagebesprechungen, 315 (vgl. Litverz. Heiber)
12 Bullock, Hitler und Stalin, 1049
13 Schmidt, Statist auf diplomatischer Bühne, 568
14 Ebd.
15 Rahn, Ruheloses Leben, 226
16 Die oben angeführten Zitate Hitlers vgl. Goebbels Tagebücher, 1942 bzw. 1946 (zitiert nach der Herausgabe von Reuth, auch in der Folge, wenn nicht eigens vermerkt); vgl. zudem Lagebesprechungen, 329; das Zitat Badoglios vgl. Jacobsen, 1939-1945, 419

17 Vgl. Kriegstagebuch des Oberkommandos der Wehrmacht, Bd. 3, 2. Halbband, 7. 9. 1943

II. Vom Gran Sasso zur Rocca delle Caminate

1 Goebbels Tagebücher, 1952
2 Hitlers Rundfunkansprache vom 10. September 1943, vgl.: Domarus, Reden, Bd. II, 2035ff.
3 Nolte, Der Faschismus in seiner Epoche, 299
4 SD-Berichte, Bd. 14, 5573f. (siehe Litverz. unter Boberach)
5 Vgl. 3. Fallschirm-Jäger-Regiment 7 v. 15. September 1943: Gefechtsbericht vom 12. 9. 1943 (Unterlage aus Privathand)
6 Schröder, Italiens Kriegsaustritt, Bd. 10, 323
7 SD-Berichte, Bd. 15, 5755
8 SD-Berichte, Bd. 15, 5780 bzw. 5795
9 Goebbels Tagebücher (Hg. Lachner), 413
10 Deakin, Die brutale Freundschaft, 630 bzw. Goebbels Tagebücher (Hg. Lachner) 394; vgl. auch den anonymen Artikel in Meridiano d'Italia v. 31. 8. 1947
11 Ribbentrop, Zwischen London und Moskau, 264f.
12 Mussolini, Testamento politico, 111
13 Mussolini, Storia di un'anno, 68ff.
14 Corriere della Sera, 19. 9. 1943
15 Ebd.
16 SD-Berichte, Bd. 15, 5778f.
17 Anfuso, Rom-Berlin im diplomatischen Spiegel, 249
18 Ebd., 254
19 Cospito-Neulen, Salò-Berlino, 37
20 Mussolini, Opera omnia, Bd. 32, 6f.
21 So schrieb gewissermaßen als Zusammenfassung die Zeitung Corriere della Sera, 20. 12. 1943
22 Offiziell genannt »Confederazione generale del lavoro e della tecnica«
23 Mussolini, Opera omnia, Bd. 32, 7f.

III. Kongreß und die Ohnmacht einer Partei

1 Den Text der gesamten Rede vgl. Carlucci, Repubblica Sociale Italiana, 112ff.
2 Vgl. die Rede in: Mussolini, Opera omnia, Bd. 32, 5
3 Gregor, L'Ideologia del Fascismo, 262
4 Mussolini, Der Geist des Faschismus, 7
5 Graziani, Io ho difeso la patria, 375ff.
6 Amicucci, I 600 giorni, 34

7 Die vollständige Zusammensetzung des Kabinetts vgl. Cospito-Neulen, a.a.O., 14f.; vgl. insbesondere den Wechsel in den Ministerien
8 Caviglia, Diario, 460
9 Cospito-Neulen, a.a.O., 16
10 Spampanato B., Contromemoriale, Bd. III, Ed. di »Illustrato« 1952, Unitá, 24. Mai 1945
11 Corriere della Sera, 26. 11. 1943
12 Wichterich, Mussolini, 327
13 Moellhausen, Die gebrochene Achse, 126
14 Ebd., 76
15 SD-Berichte, Bd. 15, 5856 bzw. 5882
16 Zachariae, Mussolini, 19f. bzw. 87
17 Politisches Archiv des Auswärtigen Amtes, Bonn: Telegramm von Rahn v. 29.9.1943
18 Deakin, a.a.O., 709
19 Anfuso, a.a.O., 298
20 Das Telegramm von Rahn vom 15. 11.1943 ist wiedergegeben bei Deakin, a.a.O., 710
21 Dolfin, Con Mussolini, 97

IV. Der Prozeß und der innere Schmerz des Duce

1 Anfuso, a.a.O., 25f.
2 Goebbels Tagebücher, 1964
3 Trevor-Roper, Mussolini und Ciano, 46
4 Ebd., 41
5 Cersosimo, Dall'istruttoria alla fucilazione, 29
6 Deakin, a.a.O., 723
7 Moellhausen, a.a.O., 226
8 Tamaro, a.a.O., 350. Alle Namen der Verurteilten vgl. Vené, Il Processo di Verona, 221f.
9 Die Aufzeichnungen von Don Chiot vgl. Artieri, Cronaca, Bd. 1, 194ff.
10 Vgl. dazu den Brief Mussolinis an den spanischen Innenminister Ramon Serrano Sùner, in: Corriere d'Informazione, 14./15. 9. 1957
11 SD-Berichte, Bd. 16, 6253

V. Ohnmacht und Kalkül

1 Zu dieser geopolitischen Aufteilung Italiens zwischen 1943 und 1945 vgl. C. Gatterer, Im Kampf, 741; vgl. auch L. W. Regele, Operationszone Alpenvorland, Repubblica di Salò, 458ff.)
2 Bocca, La repubblica, 44
3 PAAA (Bonn), Büro des Staatssekretärs, Italien, Bd. 18, 70862 bis 70869
4 Goebbels Tagebücher, 1958

5 Deutsche Sammlung, Telegramm aus Madrid, 5. 10. 1943
6 Cospito-Neulen, a.a.O., 37
7 Ab März 1944 war er nicht mehr »Segretario Generale«, sondern »Sottosegretario«
8 Deutsche Sammlung, Aufzeichnung von Hilger, 12. 10. 1943; Deutsche Sammlung, Telegramm von Rahn, 16. 11. 1943
9 Rahn, a.a.O., 250
10 Kriegstagebuch des Oberkommandos der Wehrmacht, Bd. III, 2. Halbband, 21. 9. 1943
11 Cospito-Neulen, a a O., 244
12 So erinnert sich der Journalist B. Spampanato, Contromemoriale, 648
13 Bolla, Perchè a Salò, 221f.
14 Rede Mussolinis vom 27. 9. 1944 anläßlich der vierten Wiederkehr der Unterzeichnung des Dreibundes, Corriere della Sera, 28. 9. 1944
15 Vgl. die Ausführung Dolfins bei F. Catalano, L'Italia dalla dittatura alla democrazia, Bd. 2, 26
16 Mellini, Guerra diplomatica, 73
17 Italienische Sammlung, Depesche von Anfuso, 20. 9. 1944
18 Italienische Sammlung, Depesche von Anfuso, 27. 9. 1944; Italienische Sammlung, Pavolini an Mussolini, 24. 6. 1944
19 Deakin, a.a.O., 832
20 Der gesamte Text in: Mussolini, Opera omnia, Bd. 32, 126ff.
21 Deutsche Sammlung, Anordnung des Führers, 10. 9. 1943
22 Stuhlpfarrer, Operationszonen, 198

VI. Kein Staat ohne Streitmacht

1 Pansa, L'esercito, 5
2 Deutsche Sammlung, 2. 10. 1943
3 Corriere della Sera, 2. 1. 1944
4 Tamaro, Bd. II, 205ff., 4. 10. 1943
5 SD-Berichte, Bd. 15, 6179f.
6 Canevari, Graziani mi ha detto, 285ff.
7 Goebbels Tagebücher, 13. 9. 1943
8 Kriegstagebuch des Oberkommandos der Wehrmacht, Bd. III, 2. Halbband, 9. 10. 1943
9 Tamaro, Bd. II., 247
10 Deakin, a.a.O., 682
11 Mussolini, Opera omnia, Bd. 32, 19
12 Deutsche Sammlung, Telegramm von Rahn, 29. 11. 1943
13 Deutsche Sammlung, Besprechung des Ob. d. M. im Führerhauptquartier, 19./20. 12. 1943
14 Corriere della Sera, 2. 9. 1944
15 Pansa, a.a.O., 20

16 Cospito-Neulen, a.a.O., 77
17 Mussolini, Opera omnia, Bd. 32, 162ff.
18 Pansa, a.a.O., 147f.
19 Ebd., 154
20 Cospito-Neulen, a.a.O., 85.
21 Ebd. Die beiden Autoren kommen bei den Streitkräften der Republik von Salò insgesamt auf eine Zahl von 812 000 Männern, ein gutes Drittel davon unterstand dem deutschen Kommando. Auf andere, viel kleinere Zahlen kommt Richard Lamb in seinem lesenswerten Beitrag: Salò, L'ultimo esercito di Mussolini, in: Storia illustrata, Nr. 282 (1981), 25ff., vgl. insb. 29; Silvio Bertoldi, Soldati a Salò, kommt auf etwas mehr als 600 000.

VII. Zurück zum Sozialismus?

1 Corriere della Sera, 16.1.1944
2 Deutsche Sammlung, Telegramm von Rahn, 10. 2. 1944
3 Popolo Repubblicano, Januar 1944
4 Ebd. Die gesetzlichen Details des Sozialisierungsprogramms, erlassen von der 6. Ministerratssitzung am 12. 2. 1944, vgl. in: Mussolini, Opera omnia, Bd. 32, 41-56
5 Scheuer, Genosse, 105 bzw. Anm. 17, vgl. auch 130
6 Corriere della Sera, 13. 2. 1944
7 Ich beziehe mich hier auf die Erklärung des zentralen faschistischen Organs Corrispondenza Repubblicana, 14. 1. 1944
8 Anfuso, a.a.O., 309f.
9 Deakin, a.a.O., 761
10 Deutsche Sammlung, Telegramm von Rahn, 4. 3. 1944
11 Corriere d'Informazione, Nr. 36, 39, 11-12, 14-15 (1948); aus einem Gespräch mit Gioacchino Nicoletti, 18. April 1945
12 Dolfin, Con Mussolini, 97
13 Das Blatt erschien erstmals am 28. März 1945 und wurde am 25. April eingestellt
14 Das sagte der Duce zu Cione, vgl. bei Artieri, a.a.O., 643

VIII. Ohne Geld und Post kein Staat

1 Vgl. La Moneta Italiana, hg. v. der Banca Popolare di Novara, 1970 mit Nachtragsband (Appendice) 1979. Verfaßt von namhaften Kennern der Münz- und Geldgeschichte. Vgl. hier insbesondere die zahlreichen Gesetze und Erlasse mit den vorzüglichen Farbbildern fast aller Münzen, Geldscheine und Banknoten.
2 Vgl. Gigante-monete decimali italiane 1800-1992, Münzkatalog von F. Gigante, Varese 1992

3 Vgl. Catalogo unificato della carta-moneta italiana, Torino 1993. Hier sind alle italienischen Banknoten abgebildet und numeriert in der Reihenfolge der Ministerialdekrete.
4 Den Brief Liveranis an Mussolini, datiert vom 20. 12. 1943 vgl. in: L. Buzzetti, 1944: francobolli della R.S.I., in: Il Collezionista, Heft 4, 4. 1994
5 Vgl. Catalogo enciclopedico italiano 1991/92, Milano 1990; mit offiziellen Angaben zu Briefmarken, Postwertzeichen und Postgeschichte
6 Die Angaben zur Lage der Eisenbahn beziehe ich aus der weitgestreuten Eisenbahnliteratur. Die Nachrichten über die Zerstörung finden sich an zahllosen Einzeldarstellungen, für die Zerstörungen der Brennerbahn sind die Erinnerungen von Zeitzeugen immer noch aufschlußreich.
7 U. Bellocchi, Le Poste a Salò tornarono all'antichità, in: Storia illustrata, Nr. 3 (1983)

IX. Das Blut des Widerstands

1 Mussolini, Opera omnia, Bd. 32, 56–61
2 Corriere della Sera, 8. 3. 1944
3 Longo-Secchia, Kampf des ital. Volkes, 34
4 Ebd., 97
5 Bendiscioli, Antifascismo, 84
6 Chabod, Entstehung, 95
7 Longo-Secchia, a.a.O., 358
8 Italienische Sammlung, Mussolini an Rahn, 13. 10. 1944
9 Rahn, a.a.O., 277
10 Italienische Sammlung, Anfuso an Mussolini, 2. 8. 1944
11 Deakin, a.a.O., 818
12 Longo-Secchia, a.a.O., 131
13 Chabod, a.a.O., 97f.
14 Graziani, a.a.O., 490
15 Corriere della Sera, 19./20. 4. 1944
16 Longo-Secchia, a.a.O., 270
17 Chabod, a.a.O., 91
18 Cospito-Neulen, a.a.O., 275f.

X. Der Duce und der Führer

1 Moellhausen, a.a.O., 210
2 Mussolini, Opera omnia, Bd. 32, 190
3 Die Schreiben Mussolinis vgl. Artieri, a.a.O., 269f. bzw. 291. Ich habe hier in bezug auf dieses Problem der Lastkraftwagen die Schreiben des Duce zeitlich zusammengefaßt, ebenso die zum Teil ausführlichen Schreiben stark gekürzt.

4 Anfuso, a.a.O., 324f.
5 Rahn, a.a.O., 259f.
6 Wheeler-Bennet, Nemesis, 644
7 Zitiert nach Deakin, a.a.O., 802
8 Das Zitat vgl. bei Deakin, ebd., 209f.
9 Moellhausen, a.a.O., 194
10 Italienische Sammlung, Rundschreiben des Außenministeriums, 1. 8. 1944
11 Zachariae, a.a.O., 34
12 Den ausführlichen Essay Mussolinis über Ehre und Ruhm vgl. Opera omnia, Bd. 32, 92ff.
13 Pisenti, Repubblica necessaria, 65
14 Kesselring, Soldat bis zum letzten Tag, 247
15 Telegramm Hitlers an Mussolini, vgl. Corriere della Sera, 24. 5. 1944

XI. Die Front rückt näher

1 Schmidt, a.a.O., 567
2 Lagebesprechungen, 319
3 Hitler, Mein Kampf, 698
4 Goebbels, Tagebücher (Hg. Lachner), 394
5 Ebd., 392
6 Di Nolfo, Von Mussolini, 55
7 Deakin, a.a.O., 648 bzw. 655
8 Deutsche Sammlung, Kesselring an das OKW, 6. 10. 1943
9 DNB, Text vom 8. 11. 1943
10 Vgl. die Anweisungen an Zerbino bei Moellhausen, a.a.O., 162
11 Vgl. Weizsäcker, Erinnerungen, 354ff.
12 Moellhausen, a.a.O., 165
13 Ebd., 182
14 Goebbels Tagebücher, 2043 bzw. 2054
15 Der Brief ist nicht erhalten. Es gibt nur einen handschriftlichen Entwurf Mussolinis ohne Datum. Zitiert nach Deakin, a.a.O., 828f.
16 Ebd., 899f.
17 Schusters Bericht vgl. bei Klibansky, Benito Mussolini, 254ff.
18 Kriegstagebuch des Oberkommandos der Wehrmacht, Bd. IV., 2. Halbband, 1400f.

XII. Der Tod in Dongo

1 SD-Berichte, Bd. 17, 6574
2 Corriere d'Informazione vom 25./26. 2. bis 11./12. 3. 1946, siehe unter »Mussolini si confessa«
3 Zachariae, a.a.O., 104

4 Ebd., 54
5 Moellhausen, a.a.O., 222
6 Goebbels Tagebücher, 2177, vgl. dazu TGB 1943, Anm. 70
7 Pini-Susmel, Bd. IV, 475f.
8 Mussolini, Opera omnia, Bd. 32, 186ff.
9 Schramm, Hitler als militärischer Führer, 70
10 Trevor-Roper, a.a.O., 101ff.
11 Cabella, Testamento politico, 35
12 Ebd., 47
13 Die gesamte Rede ist abgedruckt in Mussolini, Opera omnia, Bd. 32, 202f.
14 Epoca, 11. 3. 1956
15 Mussolini, Opera omnia, Bd. 32, 213
16 Kirkpatrick, Mussolini, 564
17 Ebd., 573. Zum Tod Mussolinis gibt es inzwischen viele Versionen. Zuletzt ist auch die These aufgetreten, Mussolini sei bereits zuvor von Geheimdienstmännern erschossen worden. Ich halte mich hier an die bekannteste und nicht widerlegte Version.
18 Über das Schicksal der Faschisten und den Versuch zur Angabe sicherer Zahlen vgl. Bocca, a.a.O., 336ff.

XIII. Kein Platz in der Geschichte

1 Vgl. dazu die Ausführungen von L. W. Regele, wie Anmerkung 1, Kap. VI, 459
2 Chiodo, In nome, 427

Zeittafel

1943

24.-25. Juli:	Der Faschistische Großrat spricht Mussolini das Mißtrauensvotum aus.
25. Juli:	Vittorio Emanuele III. läßt Mussolini verhaften; Badoglio wird neuer Chef der Regierung.
6. August:	Deutsch-italienisches Treffen in Treviso.
12.-16. August:	Mailand wird bombardiert.
15. August:	Deutsch-italienische Gespräche in Bologna über die Verteidigung Italiens.
17. August:	Die deutsche Wehrmacht beschließt Räumung Siziliens.
3. September:	Geheimer Waffenstillstand in Cassibile. Einheiten der 8. Britischen Armee landen in Kalabrien. (Italiens Kapitulation 3./8. September.)
8. September:	Der Waffenstillstand wird bekanntgemacht. Die deutschen Gegenmaßnahmen laufen an (Fall Achse).
9. September:	Die Engländer landen in Tarent. Einheiten der 5. US-Armee landen in Salerno.
10. September:	Hitler verfügt die Bildung der beiden Operationszonen Alpenvorland und Adriatisches Küstenland unter deutschen Kommissaren.
12. September:	Mussolini wird aus dem Hotel »Campo Imperatore« auf dem Gran Sasso von deutschen Fallschirmjägern befreit. Kurz vor Mitternacht trifft er auf dem Wiener Flughafen ein.
13. September:	Mussolini landet am Nachmittag auf dem Münchner Flughafen.
14. September:	Hitler empfängt Mussolini in der Wolfsschanze bei Rastenburg.
17. September:	Pavolini kommt nach Rom mit dem Auftrag, die Ministerliste für die neue Regierung zusammenzustellen.
18. September:	Mussolini richtet über den Reichssender München seine programmatische Rede an die Italiener. Es ist die erste Rundfunkansprache seit der Befreiung.
22. September:	Die Bildung des neuen Kabinetts wird bekanntgegeben.
23. September:	Konstituierung der neuen faschistischen Regierung: Pavolini bringt die Ministerliste in die deutsche Botschaft. Mussolini fliegt von München nach Forlì.
27. September:	Erste Sitzung der faschistischen Regierung auf Rocca delle Caminate bei Predappio. Über eine Pressemitteilung wird bekanntgegeben, daß die neue Regierung ihren Sitz nicht in Rom, weil diese Stadt zur offenen Stadt er-

	klärt worden sei, sondern an einem anderen Ort in der Nähe des Großen Hauptquartiers der Streitkräfte einrichten werde.
1. Oktober:	Rede General Grazianis im Opernhaus von Rom. Die Deutschen räumen Neapel.
5. Oktober:	Für Mussolini wird am Gardasee ein provisorisches Privatsekretariat eingerichtet. Diese Kanzlei wird von Dolfin geleitet.
8. Oktober:	Mussolini verlegt den Sitz der Regierung nach Gargnano am Gardasee.
10. Oktober:	Mussolini fährt nach Gargnano am Gardasee.
13. Oktober:	Die Regierung Badoglio erklärt Deutschland den Krieg.
16. Oktober:	Über tausend römische Juden werden verhaftet und in der Folge nach Auschwitz überführt.
27. Oktober:	Zweite Sitzung des Faschistischen Ministerrats.
8. November:	Die Britische 8. Armee erreicht den Fluß Sangrò.
9. November:	In Rom wird der Gestellungsbefehl für den Jahrgang 1925 und die im letzten Quartal von 1924 Geborenen veröffentlicht. Der Befehl dazu ergeht direkt von Mussolini. Jene Rekruten, die in die Decima MAS eintreten wollen, werden nach Deutschland geschickt, wo sie den Stamm der Division San Marco bilden sollen.
11. November:	Errichtung des Sondergerichtshofes (Tribunale Speciale Straordinario) und der Sondergerichte in den Provinzen. Der Ministerrat hatte am 13. Oktober die juristischen Voraussetzungen für die Einsetzung von Sondergerichten geschaffen.
14. November:	Die Delegierten der Parteiorganisationen von Norditalien treffen sich auf dem Kongreß von Verona.
20. November:	Die Agentur Stefani verbreitet die Nachricht von der Errichtung der »Guardia Nazionale Repubblicana«.
21. November:	Generalfeldmarschall Kesselring übernimmt die Verteidigung Italiens als Befehlshaber Südwest.
25. November:	Dritte Sitzung des Ministerrats.
1. Dezember:	Das neue Staatswesen nimmt die Bezeichnung Repubblica Sociale Italiana an. Dieses Datum wird deshalb oft auch als der effektive Beginn der RSI genannt.
2.-3. Dezember:	Die Deutschen bombardieren den Hafen von Bari, 19 Handelsschiffe werden zerstört.
4. Dezember:	Graziani erklärt sich bereit, italienische Arbeitskräfte für den Einsatz in Deutschland durchzusetzen. Bezüglich der militärischen Mittel gelten die Kriegsgesetze.
16. Dezember:	Vierte Sitzung des Ministerrats.
29. Dezember:	Die 8. Britische Armee erobert Ortona.

1944

8.-10. Januar:	In Castelvecchio in Verona, wo im November der Parteikongreß getagt hatte, findet der Prozeß gegen jene Faschisten statt, die in der Sitzung des Faschistischen Großrats gegen Mussolini votiert hatten.
11. Januar:	Ciano und die anderen Verurteilten werden in San Procolo bei Verona erschossen.
13. Januar:	Fünfte Sitzung des Ministerrats; das Sozialisierungsprogramm wird angekündigt; es sind die zu einem guten Teil von Tarchi ausgearbeiteten »Grundsätze für die Neuordnung der italienischen Wirtschaft«.
22. Januar:	Das 6. US-Korps landet in Anzio und Nettuno.
24. Januar:	Die erste Schlacht um Monte Cassino beginnt.
12. Februar:	Sechste Sitzung des Ministerrats; das Gesetz über die Sozialisierung der Unternehmen soll umgehend in die Realität umgesetzt werden.
15.-18. Februar:	Zweite Schlacht um Monte Cassino.
15. Februar:	Die Alliierten bombardieren und zerstören das nicht verteidigte Kloster von Monte Cassino.
16.-21. Februar:	Die deutsche Gegenoffensive gegen den Brückenkopf Anzio/Nettuno scheitert.
1. März:	Auch die zweite deutsche Gegenoffensive bleibt erfolglos. In Turin brechen Streiks aus, die rasch auf Mailand und Genua übergreifen.
9. März:	Der weibliche Hilfsdienst wird eingerichtet.
11. März:	Siebte Sitzung des Ministerrats.
15.-24.März:	Dritte Schlacht um Monte Cassino endet mit einem Mißerfolg der Alliierten.
23. März:	Dynamitattentat in Rom, Via Rassella, gegen Angehörige eines Südtiroler Polizeiregiments.
24. März:	Zur Vergeltung töten die Deutschen 335 Geiseln in den Ardeatinischen Höhlen bei Rom.
29. März:	Die italienischen Streitkräfte geben den Abschuß von 14 alliierten Bombern durch Jagdflieger unter dem Befehl des Hauptmanns Adriano Visconti bekannt.
15. April:	Der Philosoph Giovanni Gentile wird in Florenz von Partisanen ermordet.
18. April:	Achte Sitzung des Ministerrats.
22.-23. April:	Treffen Mussolini-Hitler auf Schloß Kleßheim bei Salzburg.
24. April:	Der Duce besucht die Division San Marco, die in Grafenwöhr ausgebildet wird.
12. Mai:	Die 5. US-Armee und die 8. Britische Armee eröffnen am

	Fluß Garigliano eine Großoffensive gegen die 10. deutsche Armee.
17. Mai:	Die deutschen Fallschirmjäger verlassen Monte Cassino.
25. Mai:	Die Deutschen treten einen allgemeinen Rückzug von der Adria zum Tyrrhenischen Meer an.
4. Juni:	Fall Roms. Noch im selben Monat wird die Stadt wieder Sitz der königlichen Regierung.
4.-5. Juni:	Kühner Luftangriff von Bombern der republikanischen Luftwaffe auf den Hafen von Gibraltar.
6. Juni:	Landung der Alliierten in Frankreich.
19. Juni:	Amerikanische Truppen erobern Perugia.
20. Juni:	12 000 Arbeiter bei FIAT-Mirafiori legen ihre Arbeit nieder; am darauffolgenden Tag sind es weitere 5000 im FIAT-Hauptwerk und bei Lancia.
21. Juni:	Mussolini unterzeichnet ein Dekret, das die Schaffung der Schwarzen Brigaden vorsieht.
30. Juni:	Mussolini läßt das im Februar vom Ministerrat verabschiedete Sozialisierungsgesetz in Kraft setzen.
Juli:	Die Männer der Division San Marco kehren nach Italien zurück; die Monte Rosa folgt im August, im September die Littorio, Italia bleibt vorerst in Deutschland.
2.-3. Juli:	Die deutschen Truppen verlassen Siena.
15.-22. Juli:	Mussolini reist nach Deutschland.
20. Juli:	Attentat auf Hitler in der Wolfsschanze; letztes Treffen zwischen Mussolini und Hitler.
25. Juli:	Die Faschistische Partei wird militarisiert; Pavolini kündigt im Rundfunk die Errichtung der Brigate Nere an (Parteimiliz).
4. August:	Die deutschen Fallschirmjäger verlassen den Südteil von Florenz; die Faschisten leisten verzweifelten Widerstand.
6. August:	Das CLNAI wird von der Regierung Bonomi als ihre Vertretung im Norden deklariert.
10. August:	Die deutschen Truppen verlassen auch den Nordteil von Florenz. Tags darauf ist ganz Florenz in den Händen der Angloamerikaner.
15. August:	Die Alliierten landen an den französischen Südküsten.
21. August:	San Marino erklärt dem Deutschen Reich den Krieg.
26. August-21. September:	Die 10. deutsche Armee verteidigt sich im Gebiet Fano-Pesaro-Rimini.
2. September:	Die Deutschen räumen Pisa.
12.-15. September:	Die deutschen Einheiten verlassen die Jonischen Inseln.
13.September-26. Oktober:	Die Alliierten versuchen, den Apennin zu überwinden und Bologna zu erreichen; sie scheitern am deutschen Widerstand.

12. Oktober:	Elfte Sitzung des Ministerrats.
31. Oktober:	Jugoslawische Einheiten rücken in Zara ein.
16. November:	Zwölfte Sitzung des Ministerrats.
5. Dezember:	Die Deutschen räumen Ravenna.
9. Dezember:	Dreizehnte Sitzung des Ministerrats. Mussolini kündigt an, er wolle erstmals seit Errichtung des neuen Regimes eine öffentliche Rede in Mailand halten. Außerdem kündigt er an, den Sitz der Regierung vom Gardasee nach Mailand zu verlegen.
16. Dezember:	Die Ardennenoffensive beginnt. Mussolini hält im Opernhaus von Mailand eine Rede.
16.-17. Dezember:	Die 8. Britische Armee erobert Faenza.
26.-30. Dezember:	Eine beschränkte deutsch-italienische Offensive im Tal des Serchio bringt Teilerfolge.

1945

19. Januar:	Vierzehnte Sitzung des Ministerrats.
22. Januar:	Sozialisierung der FIAT.
24. Januar:	Pavolini besucht die italienischen Einheiten in Venezia Giulia.
1. Februar:	Die Sozialisierung wird auf andere Unternehmen ausgedehnt.
14. Februar:	Die Agentur Stefani verbreitet die Nachricht von der Gründung des »Raggruppamento Nazionale Repubblicano Fascista«.
15. Februar:	Fünfzehnte Sitzung des Ministerrats.
21. Februar:	Mussolini entläßt Guido Buffarini Guidi.
8. März:	Beginn der Geheimverhandlungen zwischen Wolff und den Alliierten.
12. März:	In Rom endet ein Schauprozeß gegen führende Faschisten. Anfuso wird in absentia zum Tode verurteilt.
15. März:	Sechzehnte Sitzung des Ministerrats.
14. April:	Die 5. US-Armee beginnt die Offensive im Westabschnitt. In Gargnano findet unter dem Vorsitz Mussolinis das letzte Treffen führender italienischer und deutscher Funktionäre auf italienischem Boden statt.
16. April:	Siebzehnte und letzte Sitzung des Ministerrats.
18. April:	Mussolini übersiedelt nach Mailand.
20. April:	Am Morgen besucht Rahn Mussolini zum letzten Mal in der Mailänder Präfektur.
24. April:	Der unmittelbare Zusammenbruch des politischen und militärischen Zusammenhalts von Salò steht unausweichlich bevor.
25. April:	Die Alliierten Armeen überqueren den Po und besetzen Mantua, Reggio und Parma. Mussolini und die Regierung

	verlassen Mailand. Damit endet auch die Existenz der RSI.
27. April:	Mussolini wird von Partisanen in Dongo gefangengenommen. Französische Truppen besetzen Ventimiglia und Bordighera.
28. April:	Mussolini wird in Giulino di Mezzegra gemeinsam mit Clara Petacci erschossen. Kesselring wird zum Oberbefehlshaber aller deutschen Streitkräfte im Südraum ernannt.
29. April:	Um vier Uhr morgens bringt ein Lastwagen zweiundzwanzig Leichen, darunter Mussolini und Clara Petacci, auf die Piazza Loreto, wo sie öffentlich ausgestellt und geschändet werden.In Caserta wird die Kapitulation der deutschen Truppen in Italien unterzeichnet.
30. April:	Die 5. US-Armee besetzt Turin
2. Mai:	Die deutsche Kapitulation in Italien wird bekanntgegeben und tritt um 14.00 Uhr in Kraft.

(Diese Zeittafel wurde nach den einschlägigen Werken vor allem von G. Artieri, S. Bertoldi, N. Cospito/H. W. Neulen, F. W. Deakin und R. de Felice erstellt, vgl. Literaturverzeichnis.)

Verzeichnis der benützten Quellen und Literatur

Einzelne Detailquellen, Quellensammelbände und Ausführungen in Zeitungen und Zeitschriften erscheinen nicht in diesem Verzeichnis, sondern nur unter der jeweiligen Anmerkung.

Agarossi, E.-Smith, B. F.: La resa tedesca in Italia, Milano 1980
Akten zur Auswärtigen Deutschen Politik, Serie E (1941–1945), Göttingen 1969.
Akten zur Deutschen Auswärtigen Politik 1918–1945, Serie D (1937–1945), Bd. I-XIII, Baden-Baden u. a. 1950ff.
Algardi, Z.: Processi ai fascisti, Firenze 1973.
Amicucci, E.: I seicento giorni di Mussolini, Roma 1969.
Andrae, F.: Auch gegen Frauen und Kinder. Der Krieg der deutschen Wehrmacht gegen die Zivilbevölkerung in Italien 1943-45, München 1995.
Anfuso, F.: Die beiden Gefreiten. Ihr Spiel um Deutschland und Italien, München 1952.
Anfuso, F.: Rom-Berlin im diplomatischen Spiegel, Essen-München-Hamburg 1951.
Arena, N.: L'Aeronautica Nazionale Repubblicana 1943–1945, 2 Bde., Modena 1973f.
Artieri, G.: Mussolini e l'avventura repubblicana Italiana, Bd. 1, Milano 1981
Assmann, K.: Deutsche Schicksalsjahre, Wiesbaden 1950.
Associazione Nazionale delle famiglie dei caduti e dispersi della R. S. I. (Hg.): Lettere dei condannati a morte della R. S. I., Roma 1976, 2. Aufl.
Audisio, W.: In nome del popolo italiano, Milano 1975.

Badoglio, P.: Italien im Zweiten Weltkrieg. Erinnerungen und Dokumente, München-Leipzig 1947.
Bandini, F.: Le ultime 95 ore di Mussolini, Milano 1959.
Battaglia, R.: Storia della resistenza italiana, Torino 1953, 2. Aufl.
Baum, W.-Weichold, E.: Der Krieg der Achsenmächte im Mittelmeer-Raum. Die »Strategie« der Diktatoren (=Studien und Dokumente zur Geschichte des Zweiten Weltkriegs, hg. v. Arbeitskreis für Wehrforschung in Stuttgart, Bd. 14), Göttingen-Zürich-Frankfurt am Main 1973.
Becker, H. J.: Die Hintergründe von Mussolinis Sturz, in: Frankfurter Hefte 3, 1948, S. 751ff.
Becker, H. J.: Italiens Weg aus dem Kriege (1943–1945), in: Europa-Archiv 4, 1949, S. 2185ff; S. 2265ff; S. 2345ff.

Bellotti, F.: La Repubblica di Mussolini, 26 luglio 1943 –25 aprile 1945, Milano 1947.
Bendiscioli, M.: Antifascismo e Resistenza, Roma 1974.
Bertoldi, S.: I tedeschi in Italia, Milano 1964.
Bertoldi, S.: La repubblica di Salò. Storia, documenti, immagini, 4 Bde., Milano 1980f.
Bertoldi, S.: Salò. Vita e morte della Repubblica Sociale Italiana, Milano 1976.
Bertoldi, S.: Soldati a Salò. L'ultimo esercito di Mussolini, Milano 1995.
Bibliografia della Repubblica Sociale Italiana, a cura della Delegazione di Milano dell'Istituto Storico della Repubblica Sociale Italiana, Milano 1989.
Boberach, H. (Hg.): Meldungen aus dem Reich 1938 –1945. Die geheimen Lageberichte des Sicherheitsdienstes der SS, Bd. 14, 15, 17, Herrsching 1984 (zitiert als SD-Berichte).
Bocca, G.: La repubblica di Mussolini, Bari 1977.
Bolla, L.: Perchè a Salò, diario della Repubblica Sociale Italiana, hg. v. G. B. Guerri, Milano 1983.

Canevari, E.: Graziani mi ha detto, Roma 1947.
Carlucci, G.: Repubblica Sociale Italiana, Storia, Roma 1959, 2. Aufl.
Catalano, F.: L'Italia dalla dittatura alla democrazia 1919/1948, Bd. 2, Milano 1975.
Catalano, F.: Una difficile democrazia. Italia 1943 –1948, Bd. 1, Messina-Firenze 1980.
Catalano, F.: Storia del CLNAI, Bari 1956.
Cavallari, O.: La guerra continua nell'Italia meridoniale dal 25. 7. 1943 fino al 5. 6. 1944, Milano 1958.
Cersosimo, V.: Dall'Istruttoria alla fucilazione (Storia del processo di Verona), Milano 1949.
Chabod, F.: Die Entstehung des neuen Italien. Von der Diktatur zur Republik, Reinbek bei Hamburg 1965.
Chiodo, M. P.: In nome della resa, Milano 1990.
Cione, E.: Storia della Repubblica sociale italiana, Caserta 1948.
Collier, R.: Der Duce. Aufstieg und Fall des Benito Mussolini, München 1974.
Collotti, E.: L'amministrazione tedesca dell'Italia occupata 1943/45, Milano 1963.
Contini, G.: La valigia di Mussolini. I documenti segreti dell'ultima fuga del Duce, Milano 1982.
Corsini, U.: Die Operationszone Alpenvorland, in: U. Corsini-R. Lill, Südtirol 1918 –1945, hg. v. der Autonomen Provinz Bozen-Südtirol, Bozen 1988, S. 369ff.
Cospito, N.-Neulen, H. W.: Salò-Berlino: L'alleanza difficile.

La Repubblica Sociale Italiana nei documenti segreti del Terzo Reich, Milano 1992.

Deakin, F. W.: Die brutale Freundschaft. Hitler, Mussolini und der Untergang des italienischen Faschismus, Köln-Berlin 1964.

Deakin, F. W.: Storia della Repubblica di Salò, 2 Bde., Torino 1970.

Di Nolfo, E.: Problemi della politica estera italiana: 1943 –1950, »Storia e Politica« (1975).

Di Nolfo, E.: Von Mussolini zu De Gasperi. Italien zwischen Angst und Hoffnung 1943-1953, Paderborn-München-Wien-Zürich 1993.

Dolfin, G.: Con Mussolini nella tragedia. Diario del capo della Segreteria Particolare del Duce 1943 –1944, Milano 1949, 2. Aufl.

Dollmann, E.: Un libero schiavo, Bologna 1968.

Domarus, M.: Hitler. Reden und Proklamationen 1932-1945. Kommentiert von einem deutschen Zeitgenossen, II. Bd.: Untergang (1939 –1945), Würzburg 1963.

Dulles, A.: La resa segreta, Milano 1967.

Fappani, A.-Molinari, F.: Chiesa e Repubblica di Salò, Torino 1981.

Felice, R. De: Mussolini l'alleato I. L'Italia in guerra 1940 –1943, Bd. 1: Dalla guerra »breve« alla guerra lunga, Torino 1990.

Felice R. De: Mussolini l'alleato I. L'Italia in guerra 1940 –1943, Bd. 2: Crisi e agonia del regime, Torino 1990.

Fest, J. C.: Hitler. Eine Biographie, Frankfurt/M.-Berlin-Wien 1973.

Francesconi, T.: Repubblica Sociale Italiana e guerra civile nella bergamasca 1943 –1945, Milano 1984.

Franchi, F.: Le costituzioni della Repubblica Sociale Italiana. Vittorio Rolando Ricci il »Socrate« di Mussolini, Milano 1987.

Francia, S.: L'altro volto della Repubblica Sociale Italiana, Saluzzo 1988.

Frassati, F.: La Resistenza e gli alleati, Milano 1962.

Fucci, F.: Spie per la libertà. I Servizi segreti della Resistenza italiana, Milano 1983.

Galatoli Landi, A.: Mussolini e la rivoluzione sociale, Roma 1985.

Galli, L.: Documenti inediti, Repubblica Sociale Italiana, Brescia 1943 –1945, Brescia 1986.

Garobbio, A.: L'ultimo discorso di Mussolini, in: Studi sul fascismo repubblicano, anno III, Nr. 3, 1990, S. 1ff.

Gatta, B.: Gli uomini del Duce, Milano 1986.

Gatterer, C.: Im Kampf gegen Rom, Wien-Frankfurt-Zürich 1968.

Giannantoni, F.: Fascismo, guerra e società nella Repubblica Sociale Italiana (Varese 1943 –1945), Milano 1984.

Goebbels, J.: Tagebücher 1942– 1943, hg. v. L. P. Lachner, Zürich 1948.

Goebbels, J.: Tagebücher (Bd. 5: 1943 –1945), hg. v. R. G. Reuth, München-Zürich 1992.

Gozzoli, M.: Popoli al bivio. Movimenti fascisti e resistenza nella II guerra mondiale, Milano 1989.
Grassmann, G. O.: Die deutsche Besatzungsgesetzgebung während des Zweiten Weltkrieges, Tübingen 1958.
Graziani, R.: Una vita per l'Italia. »Ho difeso la patria«, Milano 1986.
Gregor, J. A.: L'Ideologia del Fascismo, Milano 1974.
Grossi, F.: Battaglie sindacali. Intervista sul fascismo, rivoluzione sociale incompiuta, a cura di M. Greco, Roma 1988.
Guarino, B.: La guerra continua. Testimonianze di un bersagliere della Repubblica Sociale Italiana, Acireale 1989.

Hagen, W.: Die geheime Front. Organisation, Personen und Aktionen des deutschen Geheimdienstes, Linz-Wien 1950.
Haupt, W.: Kriegsschauplatz Italien 1943 –1945, Stuttgart 1977.
Heiber, H. (Hg.): Hitlers Lagebesprechungen. Die Protokollfragmente seiner militärischen Konferenzen 1942–1945, Stuttgart 1962 (zitiert als: Lagebesprechungen).
Hibbert, Ch.: Mussolini, Frankfurt am Main-Bonn 1963.
Hillgruber, A. (Hg.): Staatsmänner und Diplomaten bei Hitler. Vertrauliche Aufzeichnungen über Unterredungen mit Vertretern des Auslandes 1942–1944, 2. Teil, Frankfurt am Main 1970.
Hitler, A.: Mein Kampf. Zwei Bände in einem Band, ungekürzte Ausgabe, München 1941, 9. Aufl.
Hitler e Mussolini lettere e documenti, Milano 1946.
Hubatsch, W. (Hg.): Hitlers Weisungen für die Kriegführung 1939–1945. Dokumente des Oberkommandos der Wehrmacht, Koblenz 1983.

Irving, D.: Hitlers Krieg. »Götterdämmerung«, 1942–1945, München-Berlin 1986.

Jacobsen, H.-A.: 1939–1945. Der zweite Weltkrieg in Chronik und Dokumenten, Darmstadt 1961, 5. Aufl.

Kesselring, A.: Soldat bis zum letzten Tag, Bonn 1953.
Kirkpatrick, I.: Mussolini, Berlin 1965.
Klibansky, R. (Hg.): Benito Mussolini, Memories (1942–1943), London 1949.
Klinkhammer, L.: Zwischen Bündnis und Besatzung. Das nationalsozialistische Deutschland und die Republik von Salò 1943 –1945, Tübingen 1993.
Kriegstagebuch des Oberkommandos der Wehrmacht (Wehrmachtführungsstab) 1940-1945. Geführt von Helmuth Greiner und Percy Ernst Schramm. Im Auftrag des Arbeitskreises für Wehrforschung hg. v. P. E. Schramm, Bd. III: 1. Januar 1943 –31. Dezember 1943, zusammengestellt und erläutert von Walther Hubatsch, Frankfurt

am Main 1963; Bd. IV: 1. Januar 1944 –22. Mai 1945, eingeleitet und erläutert von P. E. Schramm, Frankfurt am Main 1961.
Kuby, E.: Verrat auf deutsch. Wie das Dritte Reich Italien ruinierte, Hamburg 1982.

Lanfranchi, F.: La resa degli ottocentomila, Milano 1948.
Lill, R.(Hg.): Deutschland-Italien 1943 –1945. Aspekte einer Entzweiung (Reihe der Villa Vigoni Bd. 3), Tübingen 1992.
Longo, L.-Secchia, P.: Der Kampf des italienischen Volkes für seine nationale Befreiung. Eine Auswahl von Berichten und Artikel aus der illegalen antifaschistischen Presse 1943 –1945, Berlin 1959.

Macmillan, H.: The Blast of War 1939–1945, London 1967.
Mavrogadato, R.: Hitler's Decision on the Defence of Italy (1943 –1944), in: Commandant Decisions, hg. v. K. R. Greenfield, New York 1959.
Mellini, Ponce De Leon, A.: Guerra diplomatica a Salò, Bologna 1950.
Moellhausen, E. F.: Die gebrochene Achse, Alfeld-Leine 1949.
Montagna, R.: Mussolini e il processo di Verona, Milano 1949.
Montanelli, I.-Cervi, M.: Storia d'Italia, vol. XLV: L'Italia della disfatta (1942–1943); vol. XLVI: L'Italia della guerra civile (1943 –1944); vol. XLVII: L'Italia della liberazione (1944-1946), Milano 1984 –1988.
Mussolini, B.: Der Geist des Faschismus. Ein Quellenwerk, hg. und erläutert von H. Wagenführ, München 1943, 5. Aufl.
Mussolini, B.: Gli ultimi discorsi di Benito Mussolini dal 18 settembre 1943 al 23 aprile 1945, Roma 1948.
Mussolini, B.: La Repubblica Sociale Italiana, Firenze-Roma 1984.
Mussolini, B.: Opera omnia, hg. v. Edoardo e Duilio Susmel, (v. a. Bd. 32), Firenze 1960.
Mussolini, B.: Testamento politico, Firenze-Roma 1984 (testamento politico di Mussolini, dettato, corretto, siglato da lui il 22 aprile 1945, verfaßt von G. G. Cabella, Roma 1948).
Mussolini-Dokumente, Bd. 1, 1943 –1945 (politisches Archiv des Auswärtigen Amtes, Bonn).

Nolte, E.: Der Faschismus in seiner Epoche, München 1963.

Pansa, G.: L'esercito di Salò, Milano 1969.
Paolucci, V.: La Repubblica Sociale Italiana e il Partito Fascista Repubblicano. Settembre 1943-marzo '44, Urbino 1979.
Parri, F.: Due mesi con i nazisti. Dal tavolaccio alla branda, Roma 1973.
Petacco, A.: Pavolini. L'ultimo raffica di Salò, Milano 1982.
Pini, G.: Itinerario tragico 1943-1945, Roma 1950.
Pisanò, G.: Storia della guerra civile in Italia (1943–1945), 3 Bde., Roma 1980.

Pisanò, G.: Storia delle Forze Armate delle Repubblica Sociale Italiana, 4 Bde., Roma 1982.
Pisenti, P.: Una repubblica necessaria, RSI, Roma 1977.

Quazza, G.: La Resistenza italiana, Torino 1966.

Rahn, R.: Ambasciatore di Hitler a Vichy e a Salò, Milano 1960.
Rahn, R.: Ruheloses Leben. Aufzeichnungen und Erinnerungen, Düsseldorf 1949.
Regele, W. L.: Operationszone Alpenvorland, Repubblica di Salò und Provinz Bozen 1943-1945. Verfassungsrechtliche Lage in Italien nach dem Sturz Mussolinis, in: Der Schlern, Jg. 68 (1994), Nr. 8/9, S. 458ff.
Roux, G.: Der Mann des Schicksals. Benito Mussolini 20 Jahre später, Wien-München o. J.

Salvatorelli, L., Mira, G.: Storia del fascismo, Roma 1952.
Scorza, G.: La notte del Gran Consiglio, Milano 1968.
Scheuer, G.: Genosse Mussolini, Wien 1985.
Schieder, W. (Hg.): Faschismus als soziale Bewegung, Hamburg 1976.
Schmidt, P.: Statist auf diplomatischer Bühne 1923–1945. Erlebnisse des Chefdolmetschers im Auswärtigen Amt mit den Staatsmännern Europas, Bonn 1949.
Schramm, P. E.: Hitler als militärischer Führer. Erkenntnisse und Erfahrungen aus dem Kriegstagebuch des Oberkommandos der Wehrmacht, Frankfurt am Main-Bonn 1965, 2. Aufl.
Schröder, J.: Italiens Kriegsaustritt 1943. Die deutschen Gegenmaßnahmen im italienischen Raum: Fall »Alarich« und »Achse« (=Studien und Dokumente zur Geschichte des Zweiten Weltkrieges, hg. v. Arbeitskreis für Wehrforschung in Stuttgart, Bd. 10), Göttingen-Zürich-Frankfurt am Main 1969.
Schuster, I.: Gli ultimi tempi di un regime, Milano 1960.
Seldmayer, M.: Geschichte Italiens, Stuttgart 1962.
Secchia, P.: I comunisti e l'insurrezione, 1943-1945, Roma 1954.
Secchia, P.-Frassati, F.: Storia della Resistenza. La guerra di liberazione in Italia, 2 Bde., Roma 1965.
Setta, S.: Potere economico e Repubblica Sociale Italiana, in: Storia contemporanea, (1977), S. 257ff.
Shepperd, G. E.: La campagna d'Italia 1943–1945, Milano 1970.
Skorzeny, O.: Geheimkommando Skorzeny, Hamburg 1950.
Spampanato, B.: Contromemoriale, Roma 1964.
Stockhorst, E.: 5000 Köpfe. Wer war was im 3. Reich, Kiel 1985.
Straßner, P.: Die italienischen Freiwilligen der Waffen-SS. Entstehung, Gliederung und Einsatz der 29. Waffen-Gren. Div. der SS, in: Der Freiwillige, Nr. 10 (1969), S. 17ff.

Stuhlpfarrer K.: Die Operationen »Alpenvorland« und »Adriatisches Küstenland« 1943–1945, Wien 1969.
Tamaro, A.: Due anni di storia, Roma 1948.
Theil, E.: Kampf um Italien. Von Sizilien bis Tirol 1943–1945, München-Wien 1983.
Tompkins, P.: Verrat auf italienisch. Italiens Austritt aus dem Zweiten Weltkrieg, Wien-München 1967.
Trevor-Roper, H. R.: Mussolini und Ciano. Aufklärung und neue Mythenbildung durch Cianos Tagebücher, in: Der Monat, 2. Jg., Heft 13, 1949, S. 40–48.

Varsori, A.: Gli alleati e l'emigrazione democratica antifascista 1940–1943, Firenze 1982.
Vené, G. F.: Il processo di Verona, Milano 1965.
Vernier, E.: Repubblica Sociale Italiana. Zur Problematik eines Dritten Weges, Junges Forum, Nr. 1, Hamburg 1977.
Viganò, M.: Il Ministero degli Affari Esteri e le relazioni internazionali della Repubblica Sociale Italiana (1943–1945), Milano 1981.

Waibel, M.: 1945. Kapitulation in Norditalien, Basel-Frankfurt am Main 1981, 2. Aufl.
Weizsäcker, E. Frh. v.: Erinnerungen, München-Leipzig-Freiburg i. Br. 1950.
Wheeler-Bennet, J.: The Nemesis of Power, London 1953.
Wichterich, R.: Benito Mussolini. Aufstieg, Größe, Niedergang, Stuttgart 1952.
Wippermann, W.: Europäischer Faschismus im Vergleich 1922–1982, Frankfurt am Main 1983.
Woller, H.: Die Anfänge der politischen Säuberung in Italien 1943–1945, in: Vierteljahreshefte für Zeitgeschichte, Januar 1990, S. 141ff.

Benützte Zeitschriften und Zeitungen

Corriere della Sera
Corriere d'Informazione
Die Zeit
Der Schlern
Epoca
Italia del Popolo
Meridiano d'Italia
Popolo Repubblicano
Storia Illustrata
Völkischer Beobachter

Abkürzungsverzeichnis

ACS	Archivio centrale di Stato
AOK	Armee-Oberkommando
CLN	Comitato di liberazione nazionale
CLNAI	Comitato di liberazione nazionale – Alta Italia
DNB	Deutsches Nachrichtenbüro
GNR	Guardia Nazionale Repubblicana
MVSN	Milizia Volontaria Sicurezza Nazionale
PAAA	Politisches Archiv des Auswärtigen Amtes (Bonn)
PNF	Partito Nazionale Fascista
RSI	Repubblica Sociale Italiana
OKW	Oberkommando der Wehrmacht

Non è la fede che arriva nell'ora del crepuscolo quella che mi sostiene, è la fede della mia infanzia e della mia vita che mi impone di dover credere, anche quando avrei forse il diritto di dubitare.

Non so se questi miei appunti saranno mai letti dal popolo italiano; vorrei che lo fosse, per dargli la possibilità di raccogliere in confessione di fede il mio ultimo pensiero.

Non so nemmeno se gli uomini mi concederanno il tempo sufficiente per scriverli.

2

Ventinove anni di guerra non mi rendono probabilmente degno, a giudizio mio, di vivere altre ventiquattro ore.

Ho creduto nella vittoria delle nostre armi, come credo in Dio, Nostro Signore, ma più ancora credo nell'Eterno, adesso che la sconfitta ha costituito il banco di prova dal quale sovrani e miei mostrati al mondo intero, la forza e la grandezza dei nostri cuori.

È ormai un fatto che la guerra è perduta, ma è anche certo che non si è vinti finché non ci si dichiari vinti.

Questo dovranno ricordare gli Italiani, se, sotto la sottomissione straniera, arriveranno a

3

sentire l'insopportabile risveglio della loro coscienza – e sia con spiriti.

Dico io perdono a quanti non mi perdonano e mi condannano, condannando se stessi.

Sento ancora di quale sarà regolo per anni di amare e soffrire per la Patria e voglio che essi si sentissero non solo testimoni di una disfatta, ma anche al pari della vincita.

All'odio smisurato e alle vendette subentrerà il tempo della ragione.

Così riacquistato il senso della dignità e dell'onore, son certo che gli Italiani di domani sapranno serenamente valutare i coefficienti della tragica ora che vivo.

Diese Zeilen, die der Duce am 27. April 1945 verfaßte, gelten als »testamento spirituale«, sein geistiges Vermächtnis. U. a. schrieb er:
»*Ich weiß nicht, ob mir noch die Zeit gegeben ist, meine letzten Worte niederzuschreiben; ich weiß nicht, ob ich noch 24 Stunden leben werde. Ich glaubte bis zuletzt an den Sieg meiner Waffen, wie ich an Gott glaubte, mehr noch glaube ich an die Ewigkeit. Die kommende Zeit wird mir recht geben. Die Italiener von morgen werden die schwere Tragödie, die ich jetzt erlebe, beurteilen. Wenn das nun der letzte Tag meines irdischen Daseins ist, sei all jenen vergeben, die mich verraten haben.*«

Personenregister

Ambrosio, Vittorio 18 f.
Anfuso, Filippo 45, 53, 90, 97, 112, 183, 210, 212
Antonescu, Ion 88
Audisio, Walter 220

Badoglio, Pietro – auch Regierung Badoglio 17 f., 23 f., 26–30, 37, 43, 75, 85, 88, 145 f., 148, 168, 185, 196, 201, 224
Balbo, Italo 24
Baldini, Mario 63
Bandiera, Attilio 154
Bandiera, Emilio 154
Barracu, Francesco Maria 53, 99, 106, 211, 216
Bassi, Mario 179
Beetz, Felicitas 73, 75 f., 79
Bellini, Pier Luigi 219 f.
Bergolo, Calvi di 44
Berlepsch, Freiherr v. 36
Biggini, Carlo Alberto – *Erziehungsminister der Republik v. Salò* 53
Bigozzi, Emilio 217
Bormann, Martin 183

Bolla, Luigi 112
Bombacci, Nicola 65, 135, 216
Bono, Emilio de 74, 79, 81
Bonomi, Ivanoe 18
Borghese, Valerio 120
Bose, Subhas Chandra 89
Buffarini-Guidi, Guido – *Innenminister der Republik v. Salò* 39, 43 f., 53, 91 f., 94 ff., 99, 179, 207, 217, 219

Cabella, Gian Gaetano 211, 213 f.
Cadorna, Giuseppe 173
Canevari, Emilio 113, 115, 117
Cavallero, Ugo 46, 78
Caviglia, Enrico 44
Chiodo, Marco Picone 225
Chiot, Giuseppe 79–82
Churchill, Winston 25, 32, 213, 215 f.
Cianetti, Tullio 74, 79
Ciano, Graf Galeazzo 17, 20 f., 33, 38, 65, 69–72, 74 f., 78–82, 210
Ciano, Gräfin Edda 72, 76 f.
Cione, Edmondo 138

Conrath, Paul 29
Croce, Benedetto 18, 138, 166, 176

Dolfin, Giovanni 57, 94, 138
Dönitz, Karl 23, 69, 183
Dulles, Allen W. 204

Eisenhower, Dwight David 28, 31
Engels, Friedrich 138

Fabiani 219
Fallmayer, Leutnant 219
Farinacci, Roberto 17, 20, 24, 33, 41, 175, 211, 221
Fedrigotti, Bossi Graf von 86
Feltrinelli, Antonio 58
Fortunato, Andrea 73
Francesco de, Oberst 20
Franco, Francisco 88
Frugoni, Cesare 63

Gastellano, Giuseppe 18 f.
Gatti 216
Gentile, Giovanni 176
Gerlach, Heinrich 36
Giurati, Camillo 53
Goebbels, Joseph 22 f.,

26 f., 33 f., 40 f., 69, 72, 87, 106, 113, 181, 201, 210
Göring, Hermann 23, 34, 69, 183, 196
Gottardi, Luciano 74 f., 79 ff.
Grandi di Mordano, Conte Dino 17 f., 20, 24, 72, 74
Graziani, Rodolfo – *Verteidigungsminister der Republik v. Salò* 50, 53, 106–109, 113 ff., 118, 121, 170, 175, 182 f., 185, 204, 211 f., 216
Grossi, Enzo 156
Guariglia, Raffaele 25
Guzzoni, Alfredo 29

Harster, Wilhelm 75 f.
Himmler, Heinrich 17, 40, 69, 75 f., 107, 183, 196
Hitler, Adolf 15 f., 19, 22 ff., 26 ff., 33 f., 38–41, 43, 45, 47, 55, 60 f., 69, 76, 88, 100, 102, 109, 112, 116 ff., 120, 163, 181–185, 186, 191, 193–196, 199 f., 202–205, 207, 211–215, 223
Hofer, Franz 100 f., 131, 151, 156
Horn, Heilgymnast 63

Jandl, Oberst 58
Jodl, Alfred 23 f., 212

Kaltenbrunner, Ernst 75

Kappler, Herbert 35 f.
Keitel, Wilhelm 23, 106, 109, 183
Kesselring, Albert 23, 31, 34, 45 f., 59, 106 f., 116, 163, 170 f., 194–197, 199, 202 f.

Lenin, Wladimir I. 129, 138
Leucadito, Tommaso 73
Liverani, Augusto 152 f., 211, 216
Longo, Luigi 220

Mackensen, Hans Georg von 23, 193
Magnoli, Giovanbattista di Cesare s. Longo
Marinelli, Oddo 74 f., 79
Marx, Karl 90 f.
Mazzini, Giuseppe 42, 154
Mazzolini, Serafino 89, 99
Meissner, Hans-Otto 51
Mellini 210
Mezzasoma, Fernando – *Kulturminister der Republik v. Salò* 53, 95, 211, 216
Moellhausen, Eitel Friedrich 60, 196
Moliere, Maddalena 210
Montgomery, Bernard Law 193
Morell, Theodor 63
Moroni, Edoardo – *Landwirtschafts-*

minister der Republik v. Salò 53
Mors, Harald 35 f.
Mussolini, Anna Maria 58
Mussolini, Rachele 21, 38, 58, 210, 216 ff., 221
Mussolini, Romano 58
Mussolini, Vittorio 33, 43, 57, 105, 118, 183, 189

Nicoletti, Gioacchino 211

Pagliari, Franz 73
Pareschi, Carlo 74, 79
Pavolini, Alessandro – *Sekretär der faschistischen Partei z. Zt. der Republik v. Salò* 33, 40, 43 f., 47, 49, 51, 60, 64 ff., 77–80, 91, 94–97, 99, 103, 122–125, 170, 173 ff., 201, 211, 218 f., 221
Pellegrini, Giampietro, *Finanzminister der Republik v. Salò* 53, 99, 141, 148, 216
Petacci, Clara 58, 210, 216 f., 219 f.
Petacci, Marcello 221
Pettinato, Concetto 97
Pini, Giorgio 54, 96
Pisenti, Piero 189, 211, 216
Pius XII. 199
Pohl, Oswald von 196

Preziosi, Giovanni
91 f., 189, 221
Pucci, Marchese 76

Rahn, Rudolf – *dt. Botschafter bei der Republik v. Salò* 27 f., 35, 38, 43 ff., 48, 51 ff., 56, 59 f., 65, 76, 87, 92, 94, 96, 98 f., 102, 107, 117, 131, 135, 137, 141, 148, 163, 171, 174, 180 f., 183 ff., 196, 199, 203 f., 207, 210, 212
Rainer, Friedrich 100 f., 131, 151
Raselli, Carlo 166
Reder, Walter 198
Ribbentrop, Joachim von 23, 25, 69, 75, 183
Ricci, Renato 33, 43, 47, 49 f., 93 f., 106, 108 f., 170, 211
Richthofen, Wolfram von 179
Rintelen, Enno von 23
Riva, Celso 73
Rodt, Eberhard 29
Romano, Ruggero – *Minister für öffentliche Arbeiten der Republik v. Salò* 53

Rommel, Erwin 23, 56, 106, 195, 202, 212
Roosevelt, Franklin Delano 25
Rosenberg, Alfred 69
Roveda, Giovanni 169
Ryti, Risto 89

Sauckel, Fritz 92, 105
Schmidt, Paul 25
Schuster, Ildefonso 175, 205
Senise, Carmine 19, 23
Skorzeny, Otto 34 ff., 38
Soleti, Fernando 35
Sorice, Antonio 19
Spinelli, Augusto 135 f.
Squero, Antonio 19
Stalin, Josef 204
Stauffenberg, Claus Graf Schenk von 184
Steengracht, Baron 105, 189
Student, Kurt 35
Stupar, Carlo 159

Tamburini, Tullio 91
Tarchi, Angelo – *Wirtschaftsminister der Republik v. Salò* 53,
131, 135 f., 211, 216, 219, 221
Togliatti, Palmiro 147, 161 f., 165 f., 220
Toussaint, Rudolf 45, 171, 196

Umberto I. 147, 201

Valerio, Oberst s. *Audisio*
Vecchini, Aldo 73, 79
Vezzalini, Enrico 73
Vietinghoff, Heinrich von 203, 205
Vittorio Emanuele III. 16, 18, 21, 26, 30, 32, 75, 85 f., 145, 168, 195

Wilson, Maitland 172
Witthöft, Joachim 101
Wolff, Karl 38, 44 f., 53, 56, 59, 76 f., 96, 171 f., 183, 196, 199, 204 f., 210

Zachariae, Georg 62 f., 208
Zerbino 175, 211, 216
Zilli, Priester 80
Zimmermann, Otto 163 f.